1781

Peter Schulz

URSPRÜNGE UNSERER FREIHEIT

Von der Amerikanischen Revolution zum Bonner Grundgesetz

Vorwort
von Helmut Schmidt

Hoffmann und Campe

Für Sonja

CIP-Titelaufnahme der Deutschen Bibliothek

Schulz, Peter:
Ursprünge unserer Freiheit :
von der Amerikanischen Revolution zum Bonner Grundgesetz /
Peter Schulz. Vorw. von Helmut Schmidt. –
1. Aufl. – Hamburg : Hoffmann u. Campe, 1989
ISBN 3-455-08330-7

Schutzumschlag- und Einbandgestaltung: Werner Rebhuhn
Satz: Fotosatz Otto Gutfreund, Darmstadt
Druck und Bindung: Clausen & Bosse, Leck
Printed in Germany

Inhalt

Vorwort

Die Generation meines Vaters hat fünf verschiedene, geschriebene oder bloß tatsächliche Verfassungen miterlebt. Im Vergleich zur Verfassungsgeschichte der meisten unserer europäischen Nachbarn erscheint dies als ein trauriger Rekord.

Bismarcks Kaiserreich schien den Traum der Deutschen des 19. Jahrhunderts zu erfüllen, nämlich die Verwirklichung der nationalen Einheit. Es ist – wie auch seine Verfassung – 1871 in Versailles durch einen Akt der Fürsten geschaffen worden, also von oben, nicht durch das Volk oder seine gewählten Vertreter. Die Verfassung enthielt zwar demokratische Ansätze; aber der Einfluß demokratisch gesonnener Kräfte hat sich anschließend nur sehr langsam entfalten können. Denn dagegen stand nicht nur die autokratische Selbstdarstellung des Staates, vor allem unter Wilhelm II., sondern – wichtiger noch – auch die Klassenstruktur der Gesellschaft und deren Ausprägung in Verwaltung, Justiz, Militär und im Drei-Klassen-Wahlrecht in Preußen.

Als 1918 mit dem militärischen Zusammenbruch Kaiser und Verfassung sang- und klanglos verschwanden, gab es inzwischen zwar politische Kräfte, die zur Übernahme der politischen Verantwortung und auch zur Verfassungsgebung bereit waren. Aber die neue Reichsverfassung, 1919 in Weimar von der Nationalversammlung beschlossen, ruhte nicht auf einer ausreichend breiten Veränderung im politischen Bewußtsein der Nation. Zwar konnte sich die Weimarer Republik auf große Teile der Arbeiterbewegung und zunächst auf erhebliche Teile eines liberal und demokratisch gesonnenen Bürgertums stützen, nicht aber dauerhaft auf eine Mehrheit der Staatsbürger insgesamt. Unter den Beamten, Richtern und Soldaten fehlte es vielfach an engagierter Verfassungsloyalität.

Als zehn Jahre nach 1919 eine allgemeine Krise der Weltwirtschaft auch in Deutschland ungeheure Arbeitslosigkeit auslöste, führten Not und Verzweiflung schnell zum Erstarken extremer Flügelparteien. Diese hielten entweder die Verfassung der Republik für unwichtig und erträumten sich an deren Stelle einen Sozialismus, den man – irrtümlicherweise – in der kommunistischen Sowjet-Union als in Verwirklichung begriffen glaubte; oder sie gaben die Schuld für das materielle Elend dem Weimarer »System«. Die Parteien, welche die Verfassung stützten, gerieten in die Minderheit, weil immer mehr Menschen auf die Parolen der Kommunisten, der Deutsch-Nationalen und der Nationalsozialisten hereinfielen. Schon 1930 war deshalb die Weimarer Reichsverfassung nur äußerlich-formal noch funktionstüchtig; tatsächlich wurde das Land mittels Notverordnungen regiert, nicht mehr auf dem Wege ordentlicher Gesetzgebung. Aber das Elend nahm weiter zu, und auf den Straßen breitete sich terroristische Gewalttätigkeit aus.

Die ursprüngliche Koalitionsregierung Hitlers kam auf eine noch leidlich verfassungskonforme Weise ans Ruder. Aber sie begann sofort, die Reichsverfassung auf vielfältige Weise zu verletzen. Alsbald war von dieser kein nennenswerter Restbestand mehr vorhanden; vielmehr war der Wille des »Führers« an ihre Stelle getreten. Eine unbeschränkte, kriminelle Diktatur führte die Nation in den moralischen Bankrott und provozierte die Zerstückelung Deutschlands. Für diejenigen, die Konzentrationslager, Volksgerichtshof, Krieg und Vertreibung überlebt hatten, wurde der Wille der vier nur beschränkt miteinander kooperierenden Besatzungsmächte zum obersten Gesetz, und in erheblichem Umfang auch deren Willkür. Zugleich ging die staatliche Einheit der Nation auf eine heute noch nicht absehbare Dauer verloren.

In dieser verzweifelten Lage begann – jedenfalls in den Besatzungszonen der Amerikaner, Engländer und Franzosen – zunächst tastend der zweite Versuch der Errichtung einer Demokratie in Deutschland. Zugleich entwarf der Parlamentarische Rat eine neue Verfassung, Grundgesetz genannt. Das Grundgesetz ist die zweite, als volle Demokratie konzipierte deutsche Verfassung. Es ist die dritte Verfassungsurkunde seit 1871 und – wenn man die beiden de facto-Verfassungen der Jahre von 1933 bis 1945 und von 1945 bis 1949 einbezieht – tatsächlich sogar die fünfte Verfassung seit 1871.

Angesichts der wechselvollen deutschen Verfassungsgeschichte – zu der ja auch der 1848 in der Paulskirche zu Frankfurt unternommene, fehlgeschlagene Versuch gehört – erscheint mir die Leistung des Parlamentarischen Rates in den Jahren 1948/49 höchst eindrucksvoll. Und zwar vor allem wegen der Tatsache, daß das Grundgesetz in bisher vier Jahrzehnten voll ausgereicht hat, um die zweite deutsche Demokratie erfolgreich im Bewußtsein der Deutschen zu verankern und sie tatsächlich so funktionssicher auszugestalten, daß gegenwärtig niemand um ihren Bestand Sorge hat.

Peter Schulz ist Hamburger Senator und Bürgermeister gewesen. Auch für uns Hamburger – obschon durch den traditionellen Habitus der Hansestadt dazu erzogen, in vielerlei Weise England und englische Sitten und Gebräuche als Vorbilder anzusehen – war es immer wieder erstaunlich, daß die Engländer fähig gewesen sind, eine dauerhafte Demokratie zu entwickeln, ohne dafür einer geschriebenen Verfassung zu bedürfen. Natürlich hatten wir in der Schule – sogar noch während der Nazi-Zeit – von der Magna Charta, von der Bill of Rights gehört und von dem stabilen Wechselspiel zwischen Mehrheits- und Minderheitspartei im Unterhaus, von »His Majesty's most loyal opposition«.

Gleichwohl: auch den Hamburgern, ebenso wie der ganz großen Mehrheit der Deutschen, war 1949 klar: die Errichtung der Bundesrepublik konnte keineswegs auf Traditionen aufbauen, sie bedurfte vielmehr einer Grundlage in Gestalt einer sorgfältig und umsichtig ausgearbeiteten Verfassungsurkunde. Aus der heutigen Rückschau könnte man vermuten, es hätte sich damals für viele Zeitgenossen die wichtige Frage nach möglichen Vorbildern für diese Urkunde gestellt. Die Wirklichkeit damals war anders; die Arbeit der Väter des Grundgesetzes hat zunächst nur geringes Echo und beschränkte kritische Begleitung in der Öffentlichkeit gefunden.

Der Grund lag in der Turbulenz jener Zeit. Für Millionen ging es zunächst um das Dach über dem Kopf, für viele immer noch um das Wiederfinden der Angehörigen, für alle ging es um Lebensmittel. Dann kamen 1948 die aufregende Währungsreform, die Aufhebung der elenden Bezugsscheinwirtschaft, die Wiederherstellung von Märkten; es kam 1949 der erste Wahlkampf zum Bundestag; bald darauf der Korea-Krieg, Preisanstieg und Sorgen wegen einer möglichen Wiederkehr eben erst überwundener wirtschaftlicher Zustände auslösend. Wir Deutschen dachten in jener Zeit zum allergrößten Teil nicht in die Tiefe. Und der Blick auf unsere Verfassung blieb uns verstellt, weil wir froh darüber waren, am Leben geblieben zu sein, genug zu essen zu haben, und endlich die Freiheit der Information zu genießen – Literatur, Theater, Musik und Medien nahmen einen ungewöhnlichen Aufschwung.

Heute nehmen viele Deutsche das Grundgesetz als selbstverständliche Tatsache. Nicht viele sind sich im klaren über seine naturrechtlichen und staatsphilosophischen Wurzeln, die weitgehend außerhalb Deutschlands gewachsen sind.

Bisweilen hören wir die Politiker von der »Wertegemeinschaft des Westens« sprechen. Aber vielen Zuhörern fehlt eine konkrete Vorstellung vom Inhalt dieses Begriffs. Manche denken, er bezöge sich lediglich auf freie und geheime Wahlen, und vielleicht außerdem noch auf marktwirtschaftliche Ordnung; einige denken die bundesstaatliche Organisation hinzu. Tatsächlich sagt das Grundgesetz über die wirtschaftliche Ordnung fast nichts; aber es enthält doch sehr viel mehr als nur die Prinzipien freier Wahlen und eines gut ausgewogenen Gleichgewichts zwischen Bundeskanzler, Bundestag, Bundesrat, Bundespräsident und Verfassungsgericht. Von entscheidender moralischer und verfassungsrechtlicher Bedeutung ist die Voranstellung der unantastbaren Würde der Person, der Grundrechte für jedermann und der Menschenrechte im allgemeinen im Grundrechtskatalog der ersten 19 Artikel.

In den Grundrechten steckt englisches, französisches und amerikanisches Gedankengut. Vieles davon ist – wie das vorliegende Buch zeigt – im Paulskirchen-Entwurf schon enthalten gewesen und einhundert Jahre später durch den Parlamentarischen Rat wieder aufgenommen und im Grundgesetz an die Spitze gestellt worden. Hinter diesen Grundrechten steht die naturrechtliche Idee von Grundwerten des individuellen und sozialen Lebens, der Person in der Gesellschaft. Diese elementaren Werte sind gemeint, wenn von der Gemeinsamkeit der Werte der westlichen Demokratien die Rede ist, oder kurz gefaßt: von der Wertegemeinschaft.

Peter Schulz zeigt in diesem Buch den besonders großen amerikanischen Einfluß auf unsere heutigen Grundrechts- und Menschenrechts-Vorstellungen. Diesen großen kulturellen Erbteil aus Amerika uns deutlich vor Augen zu führen, erscheint mir besonders wünschenswert in einem Zeitabschnitt, in dem in unserem Lande das Ansehen der Amerikaner erheblichen Schwankungen ausgesetzt ist.

Diese großzügigste Nation der Welt hat uns, die soeben erst besiegten Kriegsgegner, in den Marshall-Plan (European Recovery Program, E.R.P) einbezogen. Später waren wir hingerissen vom Idealismus, den John F. Kennedy verkündete; bei seiner Ermordung waren wir zu Tode betrübt. Als Kinder hatten wir *Onkel Toms Hütte* gelesen, und im Erwachsenenalter hatten wir bewundert, wie ein großer Teil der amerikanischen Nation bereit gewesen war, einen Bürgerkrieg gegen den anderen Teil zu führen, um die Sklaverei zu beseitigen. Wir haben uns nach dem Zweiten Weltkrieg geschämt, weil wir unfähig gewesen sind, aus eigener Kraft unseren jahrhundertelangen Antisemitismus abzuschaffen. Zwar waren uns die Schattenseiten der kapitalistischen Gesellschaft Amerikas nicht verborgen geblieben, gleichwohl haben wir aber deren Idealismus bewundert und zugleich ihre große Romanliteratur aus dem 19. und dem 20. Jahrhundert mit Begeisterung aufgenommen, von Melville oder Mark Twain bis zu Thornton Wilder oder Hemingway. Unsere jungen Generationen haben bedingungslos Jazz-, Soul-, und Popmusik aus Amerika übernommen, ebenso die Schwärmerei für amerikanische Symbolfiguren wie Marilyn Monroe oder Andy Warhol.

Trotz alledem haben aber im Laufe der sechziger Jahre – ausgelöst durch den Krieg in Vietnam – andere Teile unserer Jugend Amerika mit Haß verteufelt. Scharfmacherische Attitüden und Reden einiger amerikanischer Politiker in der Phase der Konfrontation mit Breschnews Supermacht-Expansionismus haben in den siebziger und abermals in den achtziger Jahren ein weiteres Mal als Anhalt für anti-amerikanische Stimmungsmache gedient. Und manche unserer Intellektuellen (oder solche, die sich dafür halten) schienen leichthin zu vergessen, daß es unser Bündnis mit den USA ist, das uns davor bewahrt, das politische Schicksal der Ungarn, der Tschechen und der anderen Völker im Osten Europas zu teilen. Einige sind sogar so weit gegangen, das amerikanische Engagement in Europa für einen Faktor zu halten, der den Frieden unseres Kontinents stärker gefährdet als die sowjetischen Panzer in Prag oder Budapest oder als die sowjetischen Nuklear-Raketen, welche bis zum jüngsten Vertrag über die beiderseitige Abrüstung der Mittelstreckenwaffen bis auf Null (INF-Vertrag) vornehmlich auf uns gezielt waren.

Bei solchem Anti-Amerikanismus handelt es sich zum Teil um konservierte Vorurteile von Linksaußen (z. B. der Vorwurf des »imperialistischen Kapitalismus«) und von Rechtsaußen (z. B. der wesensverwandte Vorwurf der »Plutokratie«). Solche Vorurteile und Vorwürfe kommen auch in anderen westeuropäischen Ländern vor, sie haben dort meist ein geringeres Gewicht. Daß sie bei uns Deutschen von Zeit zu Zeit eine gewisse Prominenz erlangen können, hat zwei hauptsächliche Gründe. Zum einen ist der immer wieder zum Vorschein kommende Hang zum politischen Romantizismus und zur Verabsolutierung lebensfremder, utopischer Ideale ein geeigneter Nährboden für Aufregung und Exaltation. Zum anderen fehlt es bei uns an gründlicher Kenntnis der politischen und verfassungspolitischen Philosophie Amerikas, die seit über zweihundert Jahren eben nicht nur idealistisch-theoretisch geblieben, sondern zugleich immer auch ungemein praktisch und deshalb geschichtswirksam gewesen ist.

Thomas Jefferson, Benjamin Franklin, den Autoren der *Federalist Papers*, den Verfassungsvätern Amerikas insgesamt verdanken wir entscheidend wichtige Elemente unseres Grundgesetzes. Wenn bisweilen nach »politisch-geistiger Führung« gefragt wird, so sollten wir diese in den Grundrechtsartikeln des Grundgesetzes suchen. Das vorliegende Buch gibt vielfältig Lehrbeispiele dafür, daß wir die Vorbilder dafür in Amerika gefunden haben.

Wenn auch heute – angesichts der Supermacht-Rolle der USA und deren Begleiterscheinungen – von einem schlechthinnigen Vorbild Amerika nicht die Rede sein kann, so werden wir doch auch künftig von den Amerikanern lernen können, wie man pfleglich mit einer Verfassung umzugehen hat. Wir können von ihnen – wie auch von Franzosen, Engländern und allen Teilhabern der westlichen Wertegemeinschaft – ebenso die Kunst und die Tugend des Kompromisses lernen. Unsere törichte Neigung, fast alljährlich am Grundgesetz herumzubasteln oder nach einer innenpolitischen Niederlage das Bundesverfassungsgericht anzurufen, damit dieses das Grundgesetz viele Male in jedem Jahr interpretiere, kann zu einer Gefahr für das Grundgesetz werden.

Natürlich sind Verfassungen etwas Lebendiges. Natürlich bedürfen sie immer aufs Neue der praktischen Ausfüllung. Aber nur selten und nur nach langer, sorgfältiger Abwägung – Vorbild Amerika! – sollten sie geändert werden.

Daß gegenwäritg Michail Gorbatschow den Versuch macht, durch Glasnost und Perestroika den Bürgern der Sowjet-Union Freiheiten zu eröffnen und zu mehren, erweckt Hoffnungen auch bei uns, weil wir dabei auch an das Schicksal unserer Landsleute in der Deutschen Demokratischen Republik und an den Frieden in Europa denken. Das hier vorgelegte Buch könnte auch der Moskauer Führung zeigen: es kommt nicht allein auf eine effiziente Organisation von Staat, Wirtschaft und Gesellschaft an; es kommt auch nicht bloß auf Gleichheit und Gerechtigkeit an. Sondern Freiheit und Grundrechte des einzelnen müssen im Mittelpunkt stehen, wenn die Würde des Menschen gewahrt werden soll.

Verfassungsrechtliche Gleichheit für alle kann sowohl zur Sklaverei als auch zur Freiheit geführt werden – so hat schon Alexis de Tocqueville uns gelehrt. Entscheidend kommt es darauf an, was eine Nation in der politischen Praxis aus ihrer Verfassung oder ihrem Grundgesetz macht.

Hamburg, 23. Dezember 1988 Helmut Schmidt

Einleitung

Seit vierzig Jahren leben wir nun mit unserem Grundgesetz; um es in der Sprache des Sports auszudrücken: ein deutscher Rekord.

Nur zweimal vorher gab es für Deutschland eine wirklich demokratische Verfassung: die Paulskirchenverfassung von 1849 und die Weimarer Verfassung von 1919. Die der Paulskirche trat gar nicht erst in Kraft, und die Weimarer war nach 14 Jahren am Ende.

Haben wir diesmal einfach Glück gehabt?

Das wäre eine allzu schlichte Erklärung – und zugleich eine allzu pessimistische.

Ein Grund für die ungewöhnliche Stabilität unserer heutigen Demokratie liegt in unserer Vergangenheit: Der Anschauungsunterricht, den Deutschland zum Thema Diktatur gegeben und erlitten hat, wirkt immunisierend gegenüber jeder Versuchung, es in schwierigen Situationen wieder mit einer Heilslehre oder mit dem »starken Mann« zu versuchen. Daß die Generation, die die Nazizeit selbst nicht mehr erlebt hat, sich besonders im letzten Jahrzehnt zunehmend mit dieser Zeit auseinandersetzt und zu einem erheblichen Teil auf die Pervertierung von Politik noch stärker reagiert als viele aus der Generation der Väter und Mütter, spricht dagegen, daß demokratisches Bewußtsein in unserem Volk nur eine vorübergehende Erscheinung bleiben wird, die gerade so lange lebt wie die persönliche Scham.

Das fortdauernde Beispiel im Osten Deutschlands hat zwar viele junge Menschen nicht daran gehindert, immer wieder einmal auszuloten, ob und wie weit man mit Kommunisten zusammen gehen kann, um Frieden zu sichern und soziale Gerechtigkeit »endgültig« gegen wirtschaftliche Macht durchzusetzen. Es wäre aber falsch und ungerecht, aus diesem Verhalten auf eine Anfälligkeit gegenüber kommunistischer Diktatur zu schließen. Die Anhänger der Friedensbewegung, die Grünen, die Jungsozialisten – sie sind alles andere als Bewunderer kommunistischer Machtstrukturen, und ihre Gesinnungsfreunde »drüben« sind zur Zeit sogar die einzig wirkliche Gefahr für den »real existierenden Sozialismus«.

Unsere Erfahrung als gebrannte Kinder allein kann aber den »Erfolg« des Grundgesetzes nicht erklären. Sie wirkt ja vor allem verhindernd, abwehrend; ihre Auswirkung könnte sich darauf beschränken, daß wir nach den bitteren Erfahrungen mit Diktaturen das System des Grundgesetzes als die bessere Lösung hinnehmen – sie muß aber noch nicht bewirken, daß wir es annehmen, in uns aufnehmen, es uns zu eigen machen. Aber gerade dies geschieht.

Das Grundgesetz ist uns nicht gerade sakrosankt wie den Amerikanern ihre *constitution*, aber seine Grundregeln und seine Grundwerte sind den meisten von uns doch in Fleisch und Blut übergegangen; mehr noch: Sie haben uns verändert. Wir sind auf dem Wege, eine ganz normale Demokratie mit ganz normalen Demokraten zu werden – nicht ohne Fehler, auch nicht ohne schlimme Skandale, aber doch auch mit der Fähigkeit, aus Fehlern und Mißbräuchen Konsequenzen zu ziehen, und zwar mit dem Instrumentarium einer Demokratie. Schleswig-Holstein hat es gezeigt.

Worin liegt über den eben beschriebenen »Reflex« hinaus – und vielleicht über die allmähliche Gewöhnung hinaus – das Geheimnis des deutschen »Demokratiewunders«?

Die wirksamste Kraft ist das Grundgesetz selbst – die erste

deutsche Verfassung, die nicht »nur« demokratische Spielregeln aufstellt und festschreibt, sondern bewußt und bedacht auf Grundwerten, auf vorgegebenen natürlichen Rechten der Menschen aufbaut, die aus diesen Rechten unmittelbar wirksame Konsequenzen für den Staatsaufbau zieht und sie zum Maßstab für alle Bereiche des Zusammenlebens macht.

Erst über die Grundrechte, die nach dem Wunsch Carlo Schmids die Verfassung »regieren« sollten, hat das Grundgesetz Zugang zu uns gefunden. Ihre jedem für seine Stellung als Bürger unmittelbar einleuchtende Bedeutung und der Schutz, den sie durch das Bundesverfassungsgericht erfahren, haben uns auch das Gesamtgefüge des Grundgesetzes erschlossen – die Gewaltenteilung, das Prinzip der Macht auf Zeit, die auf das freiheitssichernde Gegenüber von Regierung und Opposition zugeschnittenen politischen Mechanismen.

Es sind alte Ideen, die hier fruchtbar wurden. Die Kenntnis ihrer Ursprünge und ihrer ersten Realisierungen in anderen Ländern ist eine wichtige Voraussetzung für eine sachgerechte Diskussion über die Fortentwicklung unseres Grundgesetzes, eine Fortentwicklung, die nicht vom geschichtslosen tagespolitischen Opportunismus bestimmt sein sollte. Dieses Buch will einen Beitrag zur besseren Einsicht in die Ursprünge unserer heutigen Freiheit leisten.

Es ist entstanden aus der Arbeitsskizze für einen Vortrag und nicht als wissenschaftliche Arbeit. In diesem Vortrag im kleinen Kreis konnte ich mir einige Freiheiten herausnehmen, die in einem wissenschaftlichen Werk keinen Platz hätten. Ich bin dem Verlag dankbar, daß er nicht darauf bestanden hat, ganz persönliche Wertungen zu versachlichen, sondern sich mit wenigen Änderungen begnügt hat, die den persönlichen Stil des ursprünglichen Textes unberührt lassen.

Einige Leser werden vielleicht finden, daß die Darstellung an vielen Stellen nicht objektiv ist. Damit hätten sie recht.

Ich bin seit meiner Jugend mit einem pro-britischen Vorurteil geschlagen, das sich allmählich auf Amerika übertragen hat; und meine Arbeit ist von diesem Vorurteil sicher beeinflußt – sie hat es übrigens noch verstärkt. Daß ich englische Originaltexte leidlich lesen kann, bei französischen Texten dagegen mit Übersetzungen vorliebnehmen muß, hat im übrigen wohl dazu beigetragen, daß ich einen Hauch des Geistes der Amerikanischen Revolution und der amerikanischen Verfassung verspüren konnte, während auf dem Umweg über das Knüppelpflaster der Übersetzung vieles von der Ursprünglichkeit und der Lebendigkeit französischen Denkens und Empfindens für mich verlorengegangen ist.

In den Abschnitten Weimar und Bonn wird die Haltung der Sozialdemokraten ausführlicher und wohl auch verständnisvoller dargestellt als die anderer Parteien. Als »in der Wolle gefärbter« Sozialdemokrat kenne ich das Innenleben meiner Partei natürlich besser als z. B. das der CDU. Ich bin mit der Geschichte meiner Partei aufgewachsen und kann schwer aus meiner Haut heraus; will es auch gar nicht. Im übrigen stand mir über die historischen Abläufe in der SPD mehr an Literatur und Quellen zur Verfügung als über die Vorgänge z. B. in der CDU oder den »bürgerlichen« Parteien Weimars.

Ich habe in meiner Schulzeit noch jenen allzu schlichten Geschichtsunterricht genossen, der nur die äußeren Abläufe sieht, und die Entscheidungen vermeintlich oder wirklich »großer Männer«. Als Gegengift wirkte dann einige Jahre lang der marxistische »historische Materialismus«, für den geschichtliche Abläufe nur die zwangsläufige Folge sozialer Auseinandersetzungen sind. Ich glaube heute, daß Geschichte weder durch das Handeln einzelner »erklärt« werden kann noch durch das Aufspüren sogenannter Gesetzmäßigkeiten. Die Handelnden sind nicht bloße Vollstrecker eines blind waltenden Gesetzes. Sie können sich entscheiden, und sie entscheiden sich. Aber ihre Entscheidungsmaßstäbe und ihre Wirkungsmöglichkeiten sind nicht unabhängig vom Zustand der Welt, in der sie leben. Ich habe mich deshalb bemüht, das »Umfeld«, in dem die für unser Thema wichtigen Entscheidungen fielen, wenigstens in Umrissen darzustellen. Für die Lage in Deutschland nach 1918 und nach 1945 hielt ich es für ausreichend, dies nur mit wenigen Strichen zu tun, während für das Verständnis amerikanischer und französischer Revolutionsideen und des einzigen deutschen Versuchs, Freiheit aus eigener Kraft zu erringen, der Revolution von 1848, eine etwas gründlichere Schilderung der politischen, wirtschaftlichen und sozialen Lage erforderlich ist. Dadurch ist ein gewisses Ungleichgewicht in der Darstellung entstanden, das aber wohl unschädlich ist.

Das ursprüngliche Thema meines Vortrags beschränkte sich auf den Einfluß der Amerikanischen und der Französischen Revolution auf das Grundgesetz. Ich habe es schon für den Vortrag etwas erweitert. Mir wurde sehr bald klar, daß die Einfallspforte für fremde Ideen und Vorstellungen in deutsches Verfassungsdenken besonders 1848 weit geöffnet war und daß die Paulskirchenverfassung wiederum erheblichen Einfluß auf Weimar und auf das Grundgesetz ausgeübt hat. Zum Verständnis der verfassungspolitischen und verfassungsrechtlichen Vorstellungen, die der Parlamentarische Rat 1948 vorfand, war deshalb eine nicht nur kursorische Darstellung der amerikanischen und französischen Einflüsse vor allen Dingen auf die Paulskirche und in gewissem Umfang auch auf Weimar erforderlich.

Ich habe vielen zu danken, die mir bei meiner Arbeit geholfen haben. Zunächst Helmut Schmidt, der die Anregung für den zugrundeliegenden Vortrag gab, mit sanfter Gewalt – wirkungsvoll unterstützt von Siegfried Lenz – meinen Widerstand gegen eine Veröffentlichung überwand und mir schließlich eine Fülle von Anregungen für die Überarbeitung des ursprünglichen Textes gab. Für Anregungen und Vorschläge zur Überarbeitung schulde ich auch Prof. Dr. Hans-Peter Schneider, Prof. Dr. Walter Stiebeler und Dr. Walter Tormin Dank.

Ich danke meiner Frau, die es mit Liebe und Geduld trug, daß ich von der wenigen freien Zeit, die Beruf und Politik mir für unser Zusammenleben übrigließen, nun noch ein weiteres Stück für diese Arbeit abzweigte, und die mir half, gelegentlich Ordnung in das Chaos von Notizen und Entwürfen zu bringen.

Zu danken habe ich meinen Sozien Dr. Noack, Dr. Bärwinkel, Neelmeier und Kettmann, die es klaglos hinnahmen, wenn ich meine Zeit wieder einmal den Problemen des Naturrechts oder der Rechtsprechung des Supreme Court widmete, statt einen Schriftsatz über ein versicherungsrechtliches Problem für das Landgericht Hamburg anzufertigen. Meiner früheren Sekretärin in der Bürgerschaftskanzlei, Christa Haass, und meinen Mitarbeiterinnen in der Anwaltspraxis, Frau Prange, Frau Rolke, Frau Gubner, Frau Kruse, Frau Jacobsen und Frau Ladendorf, danke ich für technische Assistenz.

Einen ganz besonderen Dank schulde ich meinem alten Freund Claus Inselmann, der mir immer wieder als »Sparringspartner« zur Verfügung stand, um zweifelhafte Punkte im Gespräch abzuklären, und der mir half, die Bibliotheken nach Literatur zu durchforschen oder fast verschollene Originaltexte aufzuspüren.

I.

WIR, DAS VOLK . . .

Die Amerikanische Revolution

Eine Revolution?

Ich will mich nicht lange mit der Frage aufhalten, ob es sich beim Unabhängigkeitskampf der 13 amerikanischen Kolonien um eine Revolution gehandelt hat. Das ist gelegentlich bestritten worden mit dem Argument, daß die für den Begriff Revolution notwendige soziale Komponente gefehlt habe; daß es nur um die Beseitigung von Fremdherrschaft bei gleichzeitiger Konservierung der wirtschaftlichen und sozialen, aber auch der innenpolitischen Strukturen gegangen sei.

Erstens ist das im Sachverhalt falsch (wenn natürlich auch insoweit der Unterschied etwa zur Großen Französischen Revolution nicht zu verkennen ist), zweitens vermag ich nicht einzusehen, warum eine gewaltsame Erhebung 13 verschiedener Kolonien mit dem Ergebnis einer einheitlichen unabhängigen Nation nicht eine Revolution genannt werden sollte, und drittens kann von mir aus jeder den Begriff verwenden, der ihm am meisten zusagt, wenn wir uns nur einig sind, worüber wir reden. Daß jedenfalls die Vorgänge in Amerika dazu beigetragen haben, die Welt zu revolutionieren, wird niemand ernsthaft bestreiten – unser Thema behandelt einen Teilaspekt dieser Tatsache.

Ich werde mich nicht auf den Unabhängigkeitskrieg selbst und seine unmittelbaren Ergebnisse, vor allem die Verfassung der Vereinigten Staaten beschränken. Zur Begründung dieser wissenschaftlich wohl nicht ganz sauberen Ausweitung des Begriffes Revolution will ich hier nur zwei Ereignisse anführen, deren eines lange vor, das andere einige Zeit nach der eigentlichen Revolution lag, die aber gleichwohl für unser Thema von höchstem Interesse sind:

Am 11. November 1620 schlossen die puritanischen Gründer von Plymouth während ihrer Überfahrt auf der »Mayflower« einen Vertrag, den *Mayflower Compact*:

»Im Namen Gottes, Amen. Wir, deren Namen unterzeichnet sind, die treuen Untertanen unseres erhabenen höchsten Königs, König Jakobs, durch die Gnade Gottes König von Großbritannien, Frankreich und Irland, Verteidiger des Glaubens etc., haben zur Ehre Gottes und zur Förderung des christlichen Glaubens und zur Ehre unseres Königs und Landes eine Reise unternommen, um die erste Kolonie zu gründen im nördlichen Teile Virginias, und kommen hiermit feierlich vor Gott und einander überein, uns in einer politischen Körperschaft zusammenzuschließen, um die genannten Ziele besser einrichten, erhalten und fördern zu können, und infolgedessen zu verfügen, aufzustellen und zu entwerfen gerechte und gleiche Gesetze, Verfügungen, Beschlüsse, Verfassungen und Ämter von Zeit zu Zeit, wie sie für das allgemeine Wohl der Kolonie als am befriedigendsten und zusagendsten angesehen werden, wozu wir alle gebührende Unterwerfung und Gehorsam versprechen. Zum Zeugnis haben wir unsere Namen hier unterzeichnet bei Cape Cod am 11. November im Jahre der Regierung unseres höchsten Herrn, König Jakobs des Achtzehnten von England, Frankreich und Irland und des Vierundfünfzigsten von Schottland.«*

Ich war gelegentlich in Versuchung, dies die erste vom Volk beschlossene, geschriebene Verfassung zu nennen – aber das würde den Begriff Verfassung wohl doch ein biß-

* Da das Original auch sprachlich interessant ist, habe ich es in den Anhang aufgenommen (s. S. 235).

chen überstrapazieren; jedenfalls ist es – 142 Jahre, bevor Rousseau seinen *Contrat Social* erscheinen ließ – der erste bekannte geschriebene Sozialvertrag der Welt.

Das zweite Beispiel: Eine der wesentlichsten Errungenschaften der Amerikanischen Revolution, das richterliche Prüfungsrecht auf Verfassungsmäßigkeit von Gesetzen, findet sich nicht ausdrücklich im Verfassungstext. Es ist durch Anwendung und Auslegung der Verfassung erst mit der Entscheidung des Supreme Court im Fall William Marbury versus James Madison vom 24. Februar 1803 etabliert worden. Mit dieser Entscheidung und ihrer allgemeinen Anerkennung ist zugleich die Grundlage für den mit gewissen Einschränkungen auch für unser Grundgesetz geltenden späteren ironischen Satz gelegt worden: »The constitution is, what the Supreme Court says, that it is.«

Hinsichtlich der Französischen Revolution hat niemand bestritten, daß sie eine war. Hier kann die Frage nur sein: Welche? Das, was gemeinhin als Französische Revolution bezeichnet wird, war ebensowenig *eine* Revolution, wie Februar- und Oktoberrevolution 1917 in Rußland *eine* Revolution waren. Soll ich die Ereignisse nur berücksichtigen bis zur Verabschiedung der Verfassung vom 3. September 1791? Oder bis zur Ausrufung der Republik am 21. September 1792? Oder bis zur Hinrichtung des letzten Königs genau vier Monate später? All das wären offensichtlich unzulässige Verkürzungen, da praktisch bis fast am Ende des 18. Jahrhunderts eine Revolution die andere gebar. Man wird aber auch die Julirevolution von 1830 und die Februarrevolution von 1848 in ihren unmittelbaren und mittelbaren Auswirkungen auf uns einbeziehen müssen.

Um mit den Begriffsbestimmungen zum Ende zu kommen: Unter Einflüssen verstehe ich sowohl Einflüsse der Ideen wie auch der Ereignisse selbst, insbesondere aber auch die ihrer Ergebnisse.

Einflüsse können »positiv« sein; es gibt aber auch negative, wie das in dem Wort vom abschreckenden Beispiel ja sehr plastisch zum Ausdruck kommt.

Man findet sehr direkte – und deshalb leicht nachweisbare – Einflüsse; und es gibt indirekte Einflüsse, wenn z. B. Ideen im Laufe einer langen Zeit so sehr Allgemeingut geworden sind, daß sie in einer konkreten Entscheidungssituation nicht mehr als Einflüsse empfunden werden, was ihre Wirksamkeit zwar nicht mindert, wohl aber ihren Nachweis erschwert oder unmöglich macht.

Und schließlich: Einflüsse können durch eine »Durchgangsstation« verändert oder verstärkt oder auch abgeschwächt werden. Wir werden sehen, daß die Französische Revolution z. B. in der Frage der Grundrechte auch als Durchgangsstation amerikanischer Ideen auf uns gewirkt hat.

Die Freiheit im Tornister

Wer die Wirkung eines Ereignisses und damit die von ihm ausgehenden Einflüsse richtig erkennen will, der muß wissen, wie sie entstanden sind. Wir kommen deshalb nicht ganz ohne einen Blick auf die Entstehungsgeschichte beider Revolutionen aus.

Um es etwas überspitzt auszudrücken: Der Beginn der Amerikanischen Revolution fällt zeitlich mit der Gründung der 13 Kolonien zusammen.

Die Kolonisten waren zwar aus sehr unterschiedlichen Gründen nach Amerika gekommen, aber sie hatten eins gemeinsam: Sie waren alles andere als »Durchschnitt«. Es gehörten überdurchschnittlich viel Energie, Mut, Phantasie und Selbstbewußtsein dazu, Anfang des 17. Jahrhunderts auf kleinen, für unsere heutigen Begriffe kaum seetüchtigen Schiffen (die »Mayflower« hatte ganze 180 Tonnen) in eine ferne, so gut wie unbekannte Wildnis zu segeln, dort zunächst die primitivsten Grundlagen für ein Überleben selbst zu schaffen und dann für immer dortzubleiben. Solche persönlichen Eigenschaften schwächen sich zwar bei den Nachkommen gelegentlich ab – obwohl der Vererbung von Anlagen sicher größere Bedeutung in der menschlichen Entwicklung zukommt, als wir sie nach den primitiven Übertreibungen und dem Mißbrauch der »Vererbungslehre« durch die Nazis uns heute trauen zuzugeben –, aber vor allem zwei Faktoren trugen dazu bei, daß ein ungewöhnlich hohes Maß an Energie, Mut, Phantasie und Selbstbewußtsein in der Bevölkerung erhalten blieb: Zum einen mobilisierte die für uns heute kaum noch vorstellbare Härte der Lebensbedingungen ständig neue Kräfte und ließ schwächere Naturen scheitern; zum anderen war der zunächst nur spärlich, später aber immer zahlreicher werdende menschliche »Nachschub« überwiegend vom gleichen Zuschnitt. Beide Faktoren sind übrigens bis weit in die Zeit nach der Revolution für Amerika wirksam geblieben: in Gestalt der Millionen Einwanderer insbesondere im vorigen Jahrhundert aus ganz Europa; Landarbeitersöhne z. B. aus dem rückständigen Mecklenburg, die im eigenen Land weder Rechte noch Zukunft hatten, ebenso wie hungernde irische Bauern, von Pogromen bedrohte Juden aus Polen und Rußland, Mitglieder verfolgter oder doch benachteiligter Sekten und Idealisten, die in Amerika ihre politischen oder sozialen Ideen verwirklichen wollten. Und auch das harte Leben in den immer neuen Grenzgebieten *(new frontier)* mobilisierte immer wieder neue Kräfte und Unabhängigkeitsgefühl.

Ich will da gar nichts idealisieren. Ich weiß auch, daß viele in die Kolonien und danach in die Staaten aus Gründen gingen, die alles andere als achtbar waren – aber erstens ist kriminelle Energie auch Energie, und zweitens war dies nur eine Minderheit. Ebenso bin ich mir bewußt, daß die neuen Grenzgebiete oft Lebensweisen hervorbrachten, die nur sehr wenig mit Freiheit, dafür um so mehr mit primitiver Brutalität und Rechtlosigkeit zu tun hatten. Aber das blieb doch insgesamt nur Episode.

Menschen mit Energie, Mut, Phantasie und Selbstbewußtsein sind schlechte Untertanen, aber sie geben gute Revolutionäre ab, und sie sind gute Bürger eines freien Gemeinwesens.

Es gab von Anbeginn an – anders als in den spanischen und in den meisten französischen Kolonien – in den späteren 13 Staaten, jedenfalls in den meisten von ihnen, nur eine schwach ausgebildete Obrigkeit des Mutterlandes.

Das hängt mit den Zielen und Methoden der Gründung dieser Kolonien zusammen. Es gab, grob gezeichnet, drei Gründungsarten: Eine war die Gründung durch britische Handelsgesellschaften, denen die Krone entsprechende Privilegien verliehen hatte. Ein Beispiel ist Virginia. Andere Kolonien wurden als Heimstatt von religiösen Minderheiten gegründet – die Kolonisten entgingen so dem Druck der englischen Hochkirche, und das Mutterland wurde unbequeme Untertanen los, die nun nicht nur »unschädlich« waren, sondern dem Mutterland durch Ausdehnung britischen Einfluß- und Handelsraumes noch Nutzen brachten. Die berühmteste dieser Gründungen war Plymouth, das später in Massachusetts aufging. Die dritte Gründungsart war feudalistisch: Der König verlieh englischen Adligen für ein Gebiet in Amerika die Rechte, wie sie etwa im frühmittelalterlichen Deutschland einige Herzöge gehabt hatten: als ein Lehen mit weitgehender De-facto-Unabhängigkeit und einer nur persönlichen Bindung an die Krone. So entstand z. B. Maryland, gegründet von Lord Baltimore. In allen Fällen waren es nicht Eroberungs-, sondern Siedlungskolonien.

Nicht britische Soldaten und Beamte, sondern Kaufleute, religiöse Minderheiten und einige Adlige, die sich nur dem König als Person, nicht aber dem englischen Staat verpflichtet fühlten, standen an der Wiege der Kolonien, und sie hatten den ersten bestimmenden Einfluß auf Gestaltung, Entwicklung und Leben der Kolonien. So unterschiedlich die Gründungszwecke auch waren und so unterschiedlich die in vielen Fällen im Laufe der Zeit wechselnde Rechtsform, z. B. Eigentümerkolonie, Kronkolonie, Selbstverwaltungskolonie, sich auch darstellte – die tatsächliche Macht der Krone und des Parlaments, die Präsenz britischer Staatsautorität war in allen Fällen gering. Den Kolonisten blieb, selbst wenn sie das nicht gewollt hätten, gar nichts anderes übrig, als ihre Dinge weitgehend selbst zu regeln, ihre Gemeinschaften, zunächst auf lokaler Ebene, selbst zu organisieren und eigenverantwortlich für deren Schutz zu sorgen.

Das hatte zwei Konsequenzen: Nicht nur die einzelnen Kolonisten, sondern auch ihre Gemeinschaften, die Kolonien, entwickelten ein starkes Gefühl der Unabhängigkeit und des Selbstbewußtseins gegenüber dem fernen Mutterland; und die Kolonisten waren bei Beginn der Revolution in Selbstverwaltung geübt und erfahren.

Diese Entwicklung zu Selbstverwaltung und Selbstbewußtsein wurde durch die Grundvorstellungen und Grundüberlegungen erleichtert, die die Kolonisten – gewissermaßen in ihrem Gepäck – aus dem Mutterland mitgebracht hatten. Das England des 17. und 18. Jahrhunderts war zwar durchaus keine Demokratie, und das Unterhaus war keine wirkliche Volksvertretung; aber die Existenz des Parlamentes sicherte doch allen Bürgern gewisse Rechte und verhinderte vor allem die dauerhafte Entwicklung des Landes zu einer absoluten Monarchie. Die Kolonisten knüpften, teils mit Billigung, teils mit Duldung der Krone, bei der Gestaltung ihrer Gemeinwesen an die Institutionen des Mutterlandes an. Und diese Institutionen entwickelten sich, in jungfräulichen Boden verpflanzt, in manchen Fällen sehr viel kräftiger als daheim, wo sie mit allerlei abstrusen Hemmnissen belastet waren, die in den Kolonien keine Grundlage hatten. Als Beispiel nenne ich das Problem der *rotten boroughs*, jener Orte, die seit alter Zeit Anspruch auf einen Sitz im englischen Unterhaus hatten und ihn auch dann behielten, wenn sie nur noch aus ein paar verfallenen Hütten bestanden, während aufstrebende, bevölkerungsreiche Städte oft von parlamentarischer Vertretung ausgeschlossen waren.

In einigen Kolonien wurde die Tendenz zur Unabhängigkeit, zur Selbstverwaltung, zur Demokratie durch Grundsätze der Religion bzw. der Kirchenverfassung verstärkt: Die Puritaner wollten von den Bischöfen nichts wissen und wählten ihre Pfarrer in der Gemeinde. Angesichts der Bedeutung von Religion und Kirche in der damaligen Zeit kann es nicht überraschen, daß sie ihre Vorstellung von der richtigen Organisation der Kirche auf die Organisation der politischen Körperschaften übertrugen. Daß diese an religiösen Vorstellungen ausgerichteten politischen Gemeinschaften zeitweise – besonders in Massachusetts – zu extrem intoleranten Theokratien entarteten, trübt das Bild, kann aber im Ergebnis an diesem insgesamt positiven Einfluß der religiösen und kirchenorganisatorischen Vorstellungen auf die politische Entwicklung in den Kolonien nichts ändern.

Gerade die zeitweise theokratische Herrschaft in Massachusetts führte übrigens zur Gründung der freiesten Kolonie jener Zeit: Rhode Island, von Roger Williams aus Protest gegen die Extremformen der puritanischen Herrschaft 1641 gegründet. Der Kern der Gründungsurkunde ist so beeindrukkend und vor allem im Vergleich zu dem, was damals in Europa möglich war, so erstaunlich, daß ich ihn hier zitieren will: Die Gründer, so heißt es dort, »stimmen darin überein, daß die Regierungsform, die diese politische Körperschaft für diese Insel, einschließlich der Rechtsprechung, vorsieht, mit gütiger Erlaubnis unseres Fürsten eine demokratische oder volkstümliche sein soll, das heißt, daß es in der Macht einer ordnungsgemäß zustande gekommenen Versammlung aller freien Männer bzw. deren Mehrheit liegen soll, gehörige Gesetze zu machen, denen sie dann unterworfen sind, und aus ihrer Mitte Beamte zu deren rechtlichem Vollzug zu bestimmen ... Gewissensfreiheit soll für alle Zeit gelten.«

Von erheblichem Einfluß auf die Entwicklung der Kolonien und später auf die Revolution und ihre Ergebnisse war die Tatsache, daß sich im Gepäck der Einwanderer das Common law befand. Die folgenden Besonderheiten des Common law machen seine Bedeutung für Entstehung, Wesen und Ergebnisse der Amerikanischen Revolution augenfällig:

Seine Ursprünge liegen in alten angelsächsischen Stammesrechten und – stärker – in dem von den normannischen Eroberern mitgebrachten Recht. Es beruht nur zu einem geringen Teil auf Gesetzen, sondern ist Fallrecht. Die Entscheidung des Richters ist zugleich Rechtsanwendung und Rechtschöpfung; sein Urteil wird zum Glied in der langen Kette bindender Präjudizien: Das Common law war immer in erheblich geringerem Umfang Objekt obrigkeitlicher Willensbildung als kontinentale Rechtssysteme.

Das Common law hat bewußt Widerstand gegen die mittelalterliche Rezeption des römischen Rechts mit seiner Betonung obrigkeitlichen Denkens geleistet. Den im Common law geschulten Juristen war die Vorstellung naturrechtlicher Ursprünge des geltenden Rechts wesentlich einleuchtender als den im römischen Recht geschulten »Positivisten« des Kontinents.

Das Prozeßrecht des Common law, das den Rechtsstreit – etwas überspitzt formuliert – als Zweikampf der Parteien mit Schiedsrichterfunktion des Richters ansieht, hat verhindert, daß sich der Inquisitionsprozeß mit einem Richter, der zugleich als Ankläger Beweise aus dem Beschuldigten notfalls herausfolterte, in England auf Dauer durchsetzen konnte.

Wesentlicher Bestandteil des »gemeinen Rechts« ist die überragende Rolle der Jury, die in ihren ersten, noch etwas archaischen Anfängen auf das 12. Jahrhundert zurückgeht: das Prinzip der Entscheidung durch eine Anzahl von Bürgern. Die freiheitssichernde Funktion dieser Einrichtung kann für eine Zeit, die sonst ganz von der Willkür der Herrschenden geprägt war, gar nicht hoch genug veranschlagt werden. Eine Episode mag das verdeutlichen. Daß sie nach der Amerikanischen Revolution und in England spielt, mindert ihre Aussagekraft nicht – eher im Gegenteil. 1794 wurde durch den Anwalt der Krone Anklage gegen Thomas Hardy erhoben. Hardy war der wichtigste Führer der Verfassungsbewegung unter den englischen Arbeitern und war für eine »repräsentative Regierung« eingetreten; nach den Worten der Anklage »also für das gerade Gegenteil der Regierungsform, die in diesem Lande besteht«. Die zwölf Geschworenen, lauter gute Tories, sprachen ihn frei und erinnerten damit nach den Worten Trevelyans »die Regierung daran, daß die Methoden Robespierres auf dieser Insel nicht gewünscht würden«.

Eine weitere, besonders auch für die Entwicklung in den Kolonien wichtige Eigenschaft des Jury-Systems lag darin, daß es Common sense der Bürger zugleich voraussetzte und bildete. Und schließlich: Zum Bestand des Common law gehörten die ersten freiheitssichernden Beschränkungen königlicher Gewalt, wie z. B. die Magna Charta von 1215, der Habeas Corpus Act von 1679 und die Bill of Rights von 1688 – und die amerikanischen Kolonisten waren sich ihrer daraus ergebenden bzw. entwickelten Rechte als *freeborn englishmen* durchaus bewußt.

Wir müssen uns eine weitere, vom Beginn der Kolonien an bestehende Besonderheit vergegenwärtigen, die später in zweifacher Weise für die Amerikanische Revolution von Bedeutung war: Das Gebiet der späteren 13 Staaten war eine weite, im wesentlichen unbesiedelte Wildnis. Die dort lebenden Indianerstämme waren im Gegensatz zu den festgefügten, bevölkerungsreichen und hochzivilisierten Staaten, die die spanischen Eroberer in Süd- und Mittelamerika vorgefunden hatten, zahlenmäßig schwach und bestanden überwiegend aus Fischern, Jägern und Sammlern; es gab wenig wirklich feste indianische Siedlungen. Land gab es für die Kolonisten in Hülle und Fülle; notfalls mußte man gegenüber den Indianern mit eher unzivilisierten Methoden »nachhelfen«; aber am Anfang und für längere Zeit danach war auch das unnötig. Die Amerikaner der Revolutionszeit waren sich dieses »Naturzustandes« entweder aus eigenem Erleben oder aus Erzählungen und Berichten ihrer Vorfahren noch sehr lebhaft bewußt. Ich habe weiter oben schon auf die Notwendigkeit, sich selbst zu helfen, hingewiesen. Diese Menschen empfanden die im »Vormärz« der Amerikanischen Revolution propagierten Ideen der Naturrechtsphilosophen nicht als blutleere Hirngespinste, sondern nach ihrer und ihrer Väter Erfahrungen als realistische Möglichkeit oder gar als für sie nachvollziehbare Beschreibung von Tatsachen, und: Die (fast) leere Weite, die buchstäblich »grenzenlose« Möglichkeit, zu eigenem Land zu kommen – wenn nicht immer in erster, dann doch in zweiter Generation –, führte zu einem einigermaßen ausgeglichenen Sozialgefüge.

Die Lage der Noch-nicht-ganz-Nation um 1770

Wie war die »Lage der Nation«, der Noch-nicht-ganz-Nation in der Zeit unmittelbar vor Ausbruch des Unabhängigkeitskampfes?

Zunächst ein paar äußere Daten: In den 13 Kolonien New Hampshire, Massachusetts, Connecticut, Rhode Island, New York, New Jersey, Pennsylvania, Delaware, Maryland, Virginia, North Carolina, South Carolina und Georgia lebten (etwas mehr als 20 % schwarze Sklaven eingeschlossen, die noch nicht überall völlig verdrängten Indianer jedoch nicht berücksichtigt) um die Mitte der siebziger Jahre des 18. Jahrhunderts etwa 2,5 Millionen Menschen.

Obwohl es auch Einwanderer aus anderen europäischen Ländern gegeben hatte (besonders stark z. B. in Pennsylvania) und in einigen Fällen bei der Gründung der Kolonien bereits eine starke nichtenglische europäische Bevölkerung vorhanden war (z. B. in New York Holländer), bestand am Vorabend der Revolution die weiße Bevölkerung zu mehr als drei Viertel aus Einwanderern aus Großbritannien und Irland bzw. deren Nachkommen.

Die Sklaven lebten zu etwa 90 % in den fünf südlichen Kolonien Maryland, Virginia, North Carolina, South Carolina und Georgia. Massachusetts hatte bei einer Gesamtbevölkerung von ca. 340000 Einwohnern etwa 5000 Schwarze, Virginia bei einer Gesamtbevölkerung von etwa 500000 dagegen 270000 Schwarze.

Die Kolonien differierten in ihrer räumlichen Ausdehnung erheblich: Rhode Island hatte 3100 Quadratkilometer und Delaware 5300 Quadratkilometer, Virginia dagegen 172000 Quadratkilometer und Georgia 152000 Quadratkilometer. Die Besiedlungsdichte war aber sehr unterschiedlich und hob in der politischen und wirtschaftlichen Bedeutung der einzelnen Kolonien die extremen Unterschiede in der Fläche zum Teil wieder auf. So hatte das flächenmäßig große Georgia ganze 33000 Einwohner, aber der »Zwerg« Rhode Island 58000.

In allen Kolonien dominierten zahlenmäßig die Landbevölkerung und die Einwohner von kleinen Landstädtchen. Städte mit nennenswerter Einwohnerzahl waren Philadelphia (30000 Einwohner), New York (20000), Boston (15000), Charleston in Virginia (10000) und Newport in Rhode Island (10000). Insgesamt gab es lediglich 20 Städte mit mehr als 3000 Einwohnern. In ihnen wohnten etwa 7 % der weißen Bevölkerung. Das Verhältnis zwischen Stadt- und Landbevölkerung differierte zwischen Norden und Süden nicht unbeträchtlich. In den Neuenglandstaaten (New Hampshire, Massachusetts, Connecticut und Rhode Island) waren etwa 10 % der Einwohner als städtische Bevölkerung zu bezeichnen – das andere Extrem bildeten die südlichen Kolonien mit etwa 2 % städtischer Bevölkerung. Der politische Einfluß der

Stadtbewohner in den Kolonien war allerdings erheblich größer, als es diesen Zahlen entsprochen hätte.

Die Wirtschaftsstruktur differierte zwischen den drei Gruppen der Kolonien (die vier Neuenglandkolonien, die vier »Mittelkolonien«, New York, New Jersey, Pennsylvania und Delaware, und die fünf südlichen Kolonien) erheblich. Fischerei, Schiffbau, Manufaktur, Überseehandel und kleinteilige Landwirtschaft bestimmten das Gesicht Neuenglands; Überseehandel, beginnende Industrie und eine Agrarstruktur mit einer Mischung aus selbständigen Farmern und großen Latifundien waren typisch für die Mittelkolonien; in den südlichen Kolonien dominierte ganz eindeutig der exportorientierte Anbau von Tabak, Reis, Indigo und Baumwolle auf großen Plantagen mit Sklaven als Arbeitskräften.

Bei all diesen Unterschieden sind doch einige gemeinsame Merkmale festzuhalten, die für die 13 Kolonien insgesamt galten:

Die sozialen Gegensätze waren weniger stark ausgeprägt als im Mutterland und im übrigen Europa. Zunächst: Es gab keine Adelsherrschaft, auch nicht in den Kolonien, die als feudale Gründungen entstanden waren, wie z. B. Maryland und New York. Natürlich lebten auch in den amerikanischen Kolonien Reiche und Arme – aber die Gegensätze waren weniger stark ausgeprägt als überall anderswo; die Reichen waren weniger reich, und die Armen waren weniger arm. Im übrigen: Fast alle Armen hatten oder sahen doch wenigstens die Chance eines Aufstiegs. Insgesamt dominierte das, was man mit einem heute gängigen Begriff vielleicht Mittelklasse nennen könnte.

Es gab keine Staatsreligion. Zwar herrschte nicht in allen Kolonien die gleiche religiöse Toleranz wie etwa in Pennsylvania oder in Rhode Island; aber am Vorabend der Revolution fand sich nirgends die Verbindung von Staat und Kirche – auch nicht dort, wo in der Gründungszeit Bürgerrechte an eine bestimmte Religionszugehörigkeit gebunden waren

(Massachusetts) oder wo der feudale Eigentümer katholisch war (Maryland).

So unterschiedlich die Ursprünge und die Rechtsformen der Kolonien auch waren und trotz der häufigen Versuche des Mutterlandes, seinen Einfluß auf die Kolonien zu stärken, insbesondere durch die Umwandlung einiger Gesellschaftskolonien und Eigentümerkolonien in Kronkolonien und durch die Stärkung der Stellung der Gouverneure – in den siebziger Jahren des 18. Jahrhunderts hatten alle Kolonien gewählte Parlamente mit erheblichen Kompetenzen, basierend auf den Gründungs-*charters* und ihren Entwicklungen. Auch in den amerikanischen Kolonien jener Übergangszeit konnte nicht jeder männliche weiße Einwohner wählen, und es existierten einige Unterschiede in den Voraussetzungen für das Wahlrecht zwischen den einzelnen Kolonien; aber der Anteil der Wahlberechtigten überstieg im Durchschnitt der 13 Kolonien mit deutlich mehr als 50% der erwachsenen weißen männlichen Bevölkerung den in England um mehr als das Fünffache und entsprach immerhin schon fast der Wahlberechtigung im revolutionären Frankreich bei der Wahl von 1791.

Erstes Grollen

Bis unmittelbar vor Ausbruch der Kämpfe gab es keine nennenswerte Los-von-England-Bewegung in den Kolonien, und es existierte keine eigene amerikanische Staatstheorie. Die große Mehrzahl der Kolonisten, insbesondere die tonangebenden Schichten, fühlte sich als *freeborn englishmen*, erkannte die Souveränität der Krone und in gewissem, allmählich geringer werdendem Maß auch die des Parlaments in London an.

Insbesondere drei Entwicklungen führten zunächst zum Widerstand gegen einzelne Maßnahmen des Mutterlandes und schließlich zum unheilbaren Bruch, zum Unabhängigkeitskampf, zur Amerikanischen Revolution:

das wachsende Selbstbewußtsein der Amerikaner, das vor allem auf der raschen Entwicklung der Einwohnerzahlen (die Bevölkerungszahl war in den 30 Jahren von 1745 bis 1775 um 150% gestiegen) und auf der bedeutenden Zunahme wirtschaftlicher Stärke im Unterschied zur Stagnation in England beruhte; die Notwendigkeit für England, in der Konkurrenz zu Frankreich und Spanien seine überseeischen Besitzungen stärker und straffer als Bestandteil des Reiches zu organisieren; und schließlich der Versuch Englands, die amerikanischen Kolonisten durch Besteuerung an der Verringerung des englischen Staatsdefizits zu beteiligen, das vor allem durch den Siebenjährigen Krieg erheblich angewachsen war.

Erst in diesem Klima wachsender Unzufriedenheit entstand eine Aufnahmebereitschaft für die europäischen Naturrechtstheorien, insbesondere von John Locke, der mit seinem 1690 erschienenen Hauptwerk *Zwei Abhandlungen über die Regierung* in Amerika dreizehnmal aufgelegt wurde, und Montesquieu, aber auch von heute weniger bekannten Schriftstellern, wie de Vattel und Pufendorf, den insbesondere John Wise schon 1717 in Amerika popularisiert hatte. In diesem Zusammenhang ist interessant, daß der *Contrat Social* Rousseaus so gut wie keine Rolle spielte – zum einen gab es insgesamt nur drei englischsprachige Ausgaben, zum anderen war Rousseau in seinem Hang zur Übersteigerung und in der Abstraktheit seiner Theorie den in Selbstverwaltung, Demokratie und Common sense geübten Amerikanern offenbar unheimlich.

Die Elemente der sich in der vorrevolutionären Zeit entwickelnden amerikanischen Staats- und Verfassungstheorie waren heterogen: Die Bausteine entstammten der gedanklichen Durchdringung der vorhandenen politischen Praxis in den Kolonien, den Grundprinzipien des Common law, den dem Geist ihrer Zeit damals weit vorausgeeilten Verfassungsentwürfen aus der englischen Revolution des 17. Jahrhunderts, den Forderungen der auf mehr Demokratie drängenden zeitgenössischen Opposition im Mutterland und nicht zuletzt der europäischen Naturrechtsphilosophie.

Vorgeplänkel

Die äußeren Abläufe der Amerikanischen Revolution sind für unser Thema nur insoweit von Interesse, als sie für das Verständnis und die späteren Auswirkungen der Ergebnisse von besonderer Bedeutung sind.

Ich beginne mit einem Ereignis aus der vorrevolutionären Zeit: Nach der englischen Staatstheorie, die die Amerikaner bis zum Vorabend der Revolution akzeptiert hatten, war die Macht des Parlamentes in der Formel vom »King in Parliament« absolut und auch in Fragen der (ungeschriebenen) Verfassung keiner Begrenzung unterworfen (»Das Parlament kann alles, außer aus einer Frau einen Mann machen«). Diese Auffassung war für die Amerikaner nicht mehr akzeptabel, als das Parlament in London begann, in verstärktem Umfang Gesetze mit Geltung für die Kolonien zu beschließen, die sich auf deren stärker gewordene Wirtschaftskraft negativ auswirkten; zunächst überwiegend Gesetze zur Regelung von Handel und Schiffahrt zwischen England und den Kolonien und noch nicht wirkliche Steuergesetze, wie sie später bei den unmittelbaren Ursachen des Aufstandes eine so entscheidende Rolle spielten. Diese Theorie war nicht mehr akzeptabel, weil sie sich nun als Gefährdung der inzwischen zu einem erheblichen Teil errungenen De-facto-Unabhängigkeit gegenüber einem Parlament erwies, zu dem die Amerikaner nicht wählen konnten.

1761 kam es vor dem Superior Court von Massachusetts zu einem Rechtsstreit: Einige Kaufleute klagten gegen die nach dem Tode König Georgs II. notwendige »Umschreibung« von Durchsuchungsvollmachten, wie sie nach einem englischen Gesetz von 1662 im Namen des Königs Zollbeamten zur Kontrolle von Warenlagern und Kaufmannshäusern ausgestellt werden konnten, auf den neuen König Georg III. Ihr Anwalt war James Otis.

Otis vertrat die wahrhaft revolutionäre These, das Gesetz von 1662 sei ungültig *(void)*, denn solche Durchsuchungsvollmachten und damit das sie erlaubende Gesetz selbst verstießen gegen den Fundamentalsatz des Common law von der Unverletzlichkeit der Wohnung. Otis berief sich auf einen Präzedenzfall: 1610 hatte der damalige britische Chef Justice Coke ein Parlamentsgesetz für ungültig erklärt, weil gegen Grundprinzipien des Common law verstoßend. Die präjudizierende Kraft der Entscheidung von Coke war aus mehreren Gründen sehr zweifelhaft, vor allem: Die englische Rechtsprechung hatte sie nie wirklich aufgenommen und sie später ausdrücklich verworfen. Otis verlor denn auch seinen Prozeß. Aber zum erstenmal waren mit erheblicher öffentlicher Wirkung in einem Gerichtsverfahren in den Kolonien zwei Grundsätze angesprochen worden, die auch unabhängig von der Frage der Gesetzgebungskompetenz des englischen Parlaments gegenüber den englischen Kolonien erhebliche Bedeutung für die Ergebnisse der Amerikanischen Revolution haben sollten: der Grundsatz, daß es ein dem Gesetzgeber vorgegebenes Recht gibt; und der Grundsatz vom richterlichen Prüfungsrecht. Es lag in der Logik des erstgenannten Grundsatzes, solches vorgegebene Recht aufzuschreiben und es gegen Änderung durch einfachen Federstrich des Gesetzgebers zu schützen – ein starkes Argument für eine geschriebene Verfassung mit Grundrechtskatalog; und es lag in der Logik des zweiten Grundsatzes, in einer solchen Verfassung ein starkes unabhängiges Gericht zu etablieren, das die Aufgabe des *judicial review* übernehmen konnte.

Der Widerstand gegen die zunehmenden Bemühungen

Großbritanniens, gesetzgeberischen Einfluß auf die Kolonien zu nehmen, stieg in dem Maße, in dem die englische Politik die Ebene der relativ harmlosen, den wirtschaftlich erstarkenden Amerikanern allerdings immer lästiger werdenden Regelung von Handel und Schiffahrt verließ und immer mehr in den Bereich vordrang, der die De-facto-Unabhängigkeit der Kolonien im Kern traf: Besteuerung, Einquartierungsgesetze, Zurückdrängung der kolonialen Geschworenengerichte.

Der Widerstand entwickelte sich ohne zentrale Steuerung lokal und in den Einzelkolonien. Kolonienübergreifend gab es zunächst nur Vereinigungen für die Organisation des Boykotts britischer Waren und sogenannte Korrespondenzkomitees. Der erste nennenswerte Schritt zu einer Quasi-Konföderation war die Einberufung eines Kontinentalkongresses im September 1774. Da die einzelnen Kolonien sich als Staaten empfanden, die jeweils einzeln mit der Krone verbunden waren, war die Idee der Gleichberechtigung der Kolonien im Verhältnis untereinander die sich fast selbstverständlich ergebende Grundlage schon dieser ersten Vorform eines Zusammenschlusses: Die für die spätere Entwicklung der Revolution und ihre Ergebnisse wichtigste Entscheidung dieses Kongresses war der Beschluß, daß auf ihm jede Kolonie unabhängig von Größe und Einwohnerzahl eine Stimme haben sollte.

Die materielle Entscheidung des Kongresses beschränkte sich noch auf wirtschaftliche Abwehrmaßnahmen gegen die englische Gesetzgebung. Die diese Maßnahmen zusammenfassende Resolution beginnt noch mit den Worten: »Wir, Seiner Majestät getreueste Untertanen ...« Es war noch keine klare staats- oder völkerrechtliche Begründung für die amerikanische Haltung gegenüber Großbritannien vorhanden. Man kombinierte einfach die drei wichtigsten möglichen Begründungen, indem man sich in einem Atemzug auf die »unveränderlichen Gesetze der Natur, die Prinzipien der englischen Verfassung, und die verschiedenen charters und Pakte« berief, also auf die europäische Naturrechtsphilosophie, die Rechte der Kolonisten als *freeborn englishmen* und die bis zum Beginn verstärkter englischer Kolonialgesetzgebung vorhandene Rechtslage der Kolonien.

Die ersten ernsthaften Kämpfe zwischen kolonialen Milizen und britischen Truppen fanden in dieser Phase allenfalls embryonaler Unionsbildung bei formaler Anerkennung der Bindung der Kolonien an die Krone statt.

Die Virginia Bill of Rights

Die ersten im eigentlichen Sinne staats- und völkerrechtlich relevanten Entscheidungen dieser Zeit waren Entscheidungen von Einzelkolonien. Als bedeutendstes und folgenreichstes Beispiel nenne ich die Virginia Bill of Rights vom 12. Juni 1776: Als ihren Urheber nennt die Bill of Rights in der Präambel die »Vertreter des ... Volkes ... versammelt in vollem und freiem Konvent«.

Artikel 1 erklärt, alle Menschen seien »von Natur aus« gleichermaßen frei und unabhängig und besäßen »angeborene Rechte«, und zwar »den Genuß des Lebens und der Freiheit, ... die Möglichkeit, Eigentum zu erwerben und zu besitzen und Glück und Sicherheit zu erstreben und zu erlangen«. Er fügt hinzu, daß sie dieser Rechte »durch keine Abmachung ihrer Nachkommenschaft beraubt oder entkleidet werden können«.

Nach Artikel 2 wird alle Macht vom Volke »hergeleitet« *(derived).* Artikel 3 stellt als einzigen Zweck der Regierung »den Schutz und die Sicherheit des Volkes« und die Erzielung von Glück *(happiness)* fest.

Artikel 5 schreibt die Trennung der gesetzgebenden und der exekutiven Gewalt von der richterlichen Gewalt vor und verbietet, was wir heute Berufspolitiker und Berufsbeamte nennen würden.

Artikel 6 schreibt freie Wahlen vor durch »alle Männer, die ihr dauerndes Interesse an der Gemeinschaft und ihre dauernde Anhänglichkeit an sie hinlänglich erhärtet haben«, und legt zugleich den Grundsatz fest, daß Steuern, Eigentumsbeschränkungen und sonstige Verpflichtungen nur durch Gesetzesbeschluß der Volksvertretung begründet werden können.

Artikel 8 schreibt das Geschworenengericht und den Grundsatz rechtlichen Gehörs fest, ferner das Recht der Aussageverweigerung bei der Gefahr, sich sonst selbst zu belasten. Das Geschworenengericht wird in der Bill noch einmal, nämlich in Artikel 11, erhärtet.

Artikel 12 erklärt die Pressefreiheit als »eines der großen Bollwerke der Freiheit«.

Artikel 13 verbietet stehende Heere in Friedenszeiten und schreibt vor, daß »das Militär der Zivilgewalt strikt untergeordnet und von ihr beherrscht werden« soll.

Artikel 16 legt die Religionsfreiheit fest.

Hier ist nicht mehr die Rede vom König als dem (wenn auch in seinen Machtbefugnissen noch so eingeschränkten) Souverän – *hier ist das Volk der Souverän;* hier ist nicht mehr die Rede von im Herkommen begründeten Fundamentalrechten des *freeborn englishman – hier geht es um die angeborenen Rechte aller Menschen;* hier ist nicht mehr die Rede vom die englische Staatstheorie beherrschenden Prinzip des *mixed government – hier wird die Gewaltenteilung vollzogen.*

Bei aller revolutionären Abkehr vom englischen Staats- und Verfassungsverständnis und der ebenso revolutionären Hinwendung zu den Grundgedanken von Volkssouveränität, Naturrecht und Dreiteilung der Gewalten – was an englischer Theorie und Praxis brauchbar erschien, blieb erhalten und wurde mit den neuen ideologischen Elementen verschmolzen, wie die starke Betonung zum Beispiel des Systems der Geschworenengerichte zeigt.

Ich will es so ausdrücken: Der Grundsatz englischer Freiheit konnte sich im jungfräulichen Boden Amerikas kräftiger entwickeln als im Mutterland, und philosophische Legitimierung und Struktur von Demokratie mußten sich im Abwehrkampf gegen den stärker werdenden politischen Druck des Mutterlandes notwendig in eine andere Richtung entwickeln – aber die Wurzel, die englische Freiheits- und Rechtstradition, wurde nie abgetrennt und blieb auch später fruchtbar.

Von der Unabhängigkeitserklärung zum Verfassungskonvent

Die formelle Konstituierung der Einwohner der 13 Kolonien als Nation erfolgte durch die vom zweiten Kontinentalkongreß am 4. Juli 1776 beschlossene Unabhängigkeitserklärung. Ihre berühmten Kernsätze (»Folgende Wahrheiten erachten wir als selbstverständlich: daß alle Menschen gleich geschaffen sind; daß sie von ihrem Schöpfer mit bestimmten unveräußerlichen Rechten ausgestattet sind; daß dazu Leben, Freiheit und das Streben nach Glück gehören; daß zur Sicherung dieser Rechte Regierungen unter den Menschen eingerichtet werden, die ihre rechtmäßige Macht aus der Zustimmung der Regierten herleiten ...«) sind im wesentlichen eine meisterhaft formulierte Wiederholung des Inhaltes der ersten beiden Artikel der Virginia Bill of Rights, ihr ausführlichster Teil ein detailliertes Sündenregister des Königs (das Parlament in London kommt konsequenterweise schon nicht mehr vor), ihr völkerrechtlich relevanter Höhepunkt die formelle Lossagung von Großbritannien und die Deklaration der Kolonien als »freie und unabhängige Staaten«.

Der nun »offiziell« gewordene Krieg ging bis 1782. Die

wechselvollen militärischen Abläufe sind für unser Thema nicht wichtig. Von Interesse in unserem Zusammenhang sind drei Tatsachen:

Zunächst: Die Waffenhilfe des vorrevolutionären Frankreichs unter Ludwig XVI. für das revolutionäre Amerika förderte die Vertrautheit einiger der späteren französischen Revolutionäre mit den Ereignissen und den Ergebnissen der Entwicklung in Amerika.

Zweitens: Während der Kämpfe emigrierten etwa 60000 bis 100000 konservative Loyalisten nach Kanada und Großbritannien, die, von wenigen Ausnahmen abgesehen, nach dem Kriege nicht zurückkehrten – anders als später die Emigranten der Französischen Revolution. Diese Endgültigkeit der Emigration war ein wichtiger Grund dafür, daß Ideen von Restauration und Reaktion in Amerika später nicht aufkamen bzw. keine Chance hatten.

Und schließlich drittens: Amerika führte seinen Krieg zunächst ohne und dann mit einer sehr bald als völlig unzureichend erkannten Verfassung, den *Articles of Confederation* von 1777, endgültig in Kraft getreten 1781. Die *Articles of Confederation* konstituierten die Vereinigten Staaten nicht als Bundesstaat, sondern als Staatenbund; und zwar als einen Staatenbund, der sich durch ein Minimum an Zentralkompetenz und ein Maximum an Schwerfälligkeit der Entscheidungsprozeduren auszeichnete.

Die amerikanische Verfassung

Die Schwäche der losen Staatenverbindung war evident, die Bewegung zur Verfassungsreform allgemein. Die Bandbreite der Meinungen ging aber vom Wunsch nach maßvoller Änderung der Konföderationsartikel bis hin zu Vorstellungen, die auf einen dezentralisierten Einheitsstaat hinausliefen.

Der Konvent von Philadelphia

Die Initiative zur Einberufung des Verfassungskonvents, der schließlich im Mai 1787 in Philadelphia zusammentrat, ging nicht vom Kongreß der Konföderation aus, sondern von einigen Einzelstaaten unter der Führung Virginias; der Kongreß sanktionierte schließlich nur diese Initiative.

Der Konvent hatte die ausschließliche Aufgabe der Verfassungsrevision; der Kongreß behielt während der Tagung des Konvents seine Kompetenzen und übte sie aus.

Für das Verständnis vom Gang und vom Ergebnis der Beratungen von Philadelphia ist wichtig, daß die Einzelstaaten sich bis auf zwei Ausnahmen (Rhode Island und Connecticut behielten noch lange ihre kolonialen *charters* als »Grundgesetz«) inzwischen Verfassungen gegeben hatten. Da diese Verfassungen der Einzelstaaten in Deutschland sowohl 1848 als auch 1919 und 1948/49 relativ unbekannt waren, spielen sie im Rahmen unseres Themas keine wesentliche Rolle. Wichtig ist für uns nur, daß diese Verfassungen fast alle einen Grundrechtsteil enthielten oder in einigen Fällen Verfassung und Erklärung der Rechte nebeneinanderstanden; daß mit einer Ausnahme (Pennsylvania) das Zweikammersystem galt und daß in unterschiedlicher Deutlichkeit das Volk als Quelle der Staatsgewalt ausdrücklich genannt wurde.

Die Einzelstaaten beteiligten sich zunächst nur zögerlich an der Arbeit des Konvents. Zu Beginn seiner Arbeit im Mai 1787 waren lediglich sieben Staaten vertreten; bis zum Juli wurden es zwölf – und dabei blieb es: Rhode Island beteiligte sich bis zum Schluß nicht. Der Konvent benötigte trotz dieser Anlaufschwierigkeiten nicht mehr als gut vier Monate, um sein Werk zu vollenden; eine Tatsache, die die Qualität der führenden Männer des Konvents deutlich belegt. Da deren Namen – abgesehen von George Washington und Benjamin Franklin – bei uns wenig bekannt sind, will ich wenigstens einige besonders gewichtige nennen: Alexander Hamilton von New Jersey, James Madison und George Mason von Virginia, Rufus King von Massachusetts, Roger Sherman von Connecticut, Gouverneur Morris von Pennsylvania und John Rutledge von South Carolina.

Der erste moderne Bundesstaat

Ein zentrales Thema des Konvents war die Frage der Machtverteilung zwischen den Einzelstaaten und der Union. Daß die Macht der Union gestärkt werden sollte, war Anlaß und Auftrag des Konvents – beraten werden sollte, wie das geschehen könnte, wenn gleichzeitig die Staaten als selbständige politische Körper erhalten blieben; daß eine Lösung, die die Staaten praktisch zu Provinzen degradiert hätte, nicht konsensfähig sein würde, war sehr bald klar.

Die Delegierten konnten nicht auf irgendein Vorbild oder Beispiel zurückgreifen. Ihre Lösung des Problems, die Schaffung des ersten modernen Bundesstaates der Welt, war eine originäre Schöpfung des Konvents. Zu Hilfe kam den Delegierten nur die Tatsache, daß ihnen das Prinzip von *check and balance* geläufig war. Es war – wenn auch in ganz anderer Konstruktion – ein Stück jener englischen Staatspraxis, in der sie aufgewachsen waren. Es ließ sich gut mit der Naturrechtslehre vereinbaren, der sich die Amerikaner in den Jahren vor Ausbruch der Revolution fast zwangsläufig zuwenden mußten, weil die Berufung auf ihre Rechte als *freeborn englishmen* mit jedem Schritt der inneren und dann der äußeren Lösung vom Mutterland immer weniger tragfähig wurde und sie einen neuen ideologischen »Unterbau« für ihre Ansprüche benötigten. Am deutlichsten hatte dieses Prinzip Montesquieu ausgedrückt: »Wer hätte das gedacht: Sogar die Tugend hat Grenzen nötig. Damit die Macht nicht mißbraucht werden kann, ist es nötig, durch die Anordnung der Dinge zu bewirken, daß die Macht die Macht bremse.«

Der Konvent etablierte eine Bundeslegislative (den aus Repräsentantenhaus und Senat bestehenden Kongreß) und eine Bundesexekutive (den Präsidenten), die beide ihre Rechte nicht aus der Staatsgewalt der Einzelstaaten ableiteten, sondern aus der Entscheidung des Gesamtvolkes, wenn auch mit gewissen Modifikationen im Wahlverfahren im Sinne einer Aufspaltung des Gesamtvolkes in die »Völker« der Einzelstaaten. Der Konvent errichtete ferner eine eigenständige Bundesgerichtsbarkeit mit dem Supreme Court als oberster Instanz. Daneben blieben Legislative, Exekutive und eigene Gerichtsbarkeit der Einzelstaaten erhalten.

Die Kompetenzverteilung zwischen der Bundesgewalt in ihren drei Ausgestaltungen einerseits und denselben drei Gewalten der Einzelstaaten andererseits löste der Konvent durch das Prinzip der abschließenden Aufzählung der Kompetenzen der drei Bundesgewalten – was in der Aufzählung nicht enthalten war, verblieb in der Kompetenz der Einzelstaaten, für die also eine Kompetenzvermutung sprechen sollte.

Wenn ich im folgenden die wichtigsten Kompetenzen der Bundeslegislative aufzähle, muß bei einem vergleichenden Blick auf die Regelungen z. B. des Grundgesetzes berücksichtigt werden, daß die amerikanische Verfassung den Unterschied zwischen ausschließlicher, konkurrierender und Rahmengesetzgebung, von wenigen Ansätzen zu solcher Differenzierung abgesehen, nicht kennt. Das ließ Spielraum und lud zu Konflikten ein, die letztlich durch Machtkämpfe oder gerichtliche Entscheidung gelöst werden mußten.

Der Union stand die Gesetzgebung zu für Bundessteuern und Abgaben, für Zölle, für die Verteidigung und »die allgemeine Wohlfahrt der Vereinigten Staaten«, für den Außenhandel und den Handel »unter den Einzelstaaten«, für das Konkursrecht, das Münzwesen, für Maße und Gewichte, für Gesetze gegen Geldfälschung, für das Postwesen; ferner die Kompetenz, »den Fortschritt von Wissenschaft und schönen Künsten dadurch zu fördern, daß den Autoren und den Erfindern für eine bestimmte Zeit das ausschließliche Recht auf ihre Schriften und Erfindungen gesichert wird«; die Kompetenz für die Errichtung unterer Bundesgerichte in den Gebieten der Einzelstaaten, für die Bestrafung von Seeräuberei, Verbrechen auf hoher See und Verbrechen gegen das Völkerrecht *(Offences against the Law of Nations).* Die Bundeslegislative war ferner zuständig für Kriegserklärungen, Aushebung und Erhaltung der Heere, Schaffung und Erhaltung einer Flotte, die Organisation der Verwaltung der Land- und Seestreitkräfte. Schließlich wurde der Bundeslegislative das Recht gegeben, für die Einberufung der Miliz zu sorgen, »um die Gesetze der Union zur Ausführung zu bringen«, während das Recht, die Offiziere der Miliz zu ernennen, bei den Einzelstaaten verblieb.

Der Kompetenzkatalog wurde abgeschlossen mit einer fast

generalklauselartig anmutenden Bestimmung: »Endlich soll der Kongreß das Recht haben, alle nötigen und zweckmäßigen Gesetze zur Ausübung der vorerwähnten Befugnisse und aller anderen Befugnisse, womit diese Verfassung die Regierung der Vereinigten Staaten oder irgendeinen Verwaltungszweig oder Beamten derselben beauftragt hat, zu erlassen.« Die Formulierungen »zur Ausübung der vorerwähnten Befugnisse« und »womit diese Verfassung ... beauftragt hat« machen aber klar, daß nach der Intention der Verfassungsväter diese Klausel keine Aufweichung der Kompetenzverteilung zwischen Union und Einzelstaaten bedeuten sollte.

Der Bundesexekutive wurden als Kompetenz zugewiesen: der Vollzug der Bundesgestze (ohne Einschaltung oder Beteiligung der Einzelstaaten); militärischer Oberbefehl; Begnadigungsrecht (soweit Bundesgesetze verletzt waren); die auswärtigen Beziehungen mit der wichtigsten Einschränkung der Mitwirkung des Senats beim Abschluß von Verträgen; die Ernennung der Richter und der Beamten des Bundes und der Botschafter (mit Zustimmung des Senats) und schließlich das Recht, »dem Kongreß von Zeit zu Zeit über den Zustand der Nation Bericht zu geben und ... Maßregeln zu empfehlen, die er (der Präsident) für notwendig und ratsam halten sollte«.

Die Gerichte des Bundes sollten zuständig sein für die Entscheidung von Rechtsfällen, bei denen die Verfassung, einfaches Bundesrecht oder vom Bund abgeschlossene Verträge anzuwenden waren; ferner bei Rechtsstreitigkeiten zwischen Bürgern verschiedener Einzelstaaten, zwischen Einzelstaaten und zwischen einem Staat und einer Privatperson. Die Bundesgerichte sollten ferner entscheiden bei allen Rechtsstreitigkeiten, in denen die Vereinigten Staaten selbst oder Botschafter, Gesandte oder Konsuln fremder Länder Partei waren. Der Bund erhielt schließlich die Zuständigkeit für die Seegerichtsbarkeit.

Diese Kompetenzverteilung zwischen Gesamtstaat und

Einzelstaaten war ein Kernstück des föderativen Staatsaufbaus, aber allein weder ausreichend, um die Funktionsfähigkeit der Union als Bundesstaat zu sichern, noch um ein »Umkippen« in der Verfassungswirklichkeit zum dezentralisierten Einheitsstaat oder zurück zum Staatenbund zu verhindern. Zu lösen waren außer dem Problem der Kompetenzverteilung vor allem noch folgende Fragen: Sollten die Einzelstaaten ein Mitwirkungsrecht bei der Gesetzgebung des Bundes haben, und wie sollte es gestaltet werden? Wie sollten die neu zu erschließenden Gebiete westlich der 13 Staaten in das Unionsgefüge eingepaßt werden? Sollte es eine Bestandsgarantie für die Einzelstaaten geben? Und schließlich: Sollte die Union die Einzelstaaten in Zwang nehmen können?

Es kann nach der von mir skizzierten Vorgeschichte der Revolution und der Verfassungsgebung nicht überraschen, daß der Konvent sich für die Mitwirkung der Einzelstaaten an der Unionsgesetzgebung entschied; und es lag nahe, sich dafür in der einen oder anderen Weise des sowohl aus dem Mutterland als auch aus Recht und Praxis in den Einzelkolonien und später in den Einzelstaaten vertrauten Zweikammersystems zu bedienen. Auch die Entscheidung, das Mitwirkungsrecht der Einzelstaaten nicht von deren Größe und Einwohnerzahl abhängig zu machen, war vorprogrammiert.

Auf den ersten Blick nicht ganz so selbstverständlich war die Entscheidung des Konvents, die Einzelstaaten an der Unionsgesetzgebung nicht durch (oder nicht wenigstens *auch* durch) deren Exekutive mitwirken zu lassen, sondern durch je zwei von den Staatsparlamenten (diese Regelung galt bis 1913) gewählte Senatoren. Aber dieser »erste Blick« ist eine von der deutschen Verfassungsgeschichte ausgehende Betrachtungsweise. Für die Senatslösung sprachen die in vorrevolutionärer Zeit rezipierten Grundgedanken der Gewaltenteilung und der Volkssouveränität. Beide Prinzipien wurden zwar – nicht nur in dieser Frage – nicht voll durchgeführt: Die Senatoren wurden nicht in direkter Wahl, sondern durch die

Staatsparlamente gewählt, und der Senat erhielt nicht nur legislative Aufgaben, sondern sollte, wie wir schon gesehen haben, auch bei bestimmten exekutiven Aufgaben mitwirken. Aber die Prinzipien der Gewaltenteilung und der Volkssouveränität hatten doch so große Bedeutung, daß der Gedanke, die Einzelstaaten an der Legislative der Union durch ihre Exekutiven mitwirken zu lassen, nicht ernsthaft aufkommen konnte. Die Abstriche an den Grundsätzen der Gewaltenteilung und der Volkssouveränität erschienen notwendig, um dem Senat nicht nur den Charakter eines »Oberhauses« zu verleihen, sondern mindestens ebenso stark den eines »Staatenhauses«. Die Wahl der Senatoren durch die Staatsparlamente betonte den Einfluß der Einzelstaaten. Die Mitwirkung der Senatoren z. B. beim Abschluß von Verträgen und bei Beamtenernennungen wirkte in dieselbe Richtung und war außerdem eine Art Ausgleich für die Tatsache, daß die Staatsexekutiven an der Ausführung der Bundesgesetze nicht beteiligt werden sollten.

Für die Lösung der Frage, wie verfassungs- und staatsrechtlich die vorauszusehende (und von den meisten auch gewünschte) Ausweitung der Vereinigten Staaten nach Westen gestaltet werden sollte, standen drei Möglichkeiten zur Verfügung: einmal die Ausweitung der »Grenzstaaten« (z. B. Pennsylvania oder Virginia) nach Westen, zum anderen die Gründung neuer Teilstaaten im Westen und schließlich die Übernahme der neuen Gebiete als eine Art »Unionsland« (etwa vergleichbar mit den »Reichslanden Elsaß und Lothringen« 1871 in Deutschland). Die Interessenkonflikte waren klar: Die Ausdehnung der Grenzstaaten nach Westen stieß auf den entschiedenen Widerstand jener Staaten, deren Westgrenze als Grenze zu einem Nachbarstaat feststand, wie das z. B. bei Massachusetts, Maryland oder Delaware der Fall war. Diese Lösung hätte das damals – alles in allem – ausgeglichene Gewicht der Einzelstaaten untereinander massiv verschoben. Die Gründung neuer Einzelstaaten barg in der Sicht mancher Vertreter der tonangebenden Schichten die Gefahr in sich, daß dann – weil nicht durch Tradition und etablierte Wirtschaftsstrukturen gebremst – radikaldemokratische Einzelstaaten entstehen und die Politik der Union bestimmen würden. Die dauernde Übernahme der neuen Gebiete als Unionsland hätte das Gewicht zwischen Gesamtstaat und Einzelstaaten zugunsten des Gesamtstaates verschoben. Und dann war da noch das Problem der Sklaverei – bisher sorgfältig ausgeklammert oder durch zeitlich begrenzte Kompromisse »gelöst«. Die Südstaaten waren entschlossen, an der Sklaverei festzuhalten, sahen aber, daß in den Mittelstaaten und in den Neuenglandstaaten der Widerstand gegen die Sklaverei wuchs. Zulassung oder Verbot der Sklaverei in den neuen Gebieten mußte das Gewicht langfristig zur einen oder zur anderen Seite hin verschieben.

Konvent und Kongreß wirkten in der Lösung des Problems zusammen. Der Verfassungstext des Konvents sah vor, daß zunächst der Bund die unerschlossenen Gebiete verwalten sollte, daß aber diese Gebiete durch Kongreßbeschluß als neue Staaten in die Union aufgenommen werden konnten. Der Kongreß legte durch die von ihm während der Tagung des Konvents beschlossene Nordwestverordnung die vorläufige Erschließung des Westens als Bundesaufgabe mit der Maßgabe fest, daß die neuen Gebiete nach entsprechendem Entwicklungsfortschritt Staaten werden sollten; ferner, daß bis dahin gewisse Selbstverwaltungsrechte der Siedler bestehen sollten. Die Nordwestverordnung bestimmte gleichzeitig, daß Sklaverei in dem gedachten neuen Gebiet ausgeschlossen sein sollte.

Diese Beschlüsse von Konvent und Kongreß sorgten nicht nur für die Erhaltung von *check and balance* zwischen Gesamtstaat und Einzelstaaten bei einer Vergrößerung der Union, sondern programmierten auch eine Verstärkung der Elemente der Volkssouveränität und Gleichheit für die Zukunft.

Die Verfassung entschied sich für eine Bestandsgarantie der

Einzelstaaten, indem sie eine »Neugliederung« ohne Zustimmung der betrofffenen Staaten für unzulässig erklärte und die Gleichberechtigung der Einzelstaaten in ihrer Vertretung im Senat festschrieb. Merkwürdigerweise war nur der zweite Aspekt dieser Bestandsgarantie von einer Verfassungsänderung ausgeschlossen. Ich habe die Ursache für die Inkonsequenz, hinsichtlich des doch mindestens ebenso wichtigen ersten Aspektes der Bestandsgarantie nicht die gleiche endgültige Sicherung zu gewähren, nicht feststellen können.

Der Konvent verzichtete darauf, das Instrument des Bundeszwanges einzurichten. Das hatte zwei Gründe: Zum einen sollte der Bund seine Gesetze durch eigenen Verwaltungsunterbau ausführen, zum anderen ergab sich eine Art praktischer Bundeszwang aus der Fortgeltung der englischen Rechtstradition des *contempt of court*: Der Präsident kann bei Mißachtung von Entscheidungen der (Bundes-)Gerichte durch einen Einzelstaat die Beachtung der Gerichtsentscheidung mit Hilfe der Miliz (heute Nationalgarde) erzwingen. Ein Bundeszwang im Sinne des Ausschlusses von Einzelstaaten aus der Union verbot sich angesichts der Umwandlung des Staatenbundes, aus dem ein Mitglied notfalls ausgeschlossen werden können muß, in einen echten Bundesstaat.

So wichtig die ausformulierten Bestimmungen über den bundesstaatlichen Aufbau auch waren und sind – sie beruhten auf einer Grundüberzeugung, die keinen geschriebenen Ausdruck fand und doch den Kern der gedanklichen Leistung des Konvents zur Bundesstaatslösung darstellt: die Annahme, daß es eine doppelte Souveränität gibt. Sie liegt beim Volk der Einzelstaaten für den Teilstaat und beim Gesamtvolk für die Union. Jeder einzelne Bürger ist Teil zweier Souveräne. Dieser Gedanke der doppelten Souveränität war neu, sensationell neu, und es liegt auf der Hand, welche Schwierigkeiten sich ergeben mußten, wenn Monarchien zu einem demokratischen Bundesstaat zusammengeschlossen werden sollten, wie das 1849 in Deutschland versucht wurde.

Die Dreiteilung der Gewalten

Gleichranging neben der *originären Leistung* der Schaffung des ersten Bundesstaates steht die *originäre Leistung* des Konvents von Philadelphia, den ersten Staat mit einer echten Dreiteilung der Gewalten konstituiert zu haben. Auch hier gab es kein Vorbild, weder in der Praxis noch in der Theorie. Für praktische Erfahrungen konnten die Amerikaner lediglich auf die im Vergleich zu anderen modernen Staaten ungewöhnlich starke Stellung der Common-law-Gerichte im Mutterland und die im Vergleich zu allen anderen modernen Staaten gleichfalls ungewöhnlich starke Stellung von Unterhaus und Oberhaus gegenüber dem König zurückgreifen – aber das englische System war trotz der relativ starken Position der Elemente Parlament und Justiz kein System der Dreiteilung der Gewalten. In gewisser Weise hatten sich die in der englischen Staatspraxis enthaltenen Bestandteile für eine Dreiteilung der Gewalten in den Kolonien stärker ausgeprägt und den Übergang zu Ansätzen echter Gewaltenteilung in den Verfassungen der einzelnen Staaten erleichtert. Aber ein durchgeformtes System einer Gewaltenteilung im modernen Sinn, auf das der Konvent hätte zurückgreifen können, gab es in der Welt nicht.

Die Theorie hatte zwar die Begriffe geliefert, und das war wichtig. Aber die Begriffe waren so, wie sie bei den von den Amerikanern besonders geschätzten Naturrechtslehrern, zum Beispiel Locke und Montesquieu, verwendet wurden, nicht geeignet, durch Umsetzen in Verfassungsnormen zu einem funktionierenden System der Gewaltenteilung zu führen. So hatte Locke zwischen der legislativen Gewalt, die er die höchste nennt, der exekutiven Gewalt zur Vollziehung der Gesetze und der Gewalt über Krieg und Frieden, bei ihm »natürliche« oder »föderative« Gewalt genannt, unterschieden. Montesquieu nennt zwar die richterliche Gewalt, sieht sie aber nur als *bouche de la loi,* als Sprachrohr der gesetzgebenden Gewalt, und kommt folgerichtig zu dem Schluß, die richterliche Gewalt sei »gewissermaßen gar keine«. Seine dritte Gewalt ist der zur »Mäßigung« des vom Volk gewählten Parlaments und der Exekutive »sehr geeignete ... aus Adligen zusammengesetzte Zweig der legislativen Körperschaft« – gemeint war das englische Oberhaus.

Die Amerikaner standen vor der schwierigen Aufgabe, aus ihrem tief gegründeten Gefühl für *check and balance,* ihrer aus dem Mutterland mitgebrachten Denkweise, den naturrechtlichen Grundgedanken der Gewaltenteilung, der unzulänglichen naturrechtlichen theoretischen Durchdringung dieses Grundgedankens und den in der Kolonialzeit und dann in den Einzelstaaten (mit Ausnahme Pennsylvanias) gewachsenen Anfängen ein funktionsfähiges politisches System der Gewaltenteilung zu formen. Sie mußten dabei den Widerspruch zwischen der Idee der Gewaltenteilung und dem für sie ebenso wichtigen Gedanken der Volkssouveränität aufheben – und dabei eine Lösung finden, die »bundesstaatsfähig« war.

Die Verfassung von Philadelphia dokumentiert das bei den Beratungen erzielte Ergebnis schon äußerlich dadurch, daß der erste (von insgesamt sieben) Artikel die Legislative regelt, der zweite die Exekutive und der dritte die Judikative.

Kern der Beschlußfassung des Konvents über die Teilung der Gewalten war die Entscheidung gegen die Wahl der Exekutive durch die Legislative und gegen die Verantwortlichkeit der Exekutive gegenüber der Legislative. Wir pflegen das die Ablehnung des parlamentarischen Systems zu nennen, was ich immer für einen sprachlichen Mißgriff gehalten habe: Das englische Unterhaus stellt, seit die Exekutive nur noch formal beim König, faktisch aber ganz beim Premierminister liegt, keine wirkliche eigenständige Macht gegenüber der Exekutive dar, während der amerikanische Kongreß den Präsidenten immer wieder seine Machtfülle spüren läßt; und sieht man auf den einzelnen Abgeordneten, so kenne ich keinen Staat, in dem er mehr Macht hat als in den Vereinigten Staaten von Amerika.

Die Amerikaner hatten begriffen: Wenn Macht die Macht begrenzen soll, kann nicht abgeleitete Macht gegen originäre Macht stehen, sondern die eine Teilmacht gegen die andere, aus demselben Ursprung stammende Teilmacht; und den Ursprung der Macht konnte nur das Volk bilden.

Daß die Exekutive nicht aus einem Kollegium bestehen, sondern in einer Person konzentriert sein sollte, hatte überwiegend historische Gründe: Den Amerikanern standen als Beispiele der Monarch und der Gouverneur (zunächst in den Kolonien, dann in den Staaten) vor Augen. Es kamen andere Gründe hinzu. Wenn die exekutive Macht nicht aus der Legislative abgeleitet und ihr nicht verantwortlich sein sollte, kam nur eine – wie auch immer geregelte – Wahl durch das Volk für einen festgelegten Zeitraum in Betracht; und die war für eine Person leichter vorstellbar als für ein Kollegium. Und schließlich: Man wollte nach den Erfahrungen der Konföderationszeit zumindest eine handlungsfähige Exekutive haben, die mit einer Stimme sprach – ein Regierungskollegium, dessen Mitglieder sich jeweils einzeln auf Legitimation durch das Volk hätten stützen können, konnte diesem Anspruch nicht genügen.

Das in der Verfassung von 1787 vorgesehene sehr komplizierte Verfahren für die Wahl zum Präsidenten war das Ergebnis eines Kompromisses zwischen dem Gedanken der Volkssouveränität, der Sorge vor dem Mißbrauch einer konsequent plebiszitären Ausformung dieses Prinzips und dem Verlangen der Einzelstaaten, an der Wahl der Exekutive beteiligt zu sein. Die tragenden Prinzipien waren: »Filterung« der Bürgerentscheidung durch die Zwischenschaltung von Wahlmännern, Wahl der Wahlmänner in den Einzelstaaten, Entscheidung über den Wahlmodus (z. B. Volkswahl oder Wahl durch die Staatslegislative) durch die Einzelstaaten.

Als Ausgleich für die fehlende parlamentarische Verantwortlichkeit des Präsidenten galt neben der Wahl auf Zeit die Übernahme des aus der englischen Tradition stammenden Impeachment, der Beamtenanklage auch gegenüber dem Präsidenten. Ankläger ist das Repräsentantenhaus, »Richter« der Senat unter dem Vorsitz des Obersten Richters. Die Strafe kann keine Kriminalstrafe, sondern nur die Entfernung aus dem Amt sein. Wir haben im Fall Nixon gesehen, daß das Impeachment eine wirksame Waffe sein kann.

Die Unabhängigkeit der Dritten Gewalt der Union wurde im wesentlichen dadurch gesichert, daß die Richter unabsetzbar sind, und zwar *during good behavior*, also solange sie zur Ausübung ihres Amtes körperlich und geistig in der Lage sind; die »Notbremse« liegt in der Möglichkeit des Impeachment-Verfahrens. Vor der Volkswahl der Bundesrichter schreckte der Konvent zurück, obwohl das Beispiel von Richterwahlen in Einzelstaaten zur Verfügung stand. Die Verfassung löste das Legitimationsproblem der Bundesrichter dadurch, daß die Exekutive und der Senat (als ein Zweig der Legislative) auch bei der Ernennung der Bundesrichter zusammenwirken.

Das Prinzip der Gewaltenteilung wurde verstärkt durch den strikten Ausschluß aller Angehörigen der Exekutive von der Mitgliedschaft im Kongreß. Andererseits wurde es in einer Vielzahl von Fällen auch durchbrochen. Die wichtigste Durchbrechung ist das Vetorecht des Präsidenten gegen Beschlüsse des Kongresses; das Veto kann mit der Zweidrittelmehrheit beider Häuser überwunden werden.

Die Grundrechte waren, von wenigen Ansätzen abgesehen, in der Verfassung von Philadelphia nicht enthalten. Sie wurden unmittelbar nach Inkrafttreten der Verfassung in einem ersten »Paket« von Zusatzartikeln eingefügt.

Die Befugnis des Supreme Court, Gesetze auf Verfassungsmäßigkeit zu prüfen, war im System der Verfassung zwar angelegt, aber nicht ausdrücklich geregelt. Die Frage wurde erst eindeutig durch die Entscheidung des Supreme Court im Fall

Marbury gegen Madison im Jahre 1803 geklärt, und zwar zu Gunsten des Rechts auf *judicial review*. Ich komme auf beide Punkte im historischen Ablauf der Darstellung zurück.

Einzelfragen

Aus dem Text der ursprünglichen Verfassung sind nach meiner Einschätzung noch folgende Punkte von Bedeutung:

Die Präambel nennt das Volk als Quelle der Verfassung: »Wir, das Volk der Vereinigten Staaten, haben ... diese Verfassung ... beschlossen und festgesetzt.«

Artikel 6, Abs. 2 bestimmt: »Diese Verfassung, die aufgrund derselben gegebenen Gesetze und alle zum Abschluß gekommenen oder noch kommenden Verträge sollen das oberste Gesetz des Landes bilden. Die Richter eines jeden Einzelstaates sollen verpflichtet sein, danach zu urteilen, wenn auch in der Verfassung oder den Gesetzen irgendeines Einzelstaates etwas im Widerspruch dazu stünde.«

Artikel 3, Abschnitt 2, Abs. 3 schreibt für Strafsachen Geschworenengerichte vor.

Der Schlußartikel schließlich ist von doppeltem Interesse: Nach ihm bedurfte die Verfassung der Ratifizierung nicht durch die Staatsparlamente, sondern durch eigens dafür in den Einzelstaaten gewählte Konvente. Insofern blieb der Verfassungskonvent dem Gesetz treu, nach dem er angetreten war: Verfassungsgeber und Gesetzgeber sollten nicht identisch sein. Im Widerspruch dazu sollten aber Änderungen, Ergänzungen (Amendments) mit qualifizierten Mehrheiten durch den Kongreß beschlossen und durch die Staatsparlamente ratifiziert werden können. Der zweite interessante Punkt im Schlußartikel ist die Tatsache, daß er einen klaren Bruch der bestehenden Verfassung enthielt: Artikel 13, Abs. 1, Satz 2, 2. Halbsatz der *Articles of Confederation* bestimmte, daß jede Änderung nur mit Zustimmung der Parlamente aller Einzelstaaten erfolgen dürfe, während der Verfassungstext von Philadelphia im Schlußartikel als Voraussetzung für das Inkrafttreten die Zustimmung von lediglich neun Einzelstaaten für ausreichend erklärte. Die Bestimmung zeigt, daß die revolutionäre Epoche nach dem Verständnis der Amerikaner weder mit dem Inkrafttreten der *Articles of Confederation* noch mit dem Friedensschluß beendet war.

Der Kampf um die Ratifizierung

Die Ratifizierung erfolgte keineswegs automatisch: In manchen Staaten stand die Entscheidung auf des Messers Schneide. Die Gegner der Verfassung lehnten sie wegen der nach ihrer Meinung zu starken Bundeskompetenzen ab.

Es war den Anhängern der Verfassung gelungen, durch einen Propagandatrick (das für die späteren Zeiten so wichtige Instrument der politischen Propaganda wurde hier zum erstenmal bewußt in großem Stil eingesetzt), den man nur als Chuzpe bezeichnen kann, für sich die Parteibezeichnung »Federalists« zu okkupieren und sich damit ein Stück Sympathie der Anhänger der *state rights* und der Gegner einer allzu starken Zentralmacht zu sichern. Den Gegnern der Verfassung blieb der Name »Antifederalists«, so daß Parteibezeichnungen und die Wirklichkeit politischer Gegensätze gewissermaßen über Kreuz gingen. Aber dieser Trick allein hätte zum Sieg der Befürworter der Verfassung natürlich nicht ausgereicht. Die Gegner hatten im wesentlichen drei Argumente:

Zunächst: Eine Republik könne nur in kleinen überschaubaren Staaten funktionieren, in denen Wähler und Gewählte noch persönlichen Kontakt hätten; die Union sei zu groß, um als *eine* Republik zu funktionieren – der Kern der Staatsgewalt der Union müsse deshalb auch in Zukunft bei den Einzelstaaten bleiben. Soweit ich sehe, ist dieses Argument der Gegner der Verfassung, daß Demokratie (Republik) nur in kleinen Einheiten funktionsfähig sei, zum erstenmal bei Rousseau formuliert worden. Ich bin allerdings ziemlich sicher, daß Rousseau den »Antifederalists« entweder unbekannt war oder er, soweit sie ihn doch kannten, für sie kein Vorbild war. Das Argument konnte sich angesichts der Tatsache, daß die Einzelstaaten nach dem Verfassungstext immerhin ganz erhebliche Rechte behalten sollten, nicht durchsetzen.

Das zweite Argument war eher staatstheoretischer Natur, traf allerdings eine der gedanklichen Grundlagen der Verfassung: Es sei undenkbar, auf demselben Staatsgebiet und im selben Staatsvolk zwei Souveräne zu haben. Auch dieses Argument verfing im Ergebnis nicht: Wer eine handlungsfähige Zentralgewalt nicht völlig ablehnte – und das waren nach den Erfahrungen mit den *Articles of Confederation* nur sehr wenige –, dem konnte es schließlich ziemlich gleichgültig sein, wenn sein Ziel, den Einzelstaaten trotzdem soviel wie möglich Kompetenz und vor allem Staatsqualität zu erhalten, nur mit Hilfe einer Theorie erreicht werden konnte, die zu der damals gängigen Vorstellung von unteilbarer Souveränität im Widerspruch stand.

Das gewichtigste und im Ergebnis für die Ratifizierung gefährlichste Argument war das Fehlen einer Bill of Rights, eines »Grundrechtskatalogs«. Die Mehrheit der Verfassungsväter war der Meinung gewesen, Grundrechtsartikel in der Bundesverfassung seien angesichts der relativ begrenzten, abschließend aufgezählten Kompetenzen der Zentralgewalt und der Existenz von Bill of Rights in oder neben den Verfassungen der Einzelstaaten überflüssig. Sie hatten dabei aber das Mißtrauen der Amerikaner gegenüber der Gefahr des Machtmißbrauchs und die tiefe Einwurzelung des Gedankens natürlicher Rechte unterschätzt. Die Ratifizierung wurde gerettet durch das Versprechen prominenter Vertreter der »Federalists«, der Verfassung nach Ratifizierung sofort eine Bill of Rights anzufügen.

Die Grundrechte werden nachgeliefert

Dieses Versprechen wurde durch den Beschluß des neuen Kongresses über die ersten zehn Zusatzartikel vom 25. September 1789 erfüllt. Allerdings sind nur die ersten acht Zusatzartikel eigentlich eine Bill of Rights; der neunte Zusatzartikel kann als eine Art Auffangklausel noch hinzugerechnet werden: »Die Aufzählung gewisser Rechte in der Verfassung soll nicht so ausgelegt werden, daß dadurch andere dem Volk zustehende Rechte versagt oder eingeschränkt werden.« Der zehnte Zusatzartikel ist eine eher klarstellende Kompetenzbegrenzung der Union.

Hinzuzurechnen, besser gesagt: voranzustellen sind dem Katalog Artikel 1, Abschnitt 9, Sätze 2 und 3 sowie Artikel 1, Abschnitt 10, Satz 1, 2. Halbsatz des ursprünglichen Verfassungstextes.

Damit lautete der Grundrechtskatalog, wie er uns zu Beginn demokratischer Verfassunggebung in Deutschland 1848 vorlag, wie folgt:

Die Privilegien der Habeaskorpusakte dürfen nur aufgehoben werden, wenn dies im Falle eines Aufstandes oder eines feindlichen Einfalles die öffentliche Sicherheit erfordert.

Kein Gesetz über einen Strafbeschluß ohne richterliches Gehör und kein Gesetz mit rückwirkender Kraft soll beschlossen werden.

Kein Einzelstaat darf ein Gesetz über einen Strafbeschluß ohne richterliches Gehör und ein Gesetz mit rückwirkender Kraft oder ein die Gültigkeit von Verträgen beeinträchtigendes Gesetz beschließen.

Der Kongreß darf kein Gesetz erlassen, das die Einführung einer Religion betrifft oder die freie Ausübung einer Religion verbietet; auch kein Gesetz, wodurch die Redefreiheit, die Freiheit der Presse oder das Recht des Volkes, sich friedlich zu versammeln und eine Eingabe an die Regierung zwecks Behebung von Mißständen zu machen, beschränkt wird.

Da eine gut organisierte Miliz für die Sicherheit eines freien Staates notwendig ist, darf das Recht des Volkes, Waffen zu besitzen und zu tragen, nicht eingeschränkt werden.

In Friedenszeiten darf kein Soldat in irgendeinem Hause ohne Einwilligung des Hauseigentümers einquartiert werden; auch in Kriegszeiten darf dies nur in gesetzlich vorgeschriebener Weise geschehen.

Das Recht des Volkes auf Sicherheit der Person und der Wohnung, auf Sicherheit von Papieren und von Besitz vor unbilligen Durchsuchungen, Verhaftungen oder Beschlagnahme darf nicht verletzt werden, und ein Durchsuchungs-, Haft- oder Beschlagnahmebefehl dürfen nur erlassen werden, wenn sie ausreichend begründet und durch Eid oder eidesstattliche Versicherung gestützt sind; in diesem Falle sind der zu untersuchende Ort und die Person, die verhaftet werden soll, oder die Sachen, die zu beschlagnahmen sind, genau zu beschreiben.

Niemand darf wegen eines Kapitalverbrechens oder eines sonstigen schweren Verbrechens zur Verantwortung gezogen werden, es sei denn aufgrund des Antrages oder der Anklage eines Gerichtshofes; ausgenommen sind Fälle, die bei den Land- oder Seestreitkräften vorkommen, ferner bei der Miliz während des aktiven Dienstes in Kriegszeiten oder in Zeiten öffentlicher Gefahr; auch darf niemand desselben Delikts wegen zweimal in Leibes- oder Lebensgefahr gebracht werden; niemand darf gezwungen werden, in einem Strafverfahren gleich welcher Art gegen sich selbst auszusagen; niemand darf des Lebens, der Freiheit oder des Eigentums ohne ordnungsmäßiges Rechtsverfahren beraubt werden; privates Eigentum darf nur zu öffentlichen Zwecken nicht ohne angemessene Entschädigung enteignet werden.

In allen Strafverfahren soll der Angeklagte das Recht auf ein schnelles und öffentliches Verfahren durch ein unparteiisches Geschworenengericht desjenigen Staates und Bezirkes haben, in dem das Verbrechen begangen worden ist, wobei dieser Bezirk vorher gesetzlich festgelegt werden muß; ferner das Recht, über Art und Ursache der Anklage unterrichtet und den Belastungszeugen gegenübergestellt zu werden, sowie das Recht auf Zwangsvorladung von Entlastungszeugen und auf den Bestand eines Rechtsanwaltes zu seiner Verteidigung.

In Prozessen nach Common law, bei denen der Wert der Streitsache 20 Dollar übersteigt, soll das Recht auf Verhandlung vor einem Geschworenengericht gewahrt bleiben, und keine Sache, die vor einem Geschworenengericht verhandelt wurde, soll von irgendeinem Gericht der Vereinigten Staaten auf andere Weise als nach den Regeln des Common law nachgeprüft werden.

Übermäßige Kaution darf nicht verlangt werden; auch dürfen weder übermäßige Geldstrafen auferlegt noch grausame oder ungewöhnliche Strafen verhängt werden.

The constitution is, what the Supreme Court says, that it is

Eine Bestimmung des *Judiciary Act* vom 24. Februar 1789 führte zu der im wahrsten Sinne des Wortes grundlegenden Entscheidung des Supreme Court in der Sache Marbury gegen Madison, durch die das Recht des Gerichtshofes auf Prüfung der Verfassungsmäßigkeit von Kongreßakten festgeschrieben wurde. Die Einzelheiten des Falles und der Entscheidung des Supreme Court sind heute nicht mehr wichtig.

Wichtig bleibt die Argumentation von Chefrichter Marshall für das richterliche Prüfungsrecht: Die Verfassung steht über der Gesetzgebung des Kongresses; der Kongreß ist wie jedes andere Staatsorgan an die Verfassung gebunden. Es ist die Aufgabe des Richters, das Recht zu finden. Wenn zwei Gesetze einander widersprechen, muß der Richter für die Rechtsfindung entscheiden, welches Gesetz gilt. Ist eines der beiden Gesetze die Verfassung, so darf der Richter das andere nicht anwenden.

Diese Gedanken sind heute Selbstverständlichkeiten – damals waren sie revolutionär. Es lohnt sich auch heute noch, die entscheidenden Sätze der Begründung in der Sprache Marshalls nachzulesen; ich habe sie deshalb in den Anhang genommen (s. S. 235 ff.).

Zwar blieb die Verfassung nach der Anfügung der ersten zehn Zusatzartikel mit Ausnahme von zwei hier nicht besonders wichtigen Zusätzen aus den Jahren 1798 und 1804 dann bis 1865(!) unverändert; aber Verwaltungspraxis, öffentliche Meinung, richterliche Entscheidungen, tiefgreifende soziale Veränderungen, die Gründung neuer Einzelstaaten, die Vervielfachung der Einwohnerzahl – dies alles führte dazu, daß 1848/49 und natürlich erst recht im folgenden Jahrhundert das den Deutschen vor Augen stehende Amerikabild sich erheblich gewandelt hatte. De Tocquevilles *Über die Demokratie in Amerika* war erst Ende der dreißiger Jahre des 19. Jahrhunderts erschienen und vermittelte eine bereits erheblich veränderte Verfassungswirklichkeit. Dennoch will ich hier die Weiterentwicklung nicht mehr skizzieren, weil jedenfalls um die Wende vom 18. zum 19. Jahrhundert die Amerikanische Revolution abgeschlossen war, wenn das Wort Revolution nicht völlig ausgehöhlt werden soll – und dieses Buch handelt vom Einfluß der Amerikanischen Revolution.

Was war neu?

Ich breche hier ab und fasse aus meiner Sicht und in meiner Wertung die Ergebnisse der Amerikanischen Revolution zusammen: Was war neu? Mit anderen Worten: Was konnte als »Material« die spätere deutsche Verfassungsgebung beeinflussen?

1. Die naturrechtliche Lehre der Staatsgründung durch Gesellschaftsvertrag wurde zum erstenmal bewußt realisiert.
2. Damit trat zum erstenmal das Volk – und nur das Volk – als Souverän auf.
3. Der Souverän Volk gab sich eine Verfassung.
4. Es war eine geschriebene Verfassung.
5. Zum erstenmal wurde auch in der Praxis zwischen Verfassungsrecht und einfachem Recht konsequent unterschieden.
6. Diese Unterscheidung fand ihren formellen Ausdruck darin, daß eine nur zu diesem Zweck gewählte Versammlung von Vertretern des Volkes die Verfassung beschloß und die Verfassung anschließend von ebenfalls nur zu diesem Zweck gewählten Vertreterversammlungen ratifiziert wurde.
7. Sie fand ihren materiellen Ausdruck darin, daß der Verfassung ein höherer Rang gegenüber einfachem Gesetzesrecht verliehen wurde.
8. Die Änderung der Verfassung wurde an eine qualifizierte Mehrheit gebunden. Die Idee der Unabänderbarkeit besonders wichtiger Verfassungsbestimmungen wurde (wenn auch nur für einen einzigen Punkt) realisiert.
9. Die naturrechtliche Lehre von natürlichen Menschenrechten, die auch der Staatsgewalt vorgegeben sind, wurde zum erstenmal ausdrücklicher Bestandteil staatlichen Rechtes und politischer Praxis.
10. Zum erstenmal wurden gesetzgebende, vollziehende und

rechtsprechende Gewalt getrennt und voneinander unabhängig gemacht.

11. Die gesetzgebende Gewalt wurde in zwei Häuser geteilt, die beide gewählt wurden.
12. Die vollziehende Gewalt bezog ihre Legitimation nicht von der gesetzgebenden Gewalt, sondern vom Volk; und sie war der gesetzgebenden Gewalt nicht verantwortlich.
13. Die Inkompatibilität zwischen Mitgliedern der Legislative und allen Angehörigen der beiden anderen Gewalten wurde mit Verfassungsrang festgeschrieben.
14. Ein Oberstes Gericht wurde auch als Hüter der Verfassung etabliert.
15. Es entstand der erste Bundesstaat der Welt – basierend auf der doppelten (oder umgekehrt: geteilten) Souveränität des Volkes in Einzelstaaten und Gesamtstaat und mit strikter Kompetenzabgrenzung zwischen Einzelstaaten und Gesamtstaat in jeder der drei Gewalten.
16. Zwei Leitmotive durchdrangen alles: Staatsgewalt ist Treuhandschaft, und jede Gewalt bedarf zur Verhütung von Machtmißbrauch einer Gegengewalt.

II.

FREIHEIT, GLEICHHEIT, BRÜDERLICHKEIT

Das Ancien régime

In Frankreich war alles anders; nichts war in Ursachen und Verlauf der Revolution mit der amerikanischen Unabhängigkeitsbewegung vergleichbar. Es ist kaum ein größerer Gegensatz vorstellbar als der zwischen dem vorrevolutionären Amerika und dem vorrevolutionären Frankreich.

Das Land und die Menschen

Frankreich war in der zweiten Hälfte des 18. Jahrhunderts mit etwa 25 Millionen Einwohnern das volkreichste Land Europas. 25 Millionen Einwohner – das war das Zehnfache der Einwohnerzahl der 13 Kolonien, und das bedeutete die 15fache Bevölkerungsdichte.

Lebten in Amerika nur 7% der weißen Bevölkerung in Städten, so betrug der Anteil der städtischen Bevölkerung in Frankreich immerhin 22%; und es gab, auch an heutigen Maßstäben gemessen, in Frankreich im Gegensatz zu Amerika wirkliche Großstädte – also jene Bevölkerungszusammenballungen, die in allen Revolutionen den Humus für die Entstehung, vor allem aber für das Vorantreiben und ständige Weitertreiben der revolutionären Ziele und Methoden abgegeben haben.

40 französische Städte waren größer als Boston z. Zt. der

Teaparty. Paris hatte 600000 Einwohner, und mit Paris besaß Frankreich im Unterschied zu Amerika ein wirkliches Zentrum.

In den Städten gab es die ganze Bandbreite: vom hungernden »Lumpenproletariat« über die Armut und die als unabänderlich erscheinende soziale Abhängigkeit der Arbeiter, Handwerksgesellen und Dienstboten, den bescheidenen Wohlstand von Handwerksmeistern, Händlern, Beamten und Advokaten bis hin zum unermeßlichen Reichtum einer kleinen Schicht von Fabrikbesitzern, Bankiers und Großhändlern.

Die Landbevölkerung war bis auf wenige Ausnahmen arm, ungebildet und ohne Hoffnung auf Besserung ihrer Lage. Fast alle Bauern wurden durch eine ungeheure Last von verschiedensten Abgaben und Dienstleistungen an den Adel und an die Geistlichkeit fast erdrückt – und die Lasten nahmen ständig zu.

Das ganze Land war mit zwei dichtmaschigen Netzen überzogen, die eine vernünftige Entwicklung behinderten: Geistlichkeit und Adel.

Der Katholizismus war Staatsreligion – und dies nicht nur formal: Die übergroße Mehrzahl der Franzosen war wahrhaft gläubig. Das galt vor allem für die Bauern und die kleinstädtische Bevölkerung, aber auch für einen beträchtlichen Teil der Einwohner in den großen Städten.

Die Geistlichkeit war keineswegs ein einheitlicher Stand: Etwa 3000 Mitgliedern des höheren Klerus, reich durch Pfründen, fast alle aus adeliger Familie, zu einem erheblichen Teil ohne jede theologische Ausbildung und in manchen Fällen auch ohne nennenswerte Bildung, stand die große Mehrzahl der mehr als 100000 Landpfarrer gegenüber, die zu einem erheblichen Teil in kümmerlichen Verhältnissen lebten. Ihnen ging es zwar immer noch besser als den meisten ihrer Gemeindemitglieder – aber doch nicht um so vieles besser, als daß sie nicht Verständnis für deren Lage gehabt hätten. Sie waren – nicht nur hinsichtlich der Kirchendisziplin, des kirchlichen Gehorsams – von ihren Oberen abhängig; sie waren die den ganzen prunkvollen Bau der Kirche tragenden Lasttiere. Zwischen beiden Gruppen stand eine mittlere Schicht städtischer Pfarrer mit gehobenem sozialem Status und der Möglichkeit der Teilhabe sowohl an der wirtschaftlichen als auch an der geistigen und kulturellen Entwicklung in den Städten.

Die Adeligen hatten die ursprünglich vorhandene Legitimation für ihre Vorrechte schon lange verloren: unverzichtbare Diener des Königs und zugleich unverzichtbare Schutzherren der Bewohner ihres Gebietes zu sein. Das war im wesentlichen eine Folge der Etablierung einer (weitgehend) zentralisierten absoluten Monarchie durch Ludwig XIV., aber auch das Ergebnis wirtschaftlicher, verwaltungstechnischer, strategischer und militärtechnischer Entwicklungen. Was einmal ein sinnvolles Vorrecht als Gegenstück zu besonderer Pflicht und Verantwortung gewesen war, wurde immer deutlicher nacktes Unrecht. In kaum einem anderen Land war der Adelige so sehr zur Drohne geworden wie in Frankreich – und zur Nutzlosigkeit gesellte sich noch die in den leeren Förmlichkeiten des Hofdienstes begründete Lächerlichkeit. Die ausgehöhlten Formen, die Berufung auf eine möglichst große Anzahl adeliger Vorfahren wurden um so »wichtiger«, als dem Geburtsadel im Beamtenadel eine Art Konkurrenz entstanden war.

Der Adel nutzte die durch geschwundene Verantwortung freigesetzte Zeit und Energie zum Aufstöbern verschollener und zum Erfinden neuer Lasten und Abgaben für seine Bauern, zum Eindringen in bürgerliche Geschäfte und zur Eroberung der höheren Ränge der Geistlichkeit – gelegentlich auch zur Erringung realer neuer Macht, wie z. B. durch die 1781 geschaffene Bestimmung, daß nur reinblütige Adelige als Offiziere in die Armee eintreten konnten; im übrigen zum Nichtstun, zu Spiel und Intrigen.

Das Grundübel des vorrevolutionären Frankreichs bestand in der Tatsache, daß in allen Bereichen Anspruch und Wirklichkeit nicht mehr übereinstimmten. Der Widerspruch zwischen beiden war so groß geworden, daß er Verachtung, Haß und Lächerlichkeit geradezu notwendig produzierte. Das galt nicht nur für die Geistlichkeit und den Adel, das galt auch für die Spitze der morsch gewordenen Pyramide: den König.

Ludwig XVI. war nach seinem Selbstverständnis absoluter, unbeschränkter Monarch, wie der »Sonnenkönig« es tatsächlich gewesen war. Aber daraus folgende Ansprüche und Verpflichtungen waren schon durch den schwachen Vorgänger beschädigt worden, der die Zügel schleifen ließ und tatenlos zusah, wie die Reste regionaler Sonderrechte reaktiviert wurden und die Staatsfinanzen verfielen.

Ludwig XVI. hatte weder Entschlußkraft noch staatsmännische Begabung genug, um diese Entwicklung aufzuhalten und seinem Selbstverständnis als absoluter Monarch entsprechend zu handeln. Äußerlicher Glanz und tatsächliche Macht fielen immer mehr auseinander.

Die äußeren Umstände beschleunigten den Verfall: Frankreich hatte gerade den Krieg mit England um Amerika verloren und mit ihm nicht nur Geld und Menschen, sondern auch seinen Führungsanspruch als Weltkolonialmacht. Das deutsche Vakuum – Voraussetzung des französischen Führungsanspruches für Europa – begann sich als Folge des europäischen Ablegers desselben Krieges zu füllen: mit einem erstarkenden Preußen. Eine absolute Monarchie, so, wie sie vom Sonnenkönig geschaffen worden war, brauchte zum Überleben Geld und Erfolg – Ludwig XVI. hatte beides nicht.

Frankreich hatte keine Tradition der Selbstverwaltung, der Mitbeteiligung der Bürger. Die »Generalstände« waren zuletzt 1614 zusammengerufen worden. Die Zentralisierung hatte lokale und regionale politische Mitwirkungsmöglichkeiten – von einigen Ausnahmen abgesehen – fast auf Null reduziert. Das unter Ludwig XVI. sichtbar gewordene

Machtvakuum war nicht durch eine wirkliche Mitwirkung der lokalen oder regionalen Stände genutzt worden. Die sogenannten »Parlamente« (es gab deren 14, und sie waren ein Mittelding zwischen Gerichtshöfen, regionalen Verwaltungsspitzen und Selbstverwaltungsorganen mit dem formalen Recht der Prüfung königlicher Gesetze und Verordnungen) wurden zwar vom Adel als Mittel zur teilweisen Rückeroberung verlorener Macht genutzt, verkamen aber im übrigen zu käuflichen Pfründen insbesondere des nobilitierten Bürgertums. Sie waren dem König lästig, aber sie konnten und wollten nicht »Übungsfeld« für Demokratieentwicklung sein.

Man kann den Beginn, den Verlauf und die Ergebnisse der Französischen Revolution nur verstehen, wenn man sich eine Besonderheit der Entwicklung in den großen Städten, insbesondere in Paris, vor Augen hält: Eine Stadt mit 600 000 Einwohnern, politisches, wirtschaftliches und kulturelles Zentrum eines großen Landes, mußte sich in ihrem Bewußtsein fast zwangsläufig aus einem politischen und sozialen System herausentwickeln, dessen Leitvorstellungen die absolute Gewalt eines erblichen Monarchen, der absolute Vorrang der adeligen Geburt gegenüber persönlicher Leistung und Tüchtigkeit und der festgelegten Form gegenüber dem tätigen Geist waren. Die persönliche Schwäche der beiden Nachfolger des Sonnenkönigs beschleunigte diese Entwicklung: Die königliche Macht war nicht mehr imstande, die Einhaltung ihrer Gesetze und Regeln durchzusetzen, vor allem nicht gegenüber ihrem gefährlichsten Gegner: dem menschlichen Geist. Es entwickelten sich bürgerliches Selbstbewußtsein, geistige und kulturelle Ansprüche und so etwas wie eine öffentliche Meinung.

Gefährliche Ideen

Das war ein aufnahmebereiter Boden für Montesquieus Lehre von der Gefahr der Vereinigung der Gewalten in einer Hand, für Voltaires Berufung auf die Vernunft als höchste Instanz und für seinen Ruf »Vernichtet das Infame!«, für Rousseaus Rückbesinnung auf die Seele des Menschen als höchsten Wert und für seine Lehre vom Sozialvertrag. Das war das Klima, in dem Diderot und d'Alembert ihre große Enzyklopädie herausbringen konnten (1751–1772), von der Robespierre später sagte, sie sei das »Einleitungskapitel der Revolution« gewesen. Hier war die Leserschaft für eine ganze Flut populärwissenschaftlicher Aufsätze, historischer und ökonomischer Abhandlungen, soziologischer und politischer Untersuchungen, Reisebeschreibungen über ferne Länder und für Streitschriften mit dem Ziel humanitärer Reformen in allen Lebensbereichen. Und hier war das Publikum für Beaumarchais' *Tollen Tag*, der den Mann aus dem Volk zum Helden und den adelstolzen Herrn zur lächerlichen Figur machte – und zum jubelnden Publikum zählte auch der Adel, der den Glauben an seine Aufgabe und damit seine Moral längst verloren hatte und für den das Menetekel ein Amüsement war.

Nachdenkliche Mitglieder des Adels blickten nach England, genauer wohl: auf das Oberhaus, und das Bürgertum sah sich in seinen Wünschen und Hoffnungen sowohl durch England als auch durch Amerika bestärkt: Die konservativeren Teile des Bürgertums beneideten die Besitzenden in England um ihre politischen Rechte und fanden die Beschränkung der politischen Mitwirkung auf eine kleine Schicht des Bürgertums nicht so übel – aber größere Anziehung übten die Vorgänge in Amerika aus. Das widernatürliche Bündnis zwischen der morschen französischen Monarchie und dem jungen revolutionären Amerika war populär. Die Teilnahme vieler Freiwilliger (auch aus dem Adel) und auch normaler königlicher Truppenkontingente am Unabhängigkeitskrieg erweiterte die Kenntnis der Franzosen von den amerikanischen Freiheitsideen. Viele Franzosen erfuhren so, daß die Gedanken der eigenen Philosophen realisierbar waren.

Das Bürgertum wollte seine formalen Rechte mit seiner wirklichen Bedeutung für das Land in Einklang bringen, der Adel – soweit er sich überhaupt noch zu Aktivitäten aufraffen konnte – seine Bedeutung und seinen Einfluß mit seinen formalen Rechten. Diesem Zangenangriff war das schwächliche Königtum nicht gewachsen. Es bedurfte nur eines Anstoßes, um den Funken der Revolution zu zünden – und es würde keine Revolution sein, die wie in Amerika Gewachsenes verteidigen und fortentwickeln wollte und konnte. Es existierte nichts, an das man jetzt noch sinnvoll hätte anknüpfen können – und es gab im Unterschied zu Amerika die an den Auseinandersetzungen noch nicht beteiligten Massen in den großen Städten; noch nicht als Proletariat organisiert, unwissend, hoffnungslos, grollend – mit anderen Worten: wie gemacht, um beim Zünden des Funkens revolutionären Führern zunächst blind zu folgen und sie später voranzutreiben. Und die Massen auf dem Lande: noch tief gläubig, wohl auch noch dem König vertrauend, aber voller Haß und Verachtung gegen Adel und Prälaten – ideales Fußvolk sowohl für Revolution wie auch für Konterrevolution.

Zwischenspiel: von der Notabelnversammlung zu den Generalständen

Eine Parallele gab es zu Amerika: Auslösend für den konkreten Ausbruch der Revolution waren hier wie dort neue Steuern – in Frankreich der Versuch des Königs, durch neue Steuern und Abgaben das große Finanzloch, das alles zu verschlingen drohte, zu stopfen oder doch zu verkleinern.

Ich übergehe, weil für unser Thema unwichtig, die beiden Akte des Vorspieles: die Notabelnversammlung vom Februar 1787 (die erste seit 1626) und die Auseinandersetzung mit den Parlamenten, insbesondere dem von Paris. Sie blieben ohne Ergebnis: Weder halbwegs ausreichende noch halbwegs gerechte Steuern konnte der König durchsetzen, noch seine zögernden Versuche zur Reform der Verwaltung realisieren. Am Ende stand nur die allgemeine Forderung: Einberufung der Generalstände.

Die Generalstände waren zuletzt 1614, zur Zeit der Minderjährigkeit Ludwigs XIII., zusammengetreten. Sie waren die Versammlung der drei Stände, jeder Stand hatte dieselbe Zahl von Vertretern entsandt, und die Stände hatten getrennt getagt. Für jede Beschlußfassung war Übereinstimmung der drei Stände erforderlich gewesen. Diese Mumie sollte nun wiederholt werden – und sie sollte den Staat retten.

Am 8. August 1788 erschien das Dekret mit dem Versprechen der Einberufung der Generalstände auf den 1. Mai 1789.

Das erste Vorgefecht der Revolution war der Kampf um Zusammensetzung und Abstimmungsverfahren der Generalstände. Das »Parlament« von Paris hatte die Einhaltung der alten Form verlangt. Der König schwankte: Einerseits brauchte er die Generalstände, um aus der völlig verfahrenen Lage herauszukommen – und es war klar, daß die Einhaltung der alten Prozeduren jede sinnvolle Beschlußfassung unmöglich machen würde. Andererseits fürchtete er, durch angemessene Verstärkung des Dritten Standes in den Generalständen und durch Abstimmung nach Köpfen zum konstitutionellen Monarchen »herabzusinken«. Am Ende stand ein halbherziger Kompromiß: Die Zahl der Vertreter des Dritten Standes wurde verdoppelt – er sollte also ebenso viele Vertreter entsenden wie Adel und Geistlichkeit zusammen; aber die wichtige Frage der Abstimmung nach Ständen oder nach Köpfen blieb offen.

Alle über 25 Jahre alten Franzosen sollten wahlberechtigt

sein, sofern sie in die Steuerlisten eingetragen waren. Allerdings gab es durch die Verteilung der Wahlmänner auf Zünfte, Kaufmannschaft etc. eine faktische Begünstigung der Besitzenden. Die einfachen Landpfarrer bekamen das Recht, an den Wahlversammlungen der Geistlichkeit teilzunehmen.

Viel wäre über den Wahlkampf, seine Inhalte und Formen, zu sagen. Ich muß mich in diesem Zusammenhang beschränken und will nur festhalten, daß das ganze Volk sich in Aufbruchstimmung befand, daß auch die Nichtwahlberechtigten sich an den Versammlungen und Debatten beteiligten, daß die niedere Geistlichkeit sich in großer Zahl auf die Seite der kleinen Leute schlug, in einigen Fällen auch zu ihrem Wortführer wurde, daß die einfachen Leute den Gebildeten, den Wortgewandten und den wirtschaftlich Erfolgreichen ihr Vertrauen schenkten; daß im Volk das bestimmende Gefühl Hoffnung war, im hohen Klerus und im Adel Unsicherheit.

Die Zusammensetzung der Stände entsprach dieser Grundstimmung. In der Geistlichkeit überwogen die einfachen Pfarrer. Von 300 Vertretern dieses Standes zählten nur knapp 50 zum höheren Klerus, und von diesen galten einige als liberal. Immerhin ein knappes Drittel der Vertreter des Adels waren für Reformen offen; wenn auch überwiegend nur für kleine, die Adelsvorrechte nicht völlig beseitigende Schritte. Die etwa 600 Vertreter des Dritten Standes waren überwiegend Kaufleute, Advokaten, Beamte und Journalisten. Bauern, Handwerker und Arbeiter fehlten vollständig; dafür gab es als »Exoten« unter den Vertretern des Dritten Standes Mitglieder der Geistlichkeit und des Adels, z. B. den Abbé Sieyes und den Grafen Mirabeau.

Beim Zusammentreten der Generalstände Anfang Mai 1789 gab es immer noch keine Entscheidung über die Abstimmungsfrage – dafür aber eine Fülle von kleinlichen Zurücksetzungen der Vertreter des Dritten Standes.

»Nationalversammlung«

Die Frage getrennter oder gemeinsamer Prüfung der Vollmachten der Vertreter der Stände wurde, weil präjudiziell für die Frage der getrennten Abstimmung nach Ständen oder der gemeinsamen Abstimmung nach Köpfen, zum entscheidenden Politikum. Der Dritte Stand blieb allein; die beiden anderen tagten für sich. Am 10. Juni lud der Dritte Stand Adel und Klerus formell ein, sich mit ihm zu vereinigen. Am 17. Juni erklärte er sich zur »Nationalversammlung«. Er realisierte damit das Wort Voltaires vom Dritten Stand als der Nation, das Sieyes im Februar 1789 auf die klassische Formel gebracht hatte: »Was ist der Dritte Stand? Alles!« Schon am 27. Juni bat Ludwig »seine getreue Geistlichkeit und seinen getreuen Adel«, sich mit dem Dritten Stand zu vereinigen. Die Nationalversammlung, die sich bald die Verfassunggebende nannte, konnte ihre Arbeit beginnen.

Das Volk, das mit so großen Hoffnungen dem Zusammentritt der Generalstände entgegengesehen hatte, beschränkte sich nicht auf die Rolle des Beobachters der Arbeit seiner Deputierten. Die so gut wie nicht vorhandene politische Erfahrung, das Fehlen aller politischen Einrichtungen, die hätten fortentwickelt werden können, der tatsächliche und manchmal auch nur vermutete Widerstand der alten Kräfte, die Verteuerung und Verknappung der Lebensmittel, der Widerspruch zwischen den großen Idealen der Freiheit und dem immer noch wachsenden Elend und Hunger, der bald erkennbare Interessenwiderstreit zwischen den Besitzenden und den Nichtbesitzenden im Dritten Stand, das zwischen ungeschicktem und kleinlichem Widerstand, Intrigen und mehr oder weniger glaubwürdig wirkenden Sympathiekundgebungen an die »Nation« schwankende Verhalten des Königs – all das führte dazu, daß das Volk bald die Position einer bloß moralischen Unterstützung der dynamischen Kräfte der Nationalversammlung aufgab und aktiv in das Geschehen eingriff. Das Gefühl Hoffnung explodierte; das Ergebnis war Gewalt. Sie hatte keine einheitliche Stoßrichtung. Sie traf die Vertreter des verhaßten alten Regimes ebenso wie die oft nur vermeintlich Schuldigen an der Lebensmittelknappheit – so mancher Bäcker bezahlte die Tatsache, daß er kein Mehl mehr hatte, mit dem Leben. Und die Gewalt traf die Nationalversammlung: zunächst nur die angeblich oder wirklich Konservativen oder die Lauen, später oft genug die ganze Versammlung, die zu mehr als einer Entscheidung unter dem physischen Druck der aufgewühlten Massen gelangte.

Das ganze Land brodelte, und manchmal kochte es über. Revolten, Hungeraufstände und Meutereien der desorganisierten Armee begleiteten die Arbeit der Nationalversammlung und stellten sie vor fast unlösbare Aufgaben.

Aber dasselbe Volk, das oft von Brutalität und Blutgier begleitet die in seinem Namen verkündeten Ideale mit Füßen trat, hielt doch in seinem Herzen an diesen Idealen fest. Immer wieder gab es beeindruckende Manifestationen des Glaubens an die Vernunft und die Menschlichkeit. Das große Verbrüderungsfest auf dem Marsfeld am ersten Jahrestag des Sturms auf die Bastille mag uns mit seinem Pathos, seinem naiv-quasireligiösen Pomp heute merkwürdig berühren – aber es war doch Ausdruck echten, edlen Gefühles, das die Massen bewegte.

Und vielleicht ist auch dies noch wichtig: Diejenigen, denen Begabung oder Ausbildung eine schärfere Waffe als Piken und Musketen, nämlich das Wort, verliehen hatten, versammelten sich in Clubs, deren bekanntester und später wichtigster der Jakobinerclub war. Hier entstanden so etwas wie Nebenparlamente, die Einfluß auf die Nationalversammlung nahmen und später eine dominierende Rolle spielen sollten. Die größeren, vor allem der Jakobinerclub, verfügten über ein weitverzweigtes, gut organisiertes Netz von Töchterclubs im ganzen Land.

Noch vor der feierlichen Verkündung der Menschen- und Bürgerrechte beschloß die Nationalversammlung am 11. August 1789 die Abschaffung der Feudalität. Das Vorziehen dieses Beschlusses und sein Inhalt selbst zeigen mit besonderer Deutlichkeit den Unterschied zur Situation in den amerikanischen Kolonien. Ich habe ihn deshalb und weil er weniger bekannt ist als die Menschenrechtserklärung in seinen wesentlichen Teilen in den Anhang aufgenommen.

Die dann am 26. August 1789 beschlossene Erklärung der Menschen- und Bürgerrechte ist das erste große Dokument der Französischen Revolution, das die Menschheit in seinen Bann schlug. Man hat darüber gestritten, wem das Erstgeburtsrecht am Gedanken einer staatlichen Fixierung von Menschenrechten gebührt – Amerika oder Frankreich –, man war unterschiedlicher Auffassung über die Intensität amerikanischer Einflüsse auf die französische Erklärung, über einzelne Unterschiede zwischen den Bills of Rights, insbesondere der von Virginia und der französischen Erklärung, über die Frage, ob für den Kampf um die Menschenrechte in den anderen Ländern der Amerikanischen oder der Französischen Revolution größere Bedeutung zukommt.

Daß die amerikanischen Bills of Rights der französischen Erklärung vorangegangen sind, ergibt sich aus dem Kalender und kann nicht Gegenstand des Streites sein. Daß sie in Frankreich bekannt waren, ist erwiesen. Die Tatsache, daß es in Amerika geschriebene Verfassungen mit der Aufzählung und Festschreibung von Grundrechten gab, hatte zum Erstarken des Selbstbewußtseins des französischen Bürgertums erheblich beigetragen. Aber ebensowenig, wie die Erklärung vom 26. August 1789 eine französische Urzeugung ist, haben die Männer der Nationalversammlung einfach abgeschrieben.

Die amerikanischen Grundrechtskataloge bedeuteten die Festschreibung altüberkommener Rechte, wie die Amerikaner sie auffaßten; unterfüttert, verstärkt und fortgeführt durch die europäische, auch französische Naturrechtsphilosophie. Die französische Erklärung wollte und mußte Neues schaffen, war von ihrer Intention her originär.

Die inhaltlichen Unterschiede sind gleichwohl relativ unbedeutend und meistens nur Ausdruck der verschiedenartigen historischen Entwicklungen. Ich will zwei Punkte erwähnen, die das im Detail deutlich machen sollen: Die Amerikaner hielten es für ein Grundrecht, keine militärische Einquartierung dulden zu müssen – dies war die natürliche Reaktion auf die Zwangseinquartierung britischer Truppen in der vorrevolutionären Epoche. Artikel 11 der französischen Erklärung läßt im Unterschied zu Amerika eine Beschränkung der Pressefreiheit zu: »... unter Vorbehalt der Verantwortlichkeit für den Mißbrauch dieser Freiheit in den durch das Gesetz bestimmten Fällen« – die Französische Revolution wollte die Waffe des gedruckten Wortes nicht auch ihren Feinden in die Hand geben: Da war noch der König, und der hatte bisher wenig Beweise für seine Bereitschaft geliefert, die neue Ordnung hinzunehmen; und es gab noch die Anhänger des Königs. Zu den potentiellen Feinden der Revolution rechnete das in der Nationalversammlung tonangebende Bürgertum aber auch die durch die Ereignisse mobilisierte Masse der Besitzlosen, leicht entflammbar durch »aufrührerische« Reden und Pamphlete.

Der entscheidende Unterschied liegt in der Geschlossenheit der unmittelbar an die Philosophie der Aufklärung anknüpfenden Sprache des französischen Textes. Hier liegt die Erklärung für die Schubkraft des Werkes der Nationalversammlung – und in der Tatsache, daß, anders als bei den Ereignissen in Amerika, sich die Französische Revolution unmittelbar vor der Haustür der europäischen Nachbarvölker abspielte.

Die Verfassung vom September 1791

Die Verfassung wurde nicht in einem Stück geschaffen. Im Unterschied zu Amerika, wo es ja Verfassungen von Einzelstaaten und die *Articles of Confederation* gab, als der Konvent seine Arbeit aufnahm, mußte die Nationalversammlung – neben der Tagesarbeit – Stück für Stück grundlegende Gesetze schaffen. Die Verfassung vom September 1791 enthält viele solche »vorgefertigten Teile«, von denen einige allerdings in der Verfassung noch verändert wurden.

Die Nationalversammlung richtete bei ihrer verfassunggebenden Arbeit den Blick auch nach draußen; teils, um ausländische Lösungen ausdrücklich abzulehnen (z. B. das Zweikammersystem), zum Teil aber auch, um ausländische Vorbilder zu übernehmen, wie das z. B. 1790 mit der Errichtung von Geschworenengerichten und der Einführung des Prinzips der Öffentlichkeit für Gerichtsverhandlungen geschah.

Die Auseinandersetzungen in der Nationalversammlung bei der Erarbeitung der Verfassung gingen hauptsächlich um die Frage des Vetorechts des Königs (nur eine kleine Minderheit wollte die Republik), um die Frage Einkammersystem oder Zweikammersystem und um das Wahlrecht.

Die Nationalversammlung entschied sich für ein aufschiebendes Einspruchsrecht des Königs – allerdings ein sehr weitgehendes und etwas merkwürdig ausgestaltetes suspensives Veto: Es konnte nur überwunden werden, wenn in den nächsten beiden Legislaturperioden nacheinander derselbe Beschluß wiederholt wurde.

Daß die Nationalversammlung sich für das Einkammersystem entschied, war nicht überraschend. Die Vorstellung eines »Oberhauses« löste die Furcht vor der Herrschaft einer wie auch immer gearteten Aristokratie aus, und sie widersprach allzu deutlich der Vorstellung von einer *volonté générale* – wie dieser überhaupt jede Form des den Amerikanern so wichtigen Prinzips von *check and balance* zuwider war. Das Wahlverfahren und die Bestimmung des aktiven und passiven Wahlrechts waren außerordentlich kompliziert geregelt. Das Regelungsgeflecht ging in seinem demokratischen Gehalt praktisch nicht über den Erlaß des Königs über das Wahlrecht des Dritten Standes für die Generalstände hinaus. Es war zwar wesentlich demokratischer als die englische Regelung, blieb aber hinter dem von den Amerikanern erreichten etwas zurück.

Die Verfassung führte den Begriff des Aktivbürgers ein. Dieser Begriff schloß alle Franzosen aus, die nicht eine direkte Steuer im Werte »von drei Arbeitstagen« zahlten, und er nahm den »Bedientenstand« aus – und dem gehörten nicht eben wenige an. Nur die Aktivbürger durften wählen. Nach einer Feststellung der Nationalversammlung vom 27. Mai 1791 betrug ihre Zahl 4298360. Wenn man die Zahl der männlichen Einwohner Frankreichs mit etwa 12,5 Millionen annimmt, wovon etwa die Hälfte 25 Jahre und älter waren, so waren immerhin fast ein Drittel der erwachsenen Männer vom Wahlrecht ausgeschlossen. Die Einführung des Frauenwahlrechts wurde auch von den französischen Revolutionären nicht einmal erwogen.

Die Aktivbürger durften aber nicht direkt die Abgeordneten wählen, sondern nur Wahlmänner – und dies konnten nur Besitzende sein; z. B. in Städten mit mehr als 6000 Einwohnern nur solche Aktivbürger, die entweder Eigentümer eines Grundstücks mit einer jährlichen Rendite im Werte von mindestens 200 Arbeitstagen waren oder Mieter einer Wohnung mit einem jährlichen Mietwert von 750 Arbeitstagen. Um von den Wahlmännern als Abgeordnete gewählt zu werden, genügte dagegen wieder die einfache Aktivbürgerschaft.

Die Zahl der Abgeordneten (745) wurde auf die 83 neu geschaffenen Departements nach einem dreifachen Schlüssel verteilt: zunächst je drei Abgeordnete (für Paris nur einen) für jedes Departement, ein weiteres Drittel der Abgeordneten wurde auf die Departements nach der Bevölkerungszahl verteilt und das letzte Drittel nach der Steuerkraft der Departements. Auch diese Struktur enthielt eine, wenn auch nur geringfügige, Bevorzugung der Reicheren.

Im übrigen halte ich aus der Verfassung für unser Thema fest:

Die Nationalversammlung hatte eine wirkliche konstitutionelle Monarchie geschaffen.

Das Prinzip der Gewaltenteilung wurde zwar eingeführt, aber in bewußt unvollkommener Ausprägung: Die Stellung der Exekutive (vertreten durch den König, der auch die Minister ernannte) war schwächer ausgeprägt als z. B. in Amerika; die der Justiz in ihrem Verhältnis zu den beiden anderen Gewalten besonders schwach. Ein richterliches Prüfungsrecht war als Widerspruch gegen den Charakter des Gesetzes als Ausdruck der *volonté générale* ausdrücklich ausgeschlossen: »Die Gerichtshöfe können sich nicht in die Ausübung der gesetzgebenden Gewalt einmischen oder die Ausführung der Gesetze aufheben, noch etwas gegen die Verwaltungsbehörden unternehmen ...« Dagegen sollte der Nationalversammlung praktisch eine gewisse Kontrolle der Gerichtsbarkeit dadurch verliehen werden, daß der Kassationshof jedes Jahr »eine Deputation von 8 seiner Mitglieder vor die Schranken der gesetzgebenden Körperschaft schickt. Sie haben hier eine Übersicht über die gefällten Urteilssprüche mit einem kurzen Abriß der Sache und des Gesetzestextes, der die Entscheidung bestimmt hat, zu übergeben.«

Der neue Staat war strikt zentralistisch. Die Verfassung sah praktisch keine eigenständige Kompetenz der Departements vor – bis auf das Recht und die Pflicht der Verwaltungschefs (Administratoren), »die direkten Steuern zu verteilen und das Eingehen aller Abgaben und öffentlichen Einkünfte auf ihrem Gebiet zu überwachen«. Im übrigen stellte die Verfassung ausdrücklich fest, daß die Administratoren »keine Vertreter des Volkes« seien; »sie sind durch das Volk auf Zeit gewählte Beamte, um unter Aufsicht und der Autorität des Königs die Verwaltungsaufgaben auszuführen«.

Die Verfassung enthielt als erste Verfassung der Welt den Verzicht auf Eroberungskriege.

Als Aufgabe der Streitkräfte wurden neben der Verteidigung gegen äußere Feinde auch die »Aufrechterhaltung der Ordnung und (die Sicherung der) Ausführung der Gesetze im Innern« genannt.

Für die Abgeordneten wurde bestimmt, daß sie nicht Vertreter ihres Departements, sondern der »ganzen Nation« sein sollten; »und es kann ihnen kein Auftrag gegeben werden«.

Eine Wiederwahl der Abgeordneten sollte zulässig sein – nach einmaliger Wiederwahl war aber eine Zwangspause von zwei Jahren vorgesehen. Für das erste nach dieser Verfassung zu wählende Parlament hatte die Verfassunggebende Versammlung gegen Ende ihrer Amtszeit allerdings noch auf Antrag Robespierres beschlossen, daß keines ihrer Mitglieder wählbar sei.

Die Verfassung führte das Institut dreier Lesungen der Gesetze ein – allerdings mit der wichtigen Einschränkung, daß alle Beschlüsse, die mit einfacher Mehrheit für »dringend« erklärt wurden, in einer Lesung endgültig verabschiedet werden konnten.

Die Verfassung führte die Zivilehe ein.

Wenigstens in einer Bestimmung nahm die Verfassung von dem Elend Notiz, das das Leben von Millionen bestimmte: »Es soll eine allgemeine Einrichtung öffentlicher Hilfeleistungen geschaffen und gebildet werden, um verlassene Kinder zu erziehen, armen Kranken zu helfen und verarmten Gesunden, die sich keine Arbeit beschaffen können, diese zu besorgen.«

Erstaunlich unrealistisch und kompliziert die Regelung der Verfassungsänderungen: Die Verfassung stellte zunächst fest, »daß die Nation das unveräußerliche Recht hat, ihre Verfassung zu ändern« – um dann für eine Änderung (auch nur einzelner Artikel) eine Beschlußfassung durch eine besondere Revisionsversammlung nach jeweils drei einstimmigen gleichlautenden »Wünschen« von drei aufeinanderfolgenden Gesetzgebenden Versammlungen festzusetzen. Das war praktisch das Vetoprinzip jedes einzelnen Abgeordneten wie im alten polnischen Sejm, das das feierlich proklamierte Recht der Nation auf Änderung der Verfassung zur Farce machte.

Die »Nation« kümmerte sich allerdings um solche Zwirnsfäden nicht im geringsten. Knapp ein Jahr nach ihrem Inkrafttreten war die Verfassung schon »suspendiert« – und in der kurzen Zeit ihrer formellen Geltung war sie Stück für Stück umgangen, durchlöchert und gebrochen worden.

Die Wahl zur Gesetzgebenden Versammlung, die am 1. Oktober 1791 zusammentrat, hatte der Linken 136, der neuen Rechten (sie entsprach etwa der Mitte der Verfassunggebenden Nationalversammlung) 264 und der Mitte 345 Abgeordnete gebracht. Nicht nur die Mitte, auch der größere Teil der Linken wie der Rechten gingen mit den besten Absichten und mit Respekt gegenüber der Verfassung an die Arbeit; aber immer neue Aufstände, die plumpen Intrigen des Königs, der Krieg und sein auf Unfähigkeit und Illoyalität der Generäle und auf der völlig unzureichenden militärischen Vorbereitung beruhender katastrophaler Verlauf, die Kommune von Paris als faktische Nebengewalt zu Parlament und Exekutive und schließlich immer neue Wellen brutalster politischer Morde führten das Land in ein vollständiges Chaos.

Niemand glaubte, dieses Chaos mit Mitteln der Verfassung steuern zu können: nicht der König, der seine Hoffnung in der Niederlage seines Landes sah, nicht das Parlament und schon gar nicht das Volk. Im Jahr 1792 wurde Ludwig suspendiert und die Wahl eines »Konvents« durch alle erwachsenen (männlichen) Franzosen beschlossen. Die Gesetzgebende Versammlung löste sich im September 1792 auf.

Die Schreckensherrschaft und die Verfassung vom Juni 1793

Trotz allgemeinen Wahlrechts gewannen die »Gemäßigten« (später Girondisten genannt) im Konvent die Mehrheit. Die Rechte fehlte fast ganz. Die Linke (der »Berg«) war zwar nur eine Minderheit, aber eine Minderheit, die sehr bald mit den Volksmassen von Paris als machtvollem Hebel die Herrschaft übernahm. Der Konvent brachte es in den drei Jahren seines Bestehens gleich auf zwei Verfassungen: die Verfassung der Französischen Republik vom 24. Juni 1793 und die Direktorialverfassung vom 23. September 1795.

Für unser Thema ist allenfalls die Verfassung von 1793 von Interesse; ich werde sie später in groben Zügen skizzieren. Von wesentlich größerer Bedeutung für die spätere Verfassungsdiskussion in Deutschland aber war die immer schneller verlaufende Radikalisierung der Revolution mit der Schreckensherrschaft Robespierres als Höhepunkt. Ich nenne als Marksteine: die Bildung »revolutionärer Ausschüsse«; die Bildung eines »außerordentlichen Tribunals« (später: Revolutionstribunal); den Prozeß gegen »Louis Capet« und seine Hinrichtung; die Übernahme der Exekutivgewalt durch Konventsausschüsse (insbesondere des bald allesbeherrschenden »Wohlfahrtsausschusses«); die Verhaftung und Aburteilung girondistischer Abgeordneter; die Schaffung eines dichten Netzes von Blockwarten (man kann leider nur dieses Wort verwenden, um Zweck und Wirkung dieses Netzes von Aufpassern und Denunzianten deutlich zu machen); die Entsendung von Konventskommissaren mit diktatorischen Vollmachten in die Departements und zu den Armeen; das Gesetz zur Verhaftung und Aburteilung von »Verdächtigen«; girondistische und teilweise royalistische Aufstände und die blutige Rache, für die die Guillotine nicht mehr ausreichte: In Lyon brauchte man Kanonen zum Hinrichten, und in Nantes kam das massenhafte Ertränken in Mode; die Einführung eines neuen Kalenders mit Abschaffung des Sonntags; die Ersetzung der Religion durch das Fest des Höchsten Wesens am 8. Juli 1794.

Immer schneller fraß die Revolution ihre Kinder. Die Schreckensherrschaft begann nun aus sich selbst zu leben und zu wachsen: Sie steigerte sich, als die Revolutionsheere siegreich wurden und als Girondisten und Royalisten zerschlagen waren; ihre Opfer kamen nun auch aus dem Kreis des »Bergs« und seiner Anhänger. Als auch die engsten Parteigänger Robespierres nicht mehr sicher waren, folgte das Ende: Am 23. Juli 1794 fiel der Kopf Robespierres, der Revolution und Freiheit ad absurdum geführt hatte, weil er als einziger die Kompromißlosigkeit des Denkens von Rousseau »verstanden« und umgesetzt hatte.

Die »Verfassung der Französischen Republik« vom 24. Juni 1793 war nie in Kraft getreten; der Konvent hatte beschlossen, sie erst nach dem Ende des Krieges wirksam werden zu lassen. Dennoch ist sie als der Versuch einer radikaldemokratischen republikanischen Verfassung nicht ohne Bedeutung geblieben.

Die Verfassung ging nicht von drei getrennten Gewalten aus. Die schon bei der Verfassung von 1791 schwach ausgebildete Gerichtsbarkeit war in ihrem verfassungsrechtlichen Rang praktisch auf Null reduziert worden. Die Exekutive, der »Vollzugsrat«, war ohne wirkliche eigene Kompetenz; seine Stellung in der Verfassung entsprach seinem Namen.

Das Wahlrecht sollte allen 21 Jahre alten (männlichen) Franzosen zustehen.

Die Schwächung der beiden anderen Gewalten hätte die »Gesetzgebende Körperschaft« praktisch und rechtlich zur einzig wirksamen Verfassungsgewalt gemacht – aber sie wollte ihre Macht als Gesetzgeber doch mit einem anderen teilen: dem Volk. Die Verfassung unterschied hinsichtlich der Beschlüsse des Parlaments zwischen Gesetzen und Dekreten:

»Art. 53

Die Gesetzgebende Körperschaft schlägt Gesetze vor und erläßt Dekrete.

Art. 54

Unter dem allgemeinen Ausdruck Gesetz werden die Verfügungen der Gesetzgebenden Körperschaft verstanden, die betreffen: die Zivil- und Strafgesetzgebung; die allgemeine Verwaltung der gewöhnlichen Einnahmen und Ausgaben des Staates; die Nationalgüter, den Feingehalt, den Münzfuß, das Gepräge und die Benennung der Münzen; die Art, die Höhe und die Erhebung der Steuern; die Kriegserklärung; jede neue allgemeine Einteilung des französischen Gebietes; den öffentlichen Unterricht; die öffentlichen Ehrungen zum Gedächtnis großer Männer.

Art. 55

Mit dem besonderen Namen ›Dekret‹ werden die Verfügungen der Gesetzgebenden Körperschaft bezeichnet, die betreffen: die jährliche Feststellung der Streitkräfte zu Wasser und zu Lande; die Genehmigung oder das Verbot des Durchmarsches fremder Truppen durch französisches Gebiet; die Einfahrt fremder Seestreitkräfte in die Häfen der Republik; Maßnahmen der allgemeinen Sicherheit und Ruhe; die jährliche und augenblickliche Verteilung der Unterstützungen und öffentlichen Arbeiten; die Herausgabe von Geld jeder Art; unvorhergesehene und außerordentliche Ausgaben; örtliche und besondere Maßnahmen für die Verwaltung, eine Gemeinde oder eine Art öffentlicher Arbeiten; die Landesverteidigung; die Ratifikation der Verträge; die

Ernennung und Abberufung der Oberbefehlshaber der Armeen; die Verfolgung der Verantwortlichkeit der Mitglieder des Rates und der öffentlichen Beamten; die Anklage gegen Personen, die der Verschwörung gegen die allgemeine Sicherheit der Republik beschuldigt werden; jede teilweise Änderung der Einteilung des französischen Gebietes; die Nationalbelohnungen.«

Stark vereinfacht kann man sagen, daß »Gesetze« in etwa das umfaßten, was wir auch heute als Gesetzgebung bezeichnen würden, während »Dekrete« praktisch exekutive Entscheidungen des Parlaments und die Kontrolle des »Vollzugsrates« regelten, soweit eine solche Kontrolle angesichts der schwachen Stellung des Vollzugsrates noch Bedeutung hatte.

Bei den Gesetzen sollte das Parlament nur ein Vorschlagsrecht haben. Der Vorschlag sollte, mit einem Bericht versehen, »allen Gemeinden der Republik« übersandt werden. Wenn in mehr als der Hälfte der Departements mindestens 10% der Urversammlungen aller Bürger »reklamierten«, mußten die Urversammlungen, also das Volk, entscheiden.

Vom Kaiser zum Bürgerkönig

Ich kann die politische und verfassungsrechtliche Entwicklung vom Direktorium bis zur Julirevolution vernachlässigen. Die großen Züge dieser Entwicklung und die wichtigsten Ereignisse setze ich als bekannt voraus. Es genügt für unser Thema vielleicht der Hinweis, daß in gewissem Umfang der absolut regierende Napoleon in einiger Beziehung gleichwohl Vollstrecker der Revolution war. Das gilt zum Beispiel für die Überhöhung des Begriffes der Nation, für die konsequent zu Ende geführte Zentralisierung, für die Schaffung eines einheitlichen Gesetzbuches (nicht unbedingt für dessen Inhalt), vor allem aber für den Export einiger ursprünglicher Revolutionsideale bei seinen Eroberungen (man denke an die Judenbefreiung im Rheinland). Und schließlich: Unter den Soldaten und Offizieren seiner großen Armeen, die Europa überfluteten, hatten viele den Rausch der Freiheit erlebt und für die Freiheit gekämpft – sie hatten ihre Träume nicht vergessen, und sie erzählten in der Fremde von ihnen.

Nach dem Sturz Napoleons hatte Ludwig XVIII. eine *Charte constitutionelle* erlassen: Wichtigster Träger der Staatsgewalt war der König, die Minister aber waren dem Parlament verantwortlich. Das Parlament bestand aus zwei Kammern: der Deputiertenkammer und der Kammer der Pairs. Das Wahlrecht war an einen hohen Steuerzensus geknüpft.

Ludwigs Nachfolger Karl V. empfand die Beschränkungen seines Königtums als würdelos. Er griff in einer offiziellen Rede Anfang 1830 zunächst die Richter an, die insbesondere bei Preßvergehen zu liberal geurteilt hätten, und drohte in einer Thronrede vor beiden Kammern im März 1830 in dunklen Wendungen eine weitgehende Entmachtung des Parlaments an. Die Deputiertenkammer wehrte sich mit einer Resolution, die deutlich machte, daß sie sich nicht kampflos in ihren Rechten beschneiden lassen werde. Daraufhin vom König ausgeschriebene Neuwahlen verstärkten die Opposition: Von 417 Deputierten konnte man nur noch 143 als Anhänger des Königs betrachten. Karl setzte am 26. Juli die Pressefreiheit außer Kraft, löste die soeben gewählte Kammer auf und verfügte Neuwahlen nach einem verschlechterten Wahlrecht.

Am selben Tag kam es zu den ersten Aufständen und Barrikadenbauten. Es gelang den königlichen Truppen nicht, die Barrikaden zu beseitigen. Am 29. Juli kam es zum entscheidenden Schlag der Revolutionäre: Mit Hilfe einiger Regimenter, die sich mit den Aufständischen verbündeten, wurden die königstreuen Truppen aus Paris vertrieben. Eine Nationalgarde wurde gegründet. Karl dankte am 2. August ab. Kurze Zeit später leistete Ludwig Philipp als »Bürgerkönig« den Eid auf die liberalisierte *Charte constitutionelle.* Auch unter dieser verbesserten Verfassung war das Wahlrecht ein Privileg des besitzenden Bürgertums. Nicht mehr als zwei bis drei Prozent der erwachsenen Männer waren wahlberechtigt.

Die »drei glorreichen Tage« waren die Tage des Pariser Volkes. Die Handwerker und die kleinen Leute hatten die Barrikaden gebaut, und die Toten waren ihre Toten. Für sie bestand der Erfolg ihres Kampfes in der Abwehr der karlistischen Reaktion, in einem etwas liberaleren Klima – und in der Trikolore als Nationalflagge. Das war mehr als nichts – aber es war zu wenig, wie sich bald zeigen sollte.

Die »soziale Frage« nahm Gestalt an. Einer der Schüler Saint-Simons, Pierre Levoax, prägte 1831 den Begriff »Sozialismus«. Die später von Marx so hochmütig abgekanzelten utopischen Sozialisten formulierten die Fragen, die sich aus dem Anwachsen der Industriearbeiterschaft ergaben, und versuchten erste Antworten. Das Gefühl, daß angesichts der krassen sozialen Unterschiede Konstitutionalismus allein nicht mehr ausreichte, die Menschenrechte zu bewahren, verbreitete sich auch in Teilen des Bürgertums. Und immer weitere Kreise der bürgerlichen Aufsteiger wollten sich mit ihrem Ausschluß vom Wahlrecht nicht mehr abfinden.

Ludwig Philipp hatte zunächst die Bezeichnung »Bürgerkönig« durchaus ernst genommen. Aber im Lauf seiner Regierungszeit verschob sich in seinem Fühlen und Handeln das Gewicht immer mehr vom Bürger zum König. Mit zunehmender Starrheit widersetzte er sich liberal-demokratischen und sozialen Reformen.

Ein für den 22. Februar 1848 in Paris anberaumtes »Reformbankett« wurde verboten. Demonstrationen waren die Folge. Wieder waren alle wichtigen Straßen durch Barrikaden gesperrt, wieder kam es zur Verbrüderung zwischen Truppen und Aufständischen. Am 24. Februar dankte der König ab. Die Deputiertenkammer bestätigte in aller Eile eine Revolutionsregierung. Zu ihr gehörte auch der Sozialist Louis Blanc.

Ihr Programm war beeindruckend: Republik, allgemeines Wahlrecht, Begrenzung der Arbeitszeit, staatliche Arbeitsbeschaffung, Errichtung einer Unfall- und Sozialversicherung, Verstaatlichung der Versicherungen und der Eisenbahnen, Schaffung einer beratenden Arbeiterkammer.

Schon nach wenigen Tagen wurden in Paris die ersten »Nationalwerkstätten« eingerichtet. Aber angesichts der Massenarbeitslosigkeit konnten sie nicht Blancs eigentlichem Ziel dienen: mit besonders befähigten Arbeitern als

Konkurrenz zur Privatwirtschaft eine Vorstufe zum Sozialismus zu realisieren. Sie konnten nur einem Teil der in den letzten Jahren ständig gestiegenen Zahl der Arbeitslosen Beschäftigung bieten, vor allem beim Straßenbau.

Die Wahlen zur Nationalversammlung im April brachten den gemäßigten Republikanern 500 Sitze, der monarchistischen Rechten unterschiedlicher Spielart 290 Sitze und den radikalen Demokraten und Sozialisten zusammen 90. Im Juni wurden die Nationalwerkstätten geschlossen – ein Arbeiteraufstand war die Antwort. Drei Tage lang tobten erbitterte Kämpfe, bis der Aufstand niedergeschlagen war. Es gab Tausende von Toten; zwischen 10000 und 20000 wurden verhaftet, 3000 von ihnen deportiert.

Das war der Stand der Dinge in Frankreich, als in der Paulskirche in Frankfurt der erste Versuch deutscher Verfassungsgebung begonnen wurde.

III.

DAS GANZE DEUTSCHLAND SOLL ES SEIN

Die Sehnsucht: Einheit und Freiheit

Nationalversammlung« – das Wort war Programm: Die Deutschen wollten eine Nation sein, wie Frankreich es war, als die Deputierten des Dritten Standes sich als Nationalversammlung konstituiert hatten. Das eine Volk der Deutschen wollte in einem Staat leben – und das Volk wollte die bestimmende Kraft in diesem Staat sein. Nation, Nationalversammlung: das bedeutete 1848 Einheit und Demokratie.

Es war eine lange, immer wieder – in Furcht und in Bewunderung – wesentlich von den Ereignissen in Frankreich mitbestimmte Entwicklung gewesen, bis schließlich 1848 die Nation, diese Schöpfung der Großen Französischen Revolution, zum Leitmotiv deutschen Denkens oder doch jedenfalls: deutschen Fühlens und Empfindens geworden war; bis die alte Sehnsucht nach »Kaiser und Reich« sich mit der Forderung nach Demokratie verbunden hatte.

»Deutschland« vor dem März

Die Amerikanische Revolution hatte ursprünglich nur gewachsene Rechte verteidigen wollen, die Französische Revolution von 1789 ein kraftlos gewordenes, sich selbst nicht mehr achtendes politisches und soziales System hinweggefegt. Es waren verhältnismäßig einfache Fragestellungen, die große einfache Ideen mobilisierten und siegen ließen: die Ideen der Aufklärung, der Vernunft, der natürlichen Rechte des Menschen.

Im Deutschland des März 1848 waren die Dinge komplizierter: Es gab keine gewachsenen Rechte, die zu verteidigen, neu zu legitimieren und in die Verfassung eines Gesamtstaates umzusetzen waren, wie in Amerika. Statt dessen gab es um so mehr versprochene Rechte, gebrochene Fürstenworte und immer wieder enttäuschte Hoffnungen der Bürger. Die wenigen tatsächlich verwirklichten Ansätze zur Mitbestimmung, etwa durch die Steinsche Gemeindereform in Preußen oder durch die Einführung von Kammern in vielen deutschen Staaten, hatten eine das allgemeine Rechtsbewußtsein bestimmende demokratische Praxis nicht begründen können (Kammern gab es z. B. in Bayern 1818, Baden 1818, Württemberg 1819 und Hessen-Darmstadt 1820, meistens nach dem restriktiven Vorbild der *Charte constitutionelle* von 1814, später nach den Unruhen im Gefolge der französischen Julirevolution auch in anderen deutschen Staaten, zum Beispiel in Sachsen und in Kurhessen).

Andererseits waren politisches System und staatliche Macht nicht morsch und kraftlos wie das französische Ancien régime. Zwar hatte sich der Deutsche Bund mit seinem Bundestag verhaßt und lächerlich gemacht, und er hatte sich politisch überlebt – aber der Deutsche Bund war nicht Deutschland. Er sollte und wollte es nicht sein; er war nicht ein staatsrechtliches, sondern ein völkerrechtliches Gebilde, keine Verbindung von Staaten, sondern ein auf wenige Zwecke beschränktes Bündnis von Staaten, eine Art völkerrechtlicher Verein. »Deutschland« – das waren Preußen, Bayern, Hannover, Sachsen, Württemberg, Baden, auf ihre Art funktionsfähige und im allgemeinen auch funktionierende Staaten; das waren die vier Stadtrepubliken, etwas verzopft, aber tüchtig und, bis auf Lübeck, auch durchaus eine Aufgabe erfüllend;

das waren Staaten wie die beiden Mecklenburgs, Oldenburg oder Braunschweig, langweilig und belanglos; und das waren die vielen Zwergstaaten von Schaumburg-Lippe bis Schwarzburg-Sondershausen, viele von ihnen noch durch Enklaven zerfetzt – Kuriositäten, deren Serenissimi zwar Lächerlichkeit, aber kaum revolutionären Volkszorn hervorrufen konnten.

Und zu Deutschland gehörte Österreich. De jure als die Präsidialmacht des Deutschen Bundes – aber, jedenfalls hinsichtlich seiner deutsch- oder überwiegend deutschsprechenden Bestandteile, auch im Empfinden der Menschen. Der Vielvölkerstaat war in seinen Widersprüchen nicht zerbrochen, sondern lebte aus ihnen; und wenn er auch zur Reform nicht fähig war, so doch immerhin zur Reaktion.

Die soziale und politische Situation der amerikanischen Kolonisten bei Ausbruch des Unabhängigkeitskampfes oder der Franzosen am Ende des 18. Jahrhunderts oder bei Ausbruch der Februarrevolution 1848 kann man mit wenigen groben Strichen annährend richtig skizzieren. Die soziale und politische Lage der Deutschen 1848 entzieht sich in ihrer buntscheckigen Vielfalt einer solchen einfachen Übersicht.

Schon die Feststellung der Zahl der Deutschen konnte nicht einfach die Registrierung einer Tatsache sein, sondern enthielt Wertungen und Entscheidungen. Man ging im allgemeinen von gut 45 Millionen Deutschen aus, etwa zu je einem Drittel Österreicher, Preußen und Angehörige der übrigen deutschen Staaten. Aber in dieser Zahl waren sehr viele Polen, Tschechen und Italiener enthalten, von kleineren Minderheiten einmal abgesehen.

Ein wesentlicher, aber bei weitem nicht der einzige Grund für die außerordentliche Unterschiedlichkeit der politischen und sozialen Lage der Deutschen waren die Vielzahl und die Verschiedenartigkeit der deutschen Einzelstaaten. Es waren 39, und ihre Größe differierte so extrem, daß es sich lohnt, mit einigen Zahlen wenigstens die Bandbreite zu verdeutlichen: Neben den europäischen Großmächten Österreich und Preußen und der »steckengebliebenen Großmacht« Bayern standen gleichberechtigt Zwerggebilde wie Schaumburg-Lippe mit 30000, Hessen-Homburg mit 24000 und Hohenzollern-Hechingen mit 17000 Einwohnern. Allein die preußische Hauptstadt Berlin hatte mit einer Bevölkerung von etwa 400000 Seelen die zwanzigfache Einwohnerzahl der kleinsten selbständigen Fürstentümer.

Trotz des »deutschen Zollvereins«, dem immerhin die meisten und die wichtigsten Staaten angehörten – alle Staaten hatten ihre eigene Währungs-, Rechts- und Wirtschaftsordnung; und diese war nicht einmal innerhalb eines jeden Staates einheitlich. Ich beschränke mich auf zwei Beispiele: In der preußischen Rheinprovinz galt der Code civil statt des Allgemeinen Landrechts für die preußischen Staaten; im bayerischen Stammland herrschte Zunftzwang, in der bayerischen Pfalz Gewerbefreiheit.

Ein besonders verwirrendes Nebeneinander und Nacheinander unterschiedlicher Rechts- und Wirtschaftsordnungen gab es dort, wo durch Erbfolge und Teilungen einzelne Städte und Dörfer in kurzer Folge unter neuer Herrschaft gekommen waren. Besonders in manchen Gegenden Thüringens, aber nicht nur dort, waren die unterschiedlichsten Rechtsordnungen in bizarrer, auch für den gebildeten Bürger kaum entwirrbarer Weise miteinander verschlungen.

Die große Mehrheit der Deutschen arbeitete in der Landwirtschaft; die Angaben schwanken zwischen gut zwei Dritteln und fast 80 %. Diese unterschiedlichen Zahlen sind im wesentlichen wohl darauf zurückzuführen, daß viele neben einem kleinen Handwerk oder neben der Fabrikarbeit noch ein kleines Stück Land bewirtschaften.

Aber diese Zahlenangaben sind nur für die Tatsache einer noch geringen Industrialisierung aussagekräftig. Die Unterschiede in der wirtschaftlichen und sozialen Lage und in der Rechtsstellung der Menschen auf dem Lande waren insgesamt und regional größer als in allen anderen europäischen Ländern. Es gab vor allem im Süden und Südwesten Güter, die kleine Fürstentümer mit vielen dazugehörigen Dörfern und kleinen Städtchen bildeten – in den meisten Fällen entstanden aus der Mediatisierung kleiner reichsunmittelbarer Herrschaften; und ihre Eigentümer benahmen sich auch wie kleine Fürsten. Es gab, z. B. in Westfalen, Bauerngüter, die an Größe und wirtschaftlicher Kraft manchen ostelbischen Rittergütern nicht nachstanden. Das Erbrecht begünstigte in einigen deutschen Staaten oder Staatsteilen eine ständig fortschreitende Zersplitterung bäuerlichen Eigentums und verhinderte oder erschwerte sie in anderen Gebieten. Der kleine Bauer (in der Abgrenzung zum Großbauern und zum Gutsbesitzer auf der einen Seite und zum Tagelöhner oder Knecht auf der anderen Seite) konnte in einem deutschen Staat oder in einem Teil davon wirkliche Unabhängigkeit und eine auskömmliche Existenz haben und in einem anderen Teil des politischen Flickenteppichs so gut (oder so schlecht) wie rechtlos sein – und dazwischen gab es viele Schattierungen.

Die Bauernbefreiung war in einigen Staaten ganz, in anderen teilweise, in noch wieder anderen so gut wie gar nicht durchgeführt. Eine Sammelpetition aus 110 Gemeinden des Königreiches Sachsen macht schlaglichtartig deutlich, wie stark altüberkommene und in ihrer ursprünglichen Rechtfertigung längst überholte Herrenrechte den »Bauern« noch belasteten und beschränkten: Die Petition verlangte von der Paulskirchenversammlung die Abschaffung der »Leistung von Lehngeldern, Erbzinsen, Zehnten, Frongeldern, Triftzinsen, Zinshühnern und Martinsgänsen, an zeitweiligen auf Widerruf gesetzten Hufengeldern anstatt der früheren Ablösungsfuhren ..., Schutzgelder, Wachgelder, Nahrungs- und Handwerksgelder, Tagelohngelder, Jagdgelder, Wolfjagdgelder, Wolfsklappergelder, Hundekorn, Hundezins, Flügelraumgelder, Holzhaugelder, Gunstgelder, Consenz- und Consessionsgelder, Teilschilling, Siegelgelder, Stuhlzinsen,

Spinndienste, peinliche und Untersuchungskosten, Herrenzins, Michaeliszins, Hausgenossenzins, Weinzins, Kutschfuhrgeld, Wasserzins, Mühlenzins, Federspulenzins, Mahlzins, Blasenzins usw.«. Die Petition forderte ferner die Abschaffung des Jagdrechtes und »daß die Patrimonialgerichtsbarkeit vollständig aufgehoben, daß die Verhältnisse der Kirchen- und Schuldiener gesetzlich reguliert würden…, daß die lästige Bevormundung in Verwaltungs- und Polizeisachen aufgehoben und den Gemeinden … hinsichtlich der Regulierung ihrer inneren Angelegenheiten eine größere Selbständigkeit gewährt werde«.

Auch die hinsichtlich ihrer Rechtsstellung und ihrer sozialen Lage vielleicht noch am ehesten eingrenzbare Gruppe der Landbevölkerung, die Tagelöhner und Knechte, befanden sich von Staat zu Staat oder auch innerhalb eines Staates in sehr unterschiedlicher Situation. Arm, zum Teil bitter arm waren sie alle; aber einige besaßen noch ein Mindestmaß an Rechten, während andere vom Status des Leibeigenen nicht weit entfernt waren. Die Gesindeordnungen oder entsprechende Regelungen waren sehr unterschiedlich; allein in Preußen gab es mehrere. Die Lage der wohl Rechtlosesten, der mecklenburgischen Tagelöhner, hat Fritz Reuter in *Kein Hüsung* (1858) eindrucksvoll geschildert.

Die Entwicklung der gewerblichen Wirtschaft war im Vergleich zu Frankreich und England zurückgeblieben. Besonders Industrialisierung und Großhandel litten ja unter der politischen und rechtlichen Zersplitterung, die zum Teil zu grotesken Hemmnissen führte. Ich will hier nur zwei erwähnen, die für viele stehen: Der Bau und die vernünftige Linienführung von Eisenbahnen scheiterten oft am engstirnigen Souveränitätsdenken vor allem der kleineren Fürsten, und der Warentransport auf den deutschen Flüssen war durch eine Vielzahl von innerdeutschen Flußzöllen massiv behindert. Ein Abgeordneter rechnete in der Paulskirche vor, daß 1847 z. B. der Transport einer von Hamburg auf der Elbe nach

Prag verschifften Dampfmaschine an Fracht 931 Gulden, an Elbzöllen aber 1299 Gulden gekostet habe.

So waren denn Kleinhandel, kleines, technisch oft rückständiges Gewerbe und Handwerk in den – überwiegend kleinen – Städten dominierend. Handwerksmeister zu sein, das konnte wirtschaftlich, sozial und in der Rechtsstellung in einem Teil Deutschlands etwas ganz anderes bedeuten als in einem anderen, oft direkt benachbarten Gebiet. Die Skala reichte vom behäbigen Wohlstand des auch als Bürger angesehenen Patriarchen in seinem kleinen, aber gesunden Betrieb bis zum schlesischen Hausweber, der bei einem gering geschätzten absoluten Existenzminimum von fünf Silbergroschen täglich nur dreieinhalb Silbergroschen verdiente.

Die Mehrzahl der selbständigen Handwerker arbeitete ohne Gehilfen und Lehrlinge. So gab es in Bayern bei 213000 Handwerksmeistern nur 147000 Gesellen und Lehrlinge, und in anderen Staaten war das Verhältnis noch ungünstiger. Man darf aus diesen Zahlen schließen, daß (auch wenn man die extrem ungünstige Lage der schlesischen Weber außer Betracht läßt) ein erheblicher Teil der selbständigen Handwerksmeister längst proletarisiert war und viele in jeder Beziehung schlechter gestellt waren als manche Fabrikarbeiter.

Deren Zahl und damit die Ausbreitung von Industrie ist schwer zu schätzen. Soweit man überhaupt offizielle Statistiken führte, waren sie in dieser Zeit des fließenden Übergangs von Handwerk, Manufaktur und Industrie nur sehr beschränkt aussagekräftig. Immerhin geben uns die Statistiken doch ziemlich sichere Anhaltspunkte für die Größenordnungen. Eine offizielle preußische Statistik wies für 1846 rund 550000 Fabrikarbeiter, einschließlich Frauen und Kindern (die Statistik enthält immerhin mehr als 31000 Kinder unter 14 Jahren als »Fabrikarbeiter«), aus, ein Abgeordneter bezifferte in der Nationalversammlung die Zahl der Fabrikarbeiter in ganz Deutschland auf 800000. Zum Vergleich: Der hamburgische Abgeordnete Merck gab in derselben Debatte die Zahl der Arbeiter in Frankreich mit ca. zehn Millionen an, was sicher übertrieben war, aber doch den Unterschied in den Größenordnungen verdeutlicht.

Daß die Industrialisierung erst in ihren allerersten Anfängen steckte, ergibt sich auch daraus, daß in der erwähnten preußischen Statistik lediglich 7600 Arbeiter in Maschinenfabriken ausgewiesen wurden.

Über die soziale Lage der Fabrikarbeiter ist wenig genaues Material vorhanden. Staatliche Fabrikinspektoren wie in England, deren Berichte uns ein zuverlässiges Bild des englischen Arbeiterelends vermitteln und auf die sich Engels in seinem Buch *Die Lage der arbeitenden Klassen in England* stützte, gab es nicht. In einer Debatte in der Nationalversammlung wurde von einem Abgeordneten der »durchschnittliche Mindestlohn« eines Fabrikarbeiters mit zehn Silbergroschen täglich angegeben. Soweit überhaupt verwertbare Angaben vorliegen, wird man aus ihnen zwar schließen können, daß die Masse der Fabrikarbeiter nicht in dem gleichen Elend lebte, wie es für England belegt ist, und daß die soziale Lage vieler Handwerker, kleiner Bauern und Tagelöhner auf dem Lande schlechter war – das kann aber nicht darüber hinwegtäuschen, daß Arbeitszeit, Arbeitsbedingungen, Löhne und Wohnmöglichkeiten die Mehrzahl der Fabrikarbeiter von jeder Teilhabe an einem normalen Leben ausschlossen.

Die Industrie war im wesentlichen auf wenige Gebiete konzentriert, z. B. Sachsen, Rheinland, Berlin und einige thüringische Staaten.

Eine Arbeiterbewegung gab es so gut wie nicht; im Unterschied zum Frankreich der Februarrevolution spielten sozialistische Ideen kaum eine Rolle.

Dünn waren die Schichten des Besitz- und Bildungsbürgertums, die für die geistige Vorbereitung der Revolution von 1848 und später für die Arbeit in der Paulskirchenversammlung so entscheidende Bedeutung besaßen. Das Bürgertum hatte von mehreren Reformschüben (z. B. 1806, 1815, 1830) profitiert – zuwenig, um sich mit dem jeweiligen Staat zu identifizieren, zuviel, um weiterhin die Stellung als bloße Untertanen zu akzeptieren. Das Bürgertum war durchaus willig, das monarchische System als natürliches Ergebnis deutscher Geschichte hinzunehmen; aber es hatte zu oft die Monarchen als schwach – und danach wortbrüchig – erfahren, um in ihnen noch die alleinigen Garanten für die für seine Interessen so wichtige vernünftige Entwicklung von Staat und Wirtschaft zu sehen. Es hatte in den Kammern vieler deutscher Staaten (in Preußen in den Provinziallandtagen) erlebt, welche wohltuende Wirkung parlamentarische Beratung und Mitentscheidung haben konnten, und ihm war vor Augen geführt worden, wie schädlich sich die engen Grenzen bürgerlicher Mitwirkung und der immer wieder aufkommende Hochmut des Gottesgnadentums und die Abhängigkeit der Bürokratie vom Monarchen auswirkten. In manchen deutschen Staaten war zwar dem Bürgertum (oft nur zeitweilig) ein gewisses Eindringen in staatliche Macht, Verwaltung und Offizierkorps gelungen; um so schmerzhafter spürte es die Tatsache, daß ihm entscheidende Einflußnahme und Anerkennung letztlich verwehrt blieben, daß die Spitzenstellungen ohne Rücksicht auf Tüchtigkeit fast überall dem Adel vorbehalten blieben.

In einem Artikel der »Rheinischen Zeitung« wurde 1842 für Preußen eine Statistik über das Verhältnis von Adel und Bürgertum in den oberen Rängen der Armee und der Verwaltung aufgemacht. Danach waren bei einer Gesamtzahl von 9434 Offizieren zwar immerhin 4170 Offiziere bürgerlich, also etwa 44 %. Aber schon bei der Differenzierung nach Waffengattungen zeigte sich die generelle Diskriminierung des Bürgertums: Bei der gesellschaftlich geringgeachteten Artillerie betrug der Anteil der bürgerlichen Offiziere etwa 76 %, dagegen bei der Kavallerie knappe 25 % und bei der Garde ganze 3 %. Noch deutlicher wird die Zurückstellung des Bürgertums bei der Aufteilung nach Rängen: Dem Anteil von 44 % bürgerlicher Offiziere am gesamten Offizierskorps standen gegenüber ein Anteil von 31 % bei den Majoren, von 20 % bei den Oberstleutnanten, von 6 % bei den Obersten und von 1,5 % in der Generalität – 27 Jahre nach dem Ende der Freiheitskriege! Von 306 Landräten waren 72 bürgerlich; von 28 Regierungspräsidenten und Vizepräsidenten acht; von acht Oberpräsidenten einer; von 33 leitenden Beamten in den Ministerien sieben; von zwölf Ministerien drei.

Besitzbürgertum und Bildungsbürgertum empfanden die Unsinnigkeit und Schädlichkeit der Kleinstaaterei besonders deutlich. Hier waren Männer, die durch geschäftliche Kontakte oder Teilnahme an der europäischen Wissenschaftsentwicklung die Welt außerhalb Deutschlands kannten und deren Interessen und Selbstachtung durch die engen Verhältnisse in Deutschland in besonderer Weise tangiert waren.

Das Bürgertum wollte die Grundlage des Bestehenden nicht zerschlagen. Das Beispiel der Entwicklung der Großen Revolution in Frankreich hatte ihm gezeigt, daß damit auch zugleich die Grundlage seines Besitzes, seines Ansehens und seines Einflusses zerstört werden konnte. Das Bürgertum wollte die schlimmsten Mißstände beseitigt wissen und strebte politische Verhältnisse an, die eine ruhige Entwicklung ermöglichten und es in gleicher Weise gegen Fürstenwillkür und gegen die Herrschaft der Masse sicherten. Die praktische Konsequenz hieß: den Einzelstaaten eine starke Zentralkompetenz überzustülpen, das Rechtssystem zu vereinheitlichen und echten, aber deshalb nicht auch unbedingt von allen Bürgern gewählten Parlamenten einen gegenüber dem Monarchen mindestens gleichberechtigten, möglichst stärkeren Einfluß einzuräumen.

Die Revolution

Auf eine auch nur grobe Darstellung von Vorgeschichte und äußeren Ablauf der Märzrevolution muß ich und kann ich für unser Thema verzichten. Das Wichtigste wird bekannt sein. Ich will nur auf einige Aspekte aufmerksam machen, die für die Schaffung der Paulskirchenverfassung von Bedeutung waren:

Es gab zwar eine im Kern einheitliche Grundströmung: Einheit und Freiheit; und es gab ein einheitliches Ergebnis: die konstituierende Nationalversammlung. Aber es ereignete sich nicht die *eine* Revolution, sondern 39 – und in ihrer Folge eine Fülle von Parlamenten, darunter der Österreichische Reichstag und die Preußische Nationalversammlung, und fast überall die mehr oder weniger starke Beteiligung von Teilen der bisherigen Opposition an den Regierungen der Staaten. Die Vielstaaterei wurde demokratisch legitimiert.

Manche Throne wankten, aber keiner fiel. Das lag weniger an der Kraft oder gar an der Entschlossenheit der Fürsten als an der konstitutionell-monarchischen Grundhaltung des Bürgertums und wohl auch der Mehrheit der »kleinen Leute«. Und es war Folge des schon fast irrationalen Glaubens an die Kraft des Wortes, die Kraft der Idee, der in diesem berauschenden März das Vertrauen in die Redlichkeit von Versprechungen und Gesten der Fürsten – entgegen allen Erfahrungen – einschloß.

Die Aufgabe der Nationalversammlung war die Schaffung einer Verfassung eines vereinigten Deutschlands. Aber so, wie die Dinge lagen, mußte die Nationalversammlung den Staat schaffen – und nicht nur seine Verfassung. Hatte es bis zum März in Gestalt des völkerrechtlichen Vereins Deutscher Bund mit dem Bundestag als Organ noch so etwas wie einen Schatten von deutschem Staat gegeben, so war der Bundestag nach dem März zum Schatten seiner selbst geworden. Die Nationalversammlung etablierte so etwas wie einen deutschen Staat durch die Errichtung einer Exekutive in Gestalt des Reichsverwesers, der ein Reichsministerium ernannte – aber sie verlieh ihm keine Macht, konnte ihm keine verleihen, weil die Revolution sie da gelassen hatte, wo sie vor dem März lag: bei den Einzelstaaten. Der deutsche »Staat« war während der Arbeit der Nationalversammlung ein Kopf ohne Körper.

Die Revolution war mit dem März nicht abgeschlossen. Es gab lokale und regionale Revolten und Aufstände, die meisten im Süden und im Südwesten, fast alle radikaldemokratisch und republikanisch. Die Paulskirche geriet unter Druck. Aber es ist ein Märchen der Konservativen, daß die Revolution und mit ihr die Paulskirche an diesem Druck von links, »von unten«, scheiterte. Sie scheiterte, weil sie darauf verzichtet hatte, den Fürsten ihre Machtinstrumente, die Armeen, abzunehmen, und weil die Fürsten »mutig« genug waren, diese Macht der Paulskirche entgegenzusetzen, nachdem sie sich von ihrem ersten Schrecken erholt hatten.

Die Verfassung

Die Paulskirche

Die Nationalversammlung konstituierte sich am 18. Mai 1848 in der Paulskirche. Man hat sie oft als Professorenparlament belächelt – aber weder dominierten in ihr die Professoren, noch bot sie in ihrer Arbeit Anlaß zu bösem Spott. Ihr wesentliches Arbeitsergebnis, die Reichsverfassung vom 28. März 1849, konnte sich unter den Verfassungen ihrer Zeit sehen lassen, und daß das erste deutsche Parlament letztlich scheiterte, beruhte im wesentlichen auf Entscheidungen – oder Nichtentscheidungen –, die bereits vor seinem Zusammentreten gefallen waren.

Die Juristen stellten mit mehr als 360 Abgeordneten die größte Berufsgruppe. Viele brachten juristischen Sachverstand, ein gutes Stück Legitimitätsdenken und die Neigung zur Gründlichkeit ein; damit aber auch die Neigung zur Detailregelung und zum Formalismus. 49 Universitätsprofessoren und Dozenten saßen in der Paulskirche, und sie haben ihr nicht geschadet. Der Mangel an praktischer politischer Erfahrung war trotz der früheren Mitwirkung einiger führender Abgeordneter der Paulskirche in Kammern oder in preußischen Provinziallandtagen unübersehbar. Vor allem gab es natürlich keinerlei praktische Erfahrungen in Grundentscheidungen und in der Gestaltung nationaler Politik. Juristisches Denken und wissenschaftliche Bildung schufen dafür bei der Ausarbeitung der Verfassung einen gewissen Ausgleich.

Was stand den Männern der Paulskirche an Maßstäben zur Verfügung, als sie ihre Beratungen über die Verfassung begannen?

Zunächst die negativen Erfahrungen mit dem Bestehenden, dann die jeweilige politische Grundhaltung und schließlich das positive oder negative ausländische Beispiel. Den ersten Punkt können wir für unser Thema übergehen. Nach der politischen Grundhaltung kann man die Abgeordneten – sehr vergröbert und unter Vernachlässigung von zum Teil erheblichen Differenzierungen besonders in der politischen Mitte und von Verschiebungen während der einjährigen Lebensdauer des Parlamentes – etwa drei größeren Gruppen zuordnen:

Der Linken: Republikaner, im Grundsatz zentralistisch, Anhänger der Volkssouveränität ohne begrenzende oder ausgleichende Gegenmacht, sozialreformerisch bis sozialrevolutionär mit sozialistischen Einsprengseln.

Der Mitte: Anhänger der konstitutionellen Monarchie, föderalistisch, die Volkssouveränität als den wesentlichen, aber nicht unbedingt alleinigen Ursprung der Staatsgewalt anerkennend; viele von ihnen offen für schrittweise soziale Verbesserungen.

Der Rechten: Monarchisten, partikularistisch, für eine Beschränkung der Macht des Monarchen durch Mitspracherecht von Vertretern »qualifizierter« Volksschichten, sozialkonservativ.

Die Linke stellte etwa 10 %, die Mitte 70 %, die Rechte 20 % der Abgeordneten.

An ausländischen Verfassungsmodellen standen zur Verfügung: die französischen Revolutionsverfassungen von 1791, vom Juni 1793 und die Direktorialverfassung von 1795, die *Charte constitutionelle* vom 7. August 1830, das Programm der französischen Revolutionsregierung des Februar 1848, die belgische Verfassung vom 7. Februar 1831, die norwegische Verfassung vom 17. Mai 1848, das englische

Verfassungssystem – und schließlich die Verfassung der Vereinigten Staaten. In die Zeit der Verfassungsarbeit der Paulskirche fielen die Verabschiedungen der Schweizer Verfassung vom 12. September 1848 und der Verfassung der Französischen Republik vom 4. November 1848.

Bis auf die zuletzt genannte Verfassung der Französischen Republik haben sie alle in den Beratungen der Paulskirche eine Rolle gespielt; sei es als vollständiges oder partielles Vorbild, sei es als abschreckendes Beispiel, sei es schließlich als Steinbruch für Argumente, mit denen eine ohnehin eingenommene Position untermauert wurde.

Für die Linke waren insbesondere die französische Verfassung vom Juni 1793 und das Programm der französischen Revolutionsregierung von 1848 von Interesse; für die Mitte die belgische und die norwegische Verfassung, für ihren linken Flügel auch die französische Revolutionsverfassung von 1791; für die Rechte hätte es allenfalls die *Charte constitutionelle* von 1830 sein können, wenn nur der »Bürgerkönig« besser in ihr Leitbild eines Monarchen gepaßt hätte.

Das englische Verfassungssystem bot sowohl der Mitte als auch der Rechten (Oberhaus!) Interessantes, die Schweizer Verfassung der Mitte und der Linken. Über alle Parteigrenzen hinweg hatte allein die Verfassung der Vereinigten Staaten Attraktion für die Paulskirche.

Das »Wunder unserer Zeit« – Amerika als Vorbild

Schon die der Paulskirche und ihrem Verfassungsausschuß zur Verfügung stehenden Vorarbeiten hatten den Blick der Versammlung auf Amerika gelenkt. Die zwei wichtigsten Vorarbeiten waren der Welckersche Kommissionsbericht und der sogenannte Siebzehner-Entwurf.

Der Abgeordnete Bassermann hatte am 1. Februar 1848 in der badischen Volkskammer einen Antrag auf Einberufung eines Nationalparlaments gestellt. Der Antrag war an eine Kommission überwiesen worden, und diese hatte einen Entwurf für Grundzüge einer deutschen Verfassung vorgelegt. Berichterstatter war der Abgeordnete Welcker.

In seinem Bericht hob Welcker einleitend hervor, daß »sich die Kommission, soviel es unter den gegebenen Verhältnissen möglich war, an die rein ausgeprägte Natur des Bundesstaates in Nordamerika anschloß«. Auch bei vielen Einzelpunkten wurde in dem Bericht entweder ausdrücklich auf das amerikanische Vorbild Bezug genommen, oder das amerikanische Vorbild ergab sich aus einem Vergleich der Kommissionsvorschläge mit dem Wortlaut der entsprechenden amerikanischen Verfassungsbestimmungen.

Der Bundestag hatte Anfang März versucht, die in einigen Staaten schon siegreiche, in den anderen Staaten vor ihrem Sieg stehende Revolution als Institution zu überleben. Zu diesem Zweck hatte er am 10. März die Regierungen eingeladen, in seinen ständigen Ausschuß, den 17köpfigen engeren Rat, ergänzend 17 »Männer des allgemeinen Vertrauens« zu entsenden. Die Mehrzahl der 17 dann entsandten Vertrauensmänner stand eindeutig auf dem Boden der Revolution, viele von ihnen waren später führende Abgeordnete der Paulskirche, z. B. Dahlmann und Bassermann. Sie legten am 25. April den Entwurf eines »Deutschen Reichsgrundgesetzes« vor. Dieser Entwurf ging, ohne allerdings Amerika ausdrücklich zu erwähnen, noch stärker von der amerikanischen Verfassung aus als der Welckersche Bericht.

Daß dem politisch Gebildeten im Deutschland des Jahres 1848 die politischen Ereignisse im Nachbarland Frankreich seit der Großen Revolution und in groben Zügen auch die verschiedenen Verfassungen Frankreichs einigermaßen bekannt waren, kann angesichts der Tatsache, daß die menschenaufwühlenden Ereignisse sich nicht nur unmittelbar vor der Haustür abgespielt, sondern jedesmal auch direkt auf Deutschland eingewirkt hatten, nicht überraschen.

Als nicht ganz so selbstverständlich erscheint eine vergleichbar gute Kenntnis der Vorgänge in Amerika und der amerikanischen Verfassung. Amerika war weit weg, es war bei Schaffung der *constitution* ein kleines Land, und das Verständnis der Ereignisse und der Verfassung setzte einige Kenntnis eines dem Kontinentaleuropäer fremden Rechtssystems voraus.

Aber: Kommissionsbericht hin, Siebzehner-Ausschuß her – eine wirklich entscheidende Anknüpfung an die amerikanische Verfassung in der Paulskirche war nur möglich, wenn die amerikanischen Verhältnisse vielen Abgeordneten bekannt waren und das Stichwort Amerika darüber hinaus im Volk Zustimmung erweckte. War beides der Fall?

Eine gängige Antwort lautet: de Tocqueville. Ich halte sie für falsch. Tocquevilles heute wieder berühmtes Werk *Über die Demokratie in Amerika,* dessen erster, für unser Thema wichtigerer Band 1835 erschienen war, hatte in Deutschland nicht die Verbreitung gefunden, die Voraussetzung für einen entscheidenden Einfluß des Buches gewesen wäre. Es gab nur eine korrekte Übersetzung, und die war kein Bestseller. Der Grund mag darin liegen, daß de Tocquevilles Studie einerseits zu anspruchsvoll war, um wirklich populär zu werden, und daß sie andererseits nicht recht in eine der bis dahin geläufigen wissenschaftlichen Disziplinen paßte. Wenn de Tocqueville gelesen wurde oder durch Rezensionen (unter ihnen zwei von Robert von Mohl) bekannt war und wenn er in der Diskussion der Paulskirche eine Rolle spielte, dann mehr in der Funktion als soziologisch-politologischer Fachmann über Demokratie und Gleichheit denn als Vermittler von Kenntnissen über die amerikanische Verfassung.

In der Nationalversammlung war aber in erheblichem Umfang »originärer« Sachverstand über die amerikanische Verfassung vorhanden. Der Verfasser des Kommissionsberichtes, Welcker, der einer der führenden Abgeordneten der Nationalversammlung geworden war, hatte in dem v. Rotteck-Welckerschen Staatslexikon im Kapitel »Bund« wesentliche Elemente der amerikanischen Verfassung analysiert und beschrieben. Der Abgeordnete Robert von Mohl, zeitweilig Justizminister in dem vom Reichsverweser ernannten Reichsministerium, hatte die führende Arbeit über das Bundesstaatsrecht der Vereinigten Staaten geschrieben; von ihm stammt die Charakterisierung der amerikanischen Verfassung als »Wunder unserer Zeit«. Der Abgeordnete von Droysen hatte in seinen »Vorlesungen über die Freiheitskriege« im Kapitel über den amerikanischen Unabhängigkeitskampf die Unionsverfassung erläutert. Auch der Abgeordnete von Raumer hatte ein Werk über Amerika geschrieben. Und schließlich hatte der Abgeordnete Mittermeier sich mehrfach wissenschaftlich mit amerikanischen Verfassungsfragen beschäftigt; in einer Debatte in der Nationalversammlung bezeichnete er es einmal als seine »Lebensaufgabe seit mehr als 40 Jahren«, sich »vorzüglich dem Studium der nordamerikanischen Verfassung zu widmen«. Zur Klärung von Zweifelsfragen hatte er auch einige Male Kontakt mit führenden amerikanischen Fachleuten, z. B. mit Livingstone, aufgenommen.

Der frühere preußische Gesandte in den Vereinigten Staaten, von Rönne, war Abgeordneter in der Paulskirche, und auch einige andere Abgeordnete, z. B. Tellkampf oder Möring, der zwei Jahre dort gelebt hatte, kannten Amerika aus eigener Anschauung.

Doch sogar dieser beachtliche Sachverstand in der Versammlung hätte nicht ausgereicht, um das erhebliche Interesse der Paulskirche an der amerikanischen Verfassung zu begründen. Es kamen vor allem drei Faktoren hinzu:

Die große Mehrheit der politisch Interessierten in Deutschland und die große Mehrheit in der Nationalversammlung wollten zwar die deutsche Einheit – aber sie wollten aus den verschiedensten Gründen die bestehenden Staaten nicht beseitigen. Sie waren alle gute Deutsche – aber sie waren fast auch alle gute Württemberger, Hamburger, Oldenburger, Mecklenburger, Sachsen, ja sogar gute Preußen und Österreicher. So etwas wie ein Bundesstaat bot sich gleichermaßen von selbst an (ich sagte bewußt »so etwas wie«, weil der Begriff des Bundesstaates noch nicht sehr präzis gegenüber dem des Staatenbundes oder des dezentralisierten Einheitsstaates abgegrenzt war) – und der einzige bestehende Bundesstaat auf der Welt waren die Vereinigten Staaten. Die Schweiz fand erst nach dem Sonderbundskrieg vom »lockeren« Staatenbund zum Bundesstaat, und ihre 1848 fast zeitgleich mit dem Beginn der Arbeit der Paulskirche entstehende Verfassung nahm – mit der gewichtigen Ausnahme der Gestaltung der Exekutive – die amerikanische Verfassung zum Vorbild.

Die Vereinigten Staaten hatten 1848 gute 60 Jahre enormen politischen und wirtschaftlichen Wachstums hinter sich, und zwar ohne ein mit den Verhältnissen in Europa vergleichbares soziales Elend und ohne wirklich ernsthafte politische Unruhen. Eine Verfassung, die das ermöglichte oder es doch wenigstens nicht behindert hatte, mußte einfach gut sein.

Und schließlich: Amerika war für die Armen und die Unzufriedenen in Deutschland das Land der Hoffnung. Millionen waren dorthin ausgewandert, und der Strom hielt unverändert an. Auch für Menschen, die nichts oder fast nichts von Amerika und schon gar nichts von seiner Verfassung wußten, war Amerika das Land, in dem man jedenfalls frei leben und sich durch redliche Arbeit sein Auskommen schaffen konnte. Jede Anknüpfung an Amerika war deshalb bei der Masse des Volkes, bei der Masse der Wähler populär.

Daß die amerikanische Verfassung auch tatsächlich in vielen Entscheidungen der Paulskirche eine große, meist positive Rolle gespielt hat, läßt sich anhand der Ausschußberichte, der Plenardebatten und schließlich des Textes der Verfassung vom 28. März 1849 nachweisen.

Die Berichte, vor allem die des Verfassungs-, aber auch die

des volkswirtschaftlichen Ausschusses, nahmen mehrfach ausdrücklich auf die amerikanische Verfassung Bezug. Daneben wurden besonders häufig Belgien und England als Vorbild genannt. Die während der Arbeit der Paulskirche neu entstehende Schweizer Verfassung wurde fast immer nur zur Ergänzung und Bekräftigung des amerikanischen Vorbildes herangezogen.

Neben die Hinweise auf die Unionsverfassung als Vorbild traten andere, in denen – meistens mit dem Unterton des Bedauerns – auf die Verschiedenheit der Verhältnisse zwischen Amerika und Deutschland aufmerksam gemacht und deshalb die Übernahme amerikanischer Bestimmung abgelehnt wurde.

Die Vielzahl der Hinweise und die offenkundige Begeisterung für die amerikanische Verfassung, die sich aus einigen Passagen der Berichte ergibt, verdeutlichen, daß die tatsächlichen Übereinstimmungen in keinem Punkt zufällig, sondern bewußte Nachbildungen sind – auch wenn dies in einigen Fällen in den Materialien nicht ausdrücklich erwähnt ist.

Für die fast schwärmerische Bewunderung, die der Verfassungsausschuß Amerika entgegenbrachte, beschränke ich mich als Beispiel auf eine Stelle des Berichtes über die Abschnitte »Das Reich« und »Die Reichsgewalt«: »Gern weilt ... der Blick desjenigen, dem die Form eines wahren Bundesstaates am Herzen liegt, bei der Verfassung der nordamerikanischen Staaten ... eine lange Reihe von Jahren hat dem ehrwürdigen Gebäude Festigkeit gegeben und gezeigt, daß die dort gewählte Form, wie Mohl in seinem Werk über Amerika mit Recht sagt, als ein Wunder unserer Zeit, vor allem des Nachdenkens des Staatsmannes würdig ist. Kein Land kann sich rühmen, daß seine theoretisch wie praktisch gleich großen Staatsmänner in ihren Werken das Wesen der Bundesverfassung in ihren Einzelheiten so herrlich erörtert haben, als dies von Männern wie Hamilton, Jefferson, Story, Kent, Rawle, Serjeant geschehen ist.«

Auch in den Plenardebatten der Paulskirche ist bei der Beratung der Verfassung immer wieder vor allem auf die Vereinigten Staaten verwiesen worden. Ich kann nur einige Beispiele bringen:

Ich beginne mit Zitaten je eines Vertreters der Linken und der Rechten, die belegen, daß in der Paulskirche nicht nur unmittelbare und direkte Bezüge bei Einzelbestimmungen der Verfassung hergestellt, sondern auch größere Zusammenhänge gesehen wurden.

Arnold Ruge von der Linken erklärte: »Der menschliche Geist ist das Utopia, welches uns alle beherrscht, über alles den Sieg feiert. Als die Puritaner aus England, mit der Republik im Herzen, und die Quäker dazu nach Nordamerika gingen, da haben sie die Utopien, die in ihren Herzen lebten und wozu sie den Ort in England nicht finden konnten, in den Urwäldern Nordamerikas gefunden, und von den Urwäldern Amerikas, wo sie die Republik gründeten, durch die Unabhängigkeitserklärung und Konstituierung der Vereinigten Staaten von Nordamerika, sind diese utopistischen Ideen, die den Menschengeist in jener großen Zeit der Reformation bewegt haben und die aus der Reformation eine Republik haben hervorgehen lassen, zurückgekehrt nach Frankreich. Die Französische Revolution hat diese großen Ideen über unseren Weltteil getragen.«

Der wortgewaltige Führer der Rechten, von Vincke, berief sich in seiner Abwehr republikanischer Ideen auf ihm wichtige Unterschiede zwischen Deutschland und Amerika: »... über Nordamerika die Bemerkung zu machen, daß drei ganz wesentliche Momente dort wohl zu berücksichtigen sind, welche die Republik dort möglich und blühend gemacht haben: ... daß Nordamerika fast der einzige Staat ... ist, der ... ohne alle nennenswerten äußeren Feinde ist; ... Nordamerika besitzt keine Proletarier und wird sie noch auf lange hin nicht besitzen, solange nur im Westen noch Land genug ist, um diese Elemente dort hinüberzusenden; ... das die Bewohner von Nordamerika seit Jahrhunderten einen eingeerbten Sinn für Recht und Gesetzlichkeit von England über den Ozean mit hinübergebracht haben.«

Als ein Beispiel dafür, daß der Respekt vor dem amerikanischen Verfassungssystem nicht auf den engen Kreis der Fachleute beschränkt war, zitiere ich den Abgeordneten Stechmann: »Und welches war der leitende Grundsatz, der unsere Bestrebungen immer geleitet hat? Es war der, daß Deutschland an Nordamerika das beste praktische Muster hat, weil wir auf die Erfahrung der Weltgeschichte etwas geben, weil wir auf die Erfahrung sehen und nicht auf hohle Theorien.«

Die Zahl der Bezugnahmen auf einzelne amerikanische Verfassungsbestimmungen in der Plenardebatte ist Legion. Nachstehend eine kleine Auswahl:

Beselich, Graf Arnim und Robert Blum erörterten Artikel 6, Absatz 2 mit seiner Formel vom *supreme law of the land*, wobei allerdings Arnim und Blum die Rolle dieser Vorschriften sehr kühn für ihre jeweilige Position ausbeuteten.

Tellkampf verwies auf die Tatsachen, daß die Ansiedler in Amerika mit dem parlamentarischen Recht bereits bei Gründung der Kolonien »völlig vertraut waren«, und schlug vor, »die deutsche Übersetzung von Jeffersons Sammlung Parlamentarischer Regeln« jedenfalls subsidiär zu übernehmen, wogegen Schwarzenberg einwandte, daß »jene Gebräuche ... erst im Laufe der Zeit sich herausbilden mußten«.

Hermann sprach von einer »Präsidentschaft mit verantwortlichen Ministern nach Art Nordamerikas«, was zeigt, daß auch solche Abgeordnete sich auf die amerikanische Verfassung bezogen, die sie offensichtlich nicht gelesen hatten.

Welcker und Fürst Lichnowsky hoben die Bedeutung des Senats für den Ausgleich der Gewalten hervor.

Mittermeier und Lichnowsky verwiesen auf das Vetorecht des Präsidenten.

Insbesondere Mittermeier erläuterte in mehreren Beiträgen Aufgaben und Bedeutung des Supreme Court.

Von Soiron wies bei der Debatte über die Möglichkeit der Änderung der Staatsform der Einzelstaaten auf Artikel 4, Abschnitt 4 hin.

Das Vorbild setzt sich durch

Bei der Gegenüberstellung von Normen der nordamerikanischen Verfassung mit entsprechenden Vorschriften der Paulskirchenverfassung muß man sich, um das Ausmaß der Übereinstimmungen richtig einzuschätzen, folgender Tatsachen und Umstände bewußt sein:

Es finden sich sowohl in der amerikanischen Verfassung als auch in der Reichsverfassung von 1849 Bestimmungen, die nur aus der besonderen geschichtlichen Entwicklung des jeweiligen Landes zu erklären sind, die eine spezifische Reaktion auf einen Mißstand oder ein Übel darstellen, dessen Beseitigung eines der Ziele der jeweiligen Revolution war. Daraus ergab sich für die Paulskirche einerseits eine Eingrenzung der Möglichkeit, amerikanische Verfassungsnormen zu übernehmen, andererseits die Notwendigkeit, in die deutsche Verfassung Regelungen aufzunehmen, für die in Amerika kein Anlaß bestanden hatte. Die Verfassung der Vereinigten Staaten ist trotz der Tatsache, daß die Amerikanische Revolution ein Aufstand gegen Großbritannien war, durch eine wesentliche Wurzel aus der englischen Rechtstradition gewachsen. Auch das schränkte die Möglichkeit ein, sich an der nordamerikanischen Verfassung als Vorbild zu orientieren. Und schließlich: Mit dem Halt der Märzrevolution vor den Thronen waren zwei weitere Einschränkungen der Übernahme amerikanischer Bestimmungen vorprogrammiert. Alle Regelungen, die nur in einer Republik möglich waren, schieden von vornherein aus, und der extreme Unterschied in Einwohnerzahl und Macht der deutschen Einzelstaaten ließ ihre gleichmäßig starke Berücksichtigung in einem Senat oder Staatenhaus nicht zu.

Angesichts dieser Hindernisse gegenüber einer Übernahme des »Wunders unserer Zeit« durch die Paulskirche muß das Maß der Übereinstimmung überraschen. (Eine vollständige Liste der Regeln der amerikanischen Verfassung, die Eingang in die Paulskirchenverfassung gefunden haben, befindet sich als Gegenüberstellung mit den entsprechenden deutschen Normen im Anhang. Ich kann mich deshalb hier auf einige Beispiele beschränken):

Art. 1, Abschn. 1 Die gesamte ... gesetzgebende Gewalt soll einem Kongreß der Vereinigten Staaten zustehen, der aus einem Senat und einem Hause der Repräsentanten bestehen soll.	§ 85 Der Reichstag besteht aus zwei Häusern, dem Staatenhaus und dem Volkshaus.
Art. 1, Abschn. 3, Abs. 3 Niemand darf Senator werden, der nicht das dreißigste Lebensjahr erreicht hat ... und nicht zur Zeit seiner Wahl Einwohner des Staates ist, für den er gewählt wird.	§ 91 Abs. 1 Mitglied des Staatenhauses kann nur sein, wer erstens Staatsbürger des Staates ist, welcher ihn sendet, zweitens das dreißigste Lebensjahr zurückgelegt hat, drittens ...

Art. 1, Abschn. 5, Abs. 1 Jedem Haus obliegt selbst die Überprüfung der Wahlen, der Wahlergebnisse und Wählbarkeitsvoraussetzungen seiner eigenen Mitglieder, ...	§ 112 Jedes Haus prüft die Vollmachten seiner Mitglieder und entscheidet über die Zulassung derselben.
Art. 1, Abschn. 6, Abs. 1 Die Senatoren und Abgeordneten erhalten für ihre Tätigkeit eine Entschädigung, die gesetzlich festgelegt und vom Schatzamt der Vereinigten Staaten ausbezahlt werden soll.	§ 85 Die Mitglieder des Reichstages beziehen aus der Reichskasse ein gleichmäßiges Tagegeld und Entschädigung für ihre Reisekosten. Das Nähere bestimmt ein Reichsgesetz.
Art. 1, Abschn. 8, Abs. 3 (Der Kongreß soll das Recht haben ...) ... den Handel mit fremden Nationen ... zu regeln.	§ 38 Die Reichsgewalt hat das Recht der Gesetzgebung über den Handel und die Schiffahrt.
Art. 1, Abschn. 8, Abs. 8 (Der Kongreß soll das Recht haben ...) ... den Fortschritt von Kunst und Wissenschaft dadurch zu fördern, daß Autoren und Erfindern für beschränkte Zeit das ausschließliche Recht an ihren Publikationen und Deckungen gesichert wird.	§ 14 ...; auch steht der Reichsgewalt ausschließlich die Gesetzgebung gegen den Nachdruck von Büchern, jedes unbefugte Nachahmen von Kunstwerken, Fabrikzeichen, Mustern und Formen und gegen andere Beeinträchtigungen des geistigen Eigentums zu.

Art. 1, Abschn. 8, Abs. 17 (Der Kongreß soll das Recht haben ...) alle Gesetze zu erlassen, die nötig und geeignet sind, um die eben erwähnten Kompetenzen und die Vollmachten umzusetzen, die diese Verfassung der Regierung der Vereinigten Staaten oder einer Verwaltungsbehörde oder einem Beamten verliehen hat.	§ 62 Die Reichsgewalt hat die Gesetzgebung, soweit es zur Ausführung der ihr verfassungsmäßig übertragenen Befugnisse und zum Schutze der ihr überlassenen Anstalten erforderlich ist.
Art. 1, Abschn. 9, Abs. 8 Kein Adelstitel soll von den Vereinigten Staaten verliehen werden, und niemand, der ein besoldetes Amt oder ein Ehrenamt der Vereinigten Staaten bekleidet, darf ohne Genehmigung des Kongresses ein Geschenk, eine Zuwendung, ein Amt, einen Titel, gleich welcher Art, von einem König, Fürsten oder fremden Staat annehmen.	§ 137, Abs. 1, Satz 2 Der Adel als Stand ist aufgehoben. Abs. 4 Alle Titel, insoweit sie nicht mit einem Amte verbunden sind, sind aufgehoben und dürfen nie wieder eingeführt werden. Abs. 5 Kein Staatsangehöriger darf von einem auswärtigen Staate einen Orden annehmen.

Art. 3, Abschn. 1, Satz 2 Die Richter sowohl des Obersten Gerichtshofes als auch der Untergerichte sollen ihre Ämter »during good behavior« bekleiden, und sie sollen zu festgesetzten Zeiten für ihre Dienste eine Vergütung erhalten, welche während ihrer Amtsdauer nicht vermindert werden darf.	§ 176, Abs. 1 Kein Richter darf, außer durch Urteil und Recht, von seinem Amt entfernt oder am Rang und Gehalt beeinträchtigt werden.
Art. 3, Abschn. 2, Abs. 3, Satz 1 Für Verbrechen ... soll eine Jury von Geschworenen zuständig sein.	§ 179, Abs. 2 Schwurgerichte sollen jedenfalls bei schweren Strafsachen und bei allen politischen Vergehen urteilen.
Erster Zusatzartikel Der Kongreß darf kein Gesetz erlassen, das die Einführung einer Religion betrifft oder die freie Ausübung einer Religion verbietet ...	§ 147, Abs. 2 Keine Religionsgesellschaft genießt vor anderen Vorrechte durch den Staat; es besteht fernerhin keine Staatskirche. § 144, Abs. 1 Jeder Deutsche hat volle Glaubens- und Gewissensfreiheit. § 145, Abs. 1 Jeder Deutsche ist unbeschränkt in der gemeinsamen häuslichen und öffentlichen Übung seiner Religion.

Fünfter Zusatzartikel, letzter Halbsatz Auch darf privates Eigentum zu öffentlichen Zwecken nicht ohne angemessene Entschädigung enteignet werden.	§ 164, Abs. 2 Eine Enteignung kann nur aus Rücksicht des gemeinen Besten, nur auf Grund eines Gesetzes und gegen gerechte Entschädigung vorgenommen werden.

Einige Übereinstimmungen ergeben sich nicht aus dem einfachen Textvergleich. Das gilt z. B. für das richterliche Prüfungsrecht. Den Männern der Paulskirche waren aber die mit der Entscheidung des Supreme Court im Fall Marbury gegen Madison 1803 begründete Verfassungspraxis und ihre allgemeine Anerkennung bekannt, und sie wollten den Kernpunkt der amerikanischen Regelung, daß ein unabhängiges Gericht die Verfassung auslegt, durch einige Ziffern des umfangreichen Zuständigkeitskatalogs für das Reichsgericht (§ 126) übernehmen.

Ich hatte weiter oben (s. S. 67 f.) den verfassungspolitischen und verfassungsrechtlichen Ertrag der Amerikanischen Revolution in 16 Punkten zusammengefaßt. Mißt man unter Vernachlässigung der vielen Übereinstimmungen in Einzelheiten die Frage des Einflusses der Amerikanischen Revolution auf die erste deutsche Verfassung an diesen Punkten, so ergibt sich folgendes:

Es gibt wenig Anhaltspunkte dafür, daß im Vormärz, in der Revolution und in der Paulskirche die naturrechtliche Lehre der Staatsgründung durch Gesellschaftsvertrag auch nur annähernd die gleiche Rolle gespielt hat wie in der Vorgeschichte und in der Geschichte des amerikanischen Unabhängigkeitskampfes und in der amerikanischen Verfassungsschöpfung.

Die Nationalversammlung in Frankfurt stützte ihr Recht zur Verfassungsschöpfung auf die Volkssouveränität. Ihr erster Präsident, Heinrich von Gagern, erklärte nach seiner

Wahl: »Der Beruf und die Vollmacht zu dieser Versammlung, sie liegen in der Souveränität der Nation.« Aber schon in der Begründung seiner Auffassung wird doch eine gewisse Abschwächung vom natürlichen, unverzichtbaren Grundsatz hin zur schlichten Zweckmäßigkeit deutlich: »Die Schwierigkeit, eine Verständigung mit den Regierungen zustande zu bringen, hat das Vorparlament richtig vorgefühlt und uns den Charakter einer constituierenden Versammlung vindiziert.« Ein letztes Stück Unsicherheit gegenüber dem Grundsatz der Volkssouveränität ist nicht zu verkennen.

Das amerikanische Beispiel, eine geschriebene Verfassung zu haben, war inzwischen schon so selbstverständliche Praxis geworden, daß seine Übernahme nicht in Frage stand.

Die Paulskirche übernahm in der Reichsverfassung das amerikanische Vorbild der Höherrangigkeit des Verfassungsrechts gegenüber einfachem Recht.

Übernommen wurde auch der auf Amerika zurückgehende Grundsatz, daß für Verfassungsänderungen eine qualifizierte Mehrheit erforderlich ist.

Die Paulskirchenverfassung enthielt einen umfangreichen Katalog von Grundrechten. Das amerikanische Vorbild wurde im Grundsatz und in vielen seiner Kernpunkte übernommen, obwohl in der Paulskirche noch keine völlige Klarheit über den Charakter der Grundrechte herrschte.

Übernommen wurde der Grundsatz der Gewaltenteilung.

Übernommen wurde das Zweikammersystem mit einer Repräsentation des Gesamtvolkes und einer Repräsentation der Einzelstaaten. Abgesehen von Einzelheiten, wurde das amerikanische Vorbild bei der Ausgestaltung der Exekutive nicht aufgegriffen.

Man folgte auch nicht dem Grundsatz von der Inkompatibilität zwischen der Mitgliedschaft in der Legislative und der Zugehörigkeit zu einer der beiden anderen Gewalten.

Übernommen wurde das amerikanische Vorbild eines Obersten Gerichtes als Hüter der Verfassung.

Übernommen wurde der bundesstaatliche Aufbau.

Die beiden Leitmotive der amerikanischen Verfassungsgebung: Staatsgewalt ist Treuhandschaft, und jede Gewalt bedarf zur Verhütung von Machtmißbrauch einer Gegengewalt, finden ihren Niederschlag in der Paulskirchenverfassung, wenn auch nicht gerade als hervortretende Leitmotive.

Die Fülle der Übereinstimmungen oder Ähnlichkeiten bei Einzelbestimmungen und die Tatsache, daß die meisten Grundsätze der amerikanischen Verfassungsgebung zumindest im Kern eingearbeitet wurden, rechtfertigen die Feststellung, daß die Amerikanische Revolution und ihr wichtigstes Ergebnis, die Verfassung der Vereinigten Staaten von Amerika, einen bestimmenden Einfluß auf die Schaffung und Gestaltung der ersten deutschen Reichsverfassung gehabt haben.

Ein Versäumnis – die Zwergstaaten blieben

Ich habe versucht, die sehr unterschiedlichen historischen und sozialen Ausgangslagen der Amerikanischen Revolution, der Französischen Revolution von 1789 und der deutschen Märzrevolution zu skizzieren, aus denen sich trotz des allen gemeinsamen Gedankens bürgerlicher Freiheit deutliche Unterschiede in Ziel und Verlauf und damit auch in den Verfassungen ergaben. Es macht wenig Sinn, der Paulskirche vorzuwerfen, daß sie nicht aus ihrer Haut herauskonnte, oder zu fragen, wie denn deutsche Geschichte, insbesondere deutsche Verfassungsgeschichte verlaufen wäre, wenn die Paulskirche das Wunder vollbracht hätte, bei ihrem Verfassungswerk die schweren Gewichte abzuwerfen, mit denen sie durch ihre Vorgeschichte beladen war. Aber eine Ausnahme von dieser Zurückhaltung will ich wagen, weil die Nationalversammlung in Frankfurt jedenfalls in einem Punkt ohne Not darauf verzichtete, eine überreife Frucht zu ernten:

Der Konstruktion eines funktionsfähigen Bundesstaates standen drei Hemmnisse entgegen: zunächst die Eigenschaft der deutschen Staaten (sieht man von den vier Stadtrepubliken einmal ab) als Monarchien. Sie hätten auch als wirklich konstitutionelle Monarchien eine klare bundesstaatliche Lösung mindestens erschwert: Der für einen Bundesstaat notwendige grundlegende Gedanke, daß die Inhaber der Souveränität der Teilstaaten zugleich Inhaber der Souveränität des Gesamtstaates sind, wäre bei der Existenz von Monarchen aus eigenem Recht und mit eigenem Recht nicht ohne logische Brüche vorstellbar gewesen. Ein zweites Hemmnis lag in der dominierenden Stellung Preußens (und Österreichs, solange seine Einbeziehung noch ernst zu nehmender Wille und nicht nur – überwiegend aus der Vergangenheit gespeister – Traum war), das allein 40 % der Einwohner eines (kleindeutschen) Bundesstaates gestellt und die gerade in der Entstehungsphase eines Bundesstaates, solange es die stützende Kraft der Tradition noch nicht gibt, so wichtige Machtbalance zwischen den Teilstaaten empfindlich gestört hätte. Das dritte Hemmnis lag umgekehrt in der Existenz der vielen Zwergstaaten, die kaum jemals imstande gewesen wären, ihre wichtige Rolle als funktionsfähige Glieder eines echten Bundesstaates auszufüllen.

Die Schubkraft der Märzrevolution reichte nicht aus, das erste Hindernis auch nur in der geistigen Arbeit der Verfassungsschöpfung zu überwinden – schon der Wille, eine Republik zu errichten, war zu schwach ausgeprägt.

Preußen aufteilen zu wollen, und sei es auch nur durch den Plan einer Verselbständigung der Rheinprovinz, war durch die Zielbegrenzung der Revolution an sich nicht ausgeschlossen – aber es war der Mehrheit der Mitte in der Paulskirche wohl klar, daß angesichts der Macht, die man Preußen im März belassen hatte, dies nur ein Gedankenspiel ohne jede Chance der Realisierung gewesen wäre.

Dagegen gab es keinen durchschlagenden Hinderungsgrund für die Abschaffung der Kleinstaaterei in der Verfassung; etwa durch die Zusammenlegung der acht thüringischen und der vier hessischen Staaten, der drei Anhalts und der beiden Mecklenburgs und die Einverleibung der übrigen Kleinstaaten in sie umgebende oder ihnen benachbarte Mittelstaaten. Weder hätte die Fürstenmacht in den Zwergstaaten ausgereicht, einem solchen Entwurf jede Realisierungschance zu nehmen, noch gab es (von Ausnahmen abgesehen) in der Bevölkerung jener lächerlichen, aber durchaus lästigen Gebilde ein hinreichendes Maß an Anhänglichkeit an ihren »Staat« – das in der Paulskirche immer wieder beschworene Wort von den »deutschen Stämmen« wirkte hinsichtlich dieser Fetzen nur komisch.

Ein solcher Schritt der Paulskirche hätte es ihr ermöglicht, den Gedanken des Bundesstaates sehr viel konsequenter auszuformen, ihn überhaupt erst einigermaßen tragfähig für Deutschland zu machen, für die zweite Kammer eine Senatslösung zu wagen und eine klare Kompetenzabgrenzung zwischen Gesamtstaat und Gliedstaaten nach amerikanischem Muster dadurch zu schaffen, daß die Verwaltungskompetenz und die Gerichtskompetenz der Gesetzgebungskompetenz folgen. Es spricht einiges dafür, daß ein solcher Verfassungsentwurf im Denken deutscher Demokraten einige Tabus beseitigt und die Schaffung eines funktionsfähigen Bundesstaates 1919 erleichtert hätte.

Der Schatten der Guillotine – Frankreich und die Paulskirche

Die Frage nach dem Einfluß französischer Revolutionsideen und französischer Verfassungsregelungen auf die Arbeit der Frankfurter Nationalversammlung ist sehr viel schwerer zu beantworten – schon deshalb, weil es nicht wie in Amerika die *eine* Revolution mit dem Ergebnis der *einen* Verfassung gegeben hatte. Da war die permanente, sich ständig steigernde und schließlich in der Schreckensherrschaft sich selbst verzehrende Große Revolution von 1789 bis 1794; der Versuch der Konsolidierung ihrer wesentlichsten Errungenschaften von Mitte 1794 bis 1799; und schließlich ihr Ende im Konsulat und im napoleonischen Kaisertum von 1799 bis 1814. Da war die Julirevolution von 1830, die dem Großbürgertum politische Teilhabe an der Macht gab; und da war die Februarrevolution 1848, die zum erstenmal in der Geschichte überhaupt Industriearbeiterschaft als Mitträger nicht nur der Revolution, sondern auch der aus der Revolution erwachsenen Macht sah, bis die Ereignisse im Juni dieses erste Bündnis von Bürgertum und Arbeiterschaft zugunsten des Bürgertums zerbrachen. Und an Verfassungsvorbildern hatte Frankreich in den 60 Jahren bis 1849 – abgesehen vom bundesstaatlichen Element – die ganze Palette aller nur denkbaren Verfassungsformen zur beliebigen Bedienung zur Verfügung gestellt.

Ich will für diese Darstellung die verwirrende Vielfalt auf einige Grundelemente zurückführen, die für die französische Entwicklung spezifisch waren und – positiv wie negativ – geeignet, den deutschen März und die Verfassungsarbeit der Paulskirche zu beeinflussen.

Ich sehe fünf solcher Grundelemente: die Idee der Nation; die Idee der Volkssouveränität in ihrer »reinen« Ausgestaltung einer Republik ohne echte Gewaltenteilung; die soziale Komponente, zunächst in Gestalt der Formel von der Brüderlichkeit, dann im Februar 1848 mit sozialreformerischen Ansätzen; den Zentralismus; schließlich die Erklärung der Menschen- und Bürgerrechte, die den zuerst in Amerika festgeschriebenen Gedanken vorgegebener Grundrechte in Deutschland popularisierte.

Die Revolution von 1789 hatte in Frankreich das dynastische Prinzip durch die Idee der Nation überwunden, und zwar auf immer. Weder das napoleonische Kaisertum noch die Wiederherstellung des bourbonischen Königtums nach Napoleons Ende hatten das dynastische Prinzip wiederbeleben können. Das Kaisertum Napoleons gewann seine Kraft nur aus der Tatsache, daß der Kaiser im Empfinden der Mehrzahl der Franzosen Testamentsvollstrecker der Revolution war, insbesondere Garant der Größe der Nation. Und das Königtum Ludwigs XVIII. und Karls X. war lebensunfähiges Kunstprodukt der militärischen Niederlage der Nation, ein anachronistisches Zwischenspiel ohne prägende Kraft. Diese Idee der Nation wirkte in ihren beiden Elementen mächtig auf die deutschen Nachbarn: dem der Zusammengehörigkeit aller Angehörigen eines Volkes und dem der Freiheit aller Bürger. Sie stärkte die Sehnsucht nach deutscher Einheit und änderte die Blickrichtung von rückwärts zu vorwärts, vom Kaiser Barbarossa zur Freiheit der Deutschen in einem einzigen Vaterland.

Frankreich hatte den Deutschen gezeigt, daß eine siegreiche Revolution, wenn und indem sie die Nation schafft, dem Land eine Kraft erschließt, die stärker ist als alles Bestehende. Die Deutschen wurden Zeugen, Opfer und Nutznießer dieser Dynamik, die den Kontinent erschütterte.

Diese Dynamik hatte nicht nur die großen ruhmreichen stehenden Heere geschlagen und kontinentale Großmächte besiegt – sie hatte das Denken der Menschen so stark verändert, daß noch der deutsche Widerstand gegen die Übersteigerung der Ansprüche der Grande Nation in den Freiheitskriegen seine Stärke aus dem französischen Beispiel zog. Fichte richtete seine Reden nicht an die Preußen und die Bayern und die Mecklenburger, sondern an die deutsche Nation, und der Landsturm kämpfte nicht für den König von Preußen und die Duodezfürsten, sondern für Deutschland – für ein Deutschland, das nicht nur frei sein sollte von fremder Vorherrschaft, sondern auch von der Willkür jener Fürsten, deren System sich als unfähig erwiesen hatte, dem französischen Sturm standzuhalten.

Der Gedanke der Nation, der Gedanke der Einheit in Freiheit blieb Gedanke – die deutschen Fürsten, die Napoleon, den Erben der Revolution, mit Hilfe des Volkes geschlagen hatten, die durch den in Deutschland erwachten Freiheitsgeist erst zum Kampf gedrängt worden waren, etablierten ihre alte Macht neu, nahmen mit, was ihnen Napoleon und sein Ende gebracht hatten: Königswürden und Großherzogswürden und die Arrondierung ihrer Gebiete durch die Mediatisierung. Sie speisten die Hoffnung des Volkes mit großen Versprechungen und kleinen Zugeständnissen ab und hielten sich im übrigen an ihre kontinentalen militärischen Verbündeten Rußland und Österreich als Garanten ihrer monarchischen Rechte. Erst 33 Jahre später, im März '48, war der Gedanke der Nation wieder stark genug, um sich verwirklichen zu wollen. Er wurde die bewegende Kraft der Revolution und der Nationalversammlung in der Paulskirche.

Die »Schwesteridee« der Nation, die Idee der Volkssouveränität, hatte in ihrer reinen, nicht durch Machtbalance gebändigten Form in Deutschland ungleich weniger Rückhalt. Sie hatte die Mehrheit des Volkes nie erreicht, und die nach Ausbruch der Französischen Revolution in einer starken Minderheit, vor allem im Westen und im Südwesten Deutschlands, schnell aufgeflammte Begeisterung kühlte in dem gleichen Maße ab, in dem ihr Vorbild den schönen Gedanken mit atemberaubender Konsequenz in blutige Wirklichkeit umsetzte. Zwar erlebte der Gedanke der Volkssouveränität später wieder eine gewisse Renaissance, als sich bei vielen im Ablauf der Zeit die Wirklichkeit wieder zur Idee verklärte – aber die immunisierende Wirkung der Schreckensherrschaft blieb bei den meisten doch wirksam, und die Lage in Deutschland zwang nicht dazu, das offensichtlich gefährliche Experiment hier zu wiederholen. Die verbliebene kleine Anzahl Radikaler war zwar in der Märzrevolution durch Entschlossenheit und Geschlossenheit eine wichtige Kraft, aber es gelang ihr nicht, wie in Frankreich die Revolution nach dem ersten Sieg weiterzutreiben oder entscheidenden positiven Einfluß auf die Gestaltung der Paulskirchenverfassung zu gewinnen.

Der Menschheitsgedanke der Brüderlichkeit hatte in den Deutschen eine Saite wieder zum Klingen gebracht, die seit den erst hoffnungsvollen und dann doch enttäuschenden Zeiten der Reformation verstummt gewesen war. Es tat der Wirksamkeit dieser Idee keinen Abbruch, daß die Französische Revolution aus ihr so gut wie keine Konsequenzen gezogen hatte: Ihr verfassungspolitischer Ertrag hatte ja 1791 nur in dem Versprechen einer »allgemeinen Einrichtung öffentlicher Hilfeleistungen« bestanden, »um verlassene Kinder zu erziehen, armen Kranken zu helfen und verarmten Gesunden, die sich keine Arbeit verschaffen können, diese zu besorgen«, und in der Verfassung von 1793 in der wohltönenden Deklaration der »heiligen Schuld« der Gesellschaft, »ihren unglücklichen Mitbürgern den Unterhalt (zu sichern), indem sie ihnen entweder Arbeit verschafft oder denen, die außerstande sind zu arbeiten, die Mittel für ihr Dasein sichert«; und seine praktische Konsequenz lag im wesentlichen in der Verordnung von Höchstpreisen und der Verteilung von Lebensmitteln. Die Februarrevolution hatte dem Gedanken der Brüderlichkeit nun neue Kraft und zum erstenmal konkrete Gestalt verliehen – Arbeitsministerium, Nationalwerkstätten, sozialer Ausgleich wurden zu Bestandteilen des sozialrevolutionären Programms der Linken im Vorparlament und in der Paulskirche.

Die Französische Revolution hatte den Einheitsstaat vollendet. Sie hatte ihn zwar in der feierlichen Formel »einheitlich und unteilbar« ideologisch überhöht, aber in der Auseinandersetzung Republik oder Monarchie war er für Frankreich gewissermaßen »neutral«. In Deutschland dagegen war er nur bei Abschaffung der Monarchie, zumindest in den Einzelstaaten, möglich. Diesen Schritt wollte die große Mehrheit der Paulskirche nicht gehen – die meisten der Abgeordneten auch dann nicht, wenn die Machtverhältnisse ihn erlaubt hätten. Schon dadurch beschränkte sich die Zahl derjenigen in der Nationalversammlung, die den Zentralstaat wollten, auf die kleine Minderheit der Republikaner.

Die französische Erklärung der Menschen- und Bürgerrechte hatte die Überzeugung in der Welt verbreitet, daß es natürliche Rechte des Menschen gäbe, Rechte, die vom Staat nicht zu gewähren, sondern nur zu garantieren seien. Aber dieselbe Revolution, die diesen neuen Glauben so feierlich verkündet hatte, hatte ihn millionenfach mit Füßen getreten. Vielleicht liegt hierin eine Erklärung dafür, daß die Menschenrechtserklärung zwar ihren Beitrag dazu geleistet hatte, den Grundrechten auch in der Paulskirche immerhin eine solche Bedeutung beizumessen, daß sie sofort erarbeitet und vor der Verfassung auch formell verabschiedet wurden, sie aber weder im Grundsatz und in der Form noch in den einzelnen Rechten der Paulskirche als Vorbild gedient hat.

In den Vorentwürfen für die Verfassung und in den Ausschußberichten hatten französische Revolutionsideen und französische Verfassungen keine wesentliche Rolle gespielt – und wenn, dann als negatives Beispiel. Ich beschränke mich hier auf ein Zitat: Im Bericht des Ausschusses über die Errichtung einer provisorischen Zentralgewalt heißt es: »das (eine) System erblickt, vermöge des Grundsatzes der Volkssouveränität, in der Nationalversammlung die erste und alleinige Quelle der Exekutivgewalt. Es verlangt eine Vollziehungsgewalt, von der Nationalversammlung allein ernannt und aus ihrem Schoße entspringend ... Dieses System nimmt keine Rücksicht auf die Quelle der deutschen Regierungen, keine auf ihr Organ, die Bundesversammlung ... Die vollziehende Gewalt ist im Grundsatz nach ihr, als der wahren und einzigen Zentralgewalt, untergeordnet, und so der Weg zur Republik praktisch angebahnt ... Hier genügt die einfache Tatsache, daß die überwiegend große Mehrzahl unseres Volkes der Monarchie anhängt ... Der Ausschuß erklärt sich gegen dieses System, und zwar mit einer Majorität von 13:2.«

Die folgende Zitatauswahl verdeutlicht die Erwähnung Frankreichs als positives oder negatives Beispiel in den Verfassungsdebatten des Plenums der Nationalversammlung:

Robert Blum: »Ich gehöre zwar der Linken an, aber bekennen muß ich, wir haben uns vor diesen ultra-revolutionären Ansichten (letzte Entscheidung durch das Volk) entsetzt. Nur einmal in der Geschichte ist es dagewesen, daß man das Volk entscheiden ließ über die Verfassung. Das war 1793, und diese Verfassung war wegen ihres ultra-revolutionären Charakters nicht lebensfähig.«

Beckerath aus Krefeld: »Sollten nicht auch in unserem Lande einzelne Verwegene sich finden, die Lust hätten, die Rolle eines Marat oder Robespierre zu spielen? Doch ich will eine edlere Gestalt aus jener Epoche anrufen; ich erinnere an Mirabeau, diesen großen Vorkämpfer der Freiheit. Er hielt fest an der Monarchie, weil er in ihr die größten Bürgschaften für die Freiheit erkannte. Nach seinem Tode brach die Monarchie unter den Streichen einer absolut regierenden Versammlung zusammen; was war die Folge? Todesmüde gehetzt durch wilde Demagogen, warf die Nation sich endlich einer Militärdiktatur in die Arme.«

Tellkampf aus Berlin: »Sehen wir auf die Erfahrungen der Französischen Revolution, so finden wir dort das Einkammersystem eingeführt, weil man sagte, so wie die Nation eine Einheit sei, so müsse auch der gesetzgebende Körper eine Einheit bilden; und so wie der Wille der Nation ein einziger sei, so müsse es auch das Organ sein, welches ihn ausspreche. Derselbe Plan wurde vom Convent angenommen, und die Willkür und der Despotismus des Convents ... zeigte im klarsten Licht das verderbliche Wesen einer durch nichts gehemmten gesetzgebenden Versammlung.«

Jacob Grimm aus Berlin: »Zu meiner Freude hat in dem Entwurf des Ausschusses unserer zukünftigen Grundrechte die Nachahmung der französischen Formel Freiheit, Gleichheit und Brüderlichkeit gefehlt.«

Robert Blum: »Wir können uns nicht verhehlen, daß das Veto den 10. August und den 21. Januar heraufbeschworen hat. Ludwig XVI. ist am Veto zugrunde gegangen, und die Nation hat es im ersten Augenblick gefühlt, daß dort der wunde Fleck lag.«

Vogt aus Gießen: »Es ist ein ehrenvoller Beruf der französischen Nation, voranzugehen in Experimenten, vor welchen andere Völker zurückschrecken, um an diesen Experimenten zugrunde zu gehen; während andere Völker den Nutzen derselben sich aneignen. So haben wir zum großen Teile in Deutschland den Nutzen der Großen Revolution von 1789 gezogen, während das französische Volk hauptsächlich den Schaden davon behielt.«

Reichensperger aus Köln: »Ich hoffe, daß diese geistvolle, tapfere, in ihrem innersten Kerne hoch achtbare Nation durch ihr Märthyrtum, welches sie für die Freiheit – leider meist für das Übermaß der Freiheit, das dann in Despotismus überschlug – bestanden hat, anderen Völkern zur Warnung dienen, daß bald aus diesem Märthyrtum die wahre, echte, dauernde Freiheit, die Freiheit, die sich zu zügeln weiß, emporblühen möge. Ich bitte Sie aber: lernen Sie gerade von jenen Experimenten vor allen Dingen, sie zu vermeiden.«

Welcker: »Ich habe die Überzeugung, daß wir mit der Republik in unseren Tagen ... einem traurigen Zustande entgegengehen und mit der Republik zur Soldatenherrschaft kommen.« »Ohne dieses (die Mitwirkung der Regierungen am Entscheidungsprozeß) haben sie nichts, als mit einer Staffage von übriggebliebener Monarchie die französische Republik, die einige und unteilbare Republik.«

Simon aus Trier: »Es ist auch ein mißliebiger Blick auf die Republik wegen der 80000 Arbeiter geworfen worden, die Frankreich in den Nationalwerkstätten beschäftigte. Ich gehöre nicht zu denjenigen, welche einer Theorie huldigen, aus welcher Nationalwerkstätten hervorgehen. Aber dieselben waren für Frankreich eine geschichtliche Notwendigkeit geworden; gerade der Widerstand des alten Systems hat diese geschichtliche Notwendigkeit herbeigeführt, und für meinen Teil ist es mir lieber, daß die Arbeiter in den Nationalwerkstätten ernährt worden sind, als daß man dieselben hätte hungern und die Angreifenden alsdann totschießen lassen.«

Reichensperger: »Louis Blanc, der Schöpfer der Nationalwerkstätten, würde noch jetzt in Frankreich als der Prophet einer goldenen Zukunft, als Retter des Volkes, als Schutzpatron der arbeitenden Klasse gelten, wenn der Thron Ludwig Philipps noch aufrechtstünde ... Der Thron ist gefallen, und man hat darauf Herrn Louis Blanc gebeten, seine Volksbeglückungssysteme ins Werk zu setzen. Die Weisheit sollte Tat werden; aber ... als sie das werden sollte, da war namenloses Unheil über Frankreich hereingebrochen, da stürzten sich Republikaner auf Republikaner, und nur durch ein furchtbares Würgen konnte die gesellschaftliche Ordnung eben noch dürftig gerettet werden.«

Ahrens aus Salzgitter: »Das Prinzip der Gleichheit vor dem Gesetz ist ein wesentlicher Bestandteil der neuen Rechtsordnung; es ist der positive Gewinn, welchen Frankreich nach langen inneren Stürmen und nach dem Freiheits- und Gleichheitstaumel erlangte. Die Freiheit ist den Franzosen seitdem oft verkümmert worden; allein diese bürgerliche Gleichheit ist ihnen geblieben ... nicht jene rohe, materialistisch-kommunistische Gleichheit, welche alle natürlichen Unterschiede in den geistigen und physischen Fähigkeiten aufheben, auch die Folgen derselben in bezug auf Arbeit und Vermögenserwerb vertilgen will.«

v. Wartensleben aus Swissen: »Wir haben hier zwei glänzende Vorbilder vor uns: Nordamerika als blühender Bundesstaat, Frankreich als absterbender Einheitsstaat.«

Ausschußberichte, Debattenverlauf im Plenum und die Abstimmungen zeigen völlig klar, daß die große Mehrheit der Paulskirche sich bei der Schaffung der Verfassung nicht an französischen Vorbildern orientieren wollte. Dennoch vorhandene gelegentliche Übereinstimmungen beruhen ganz einfach auf der Tatsache, daß demokratische Verfassungen jeder Provenienz in dem einen oder anderen Punkt automatisch Parallelen oder Ähnlichkeiten aufweisen.

Die Revolutionen in Frankreich und ihre in Verfassungen materialisierten Ideale haben wesentlich zur Entstehung und Stärkung demokratischen, freiheitlichen Gedankengutes in Deutschland beigetragen; und Frankreich gab immer wieder den Anstoß, durch den aus demokratischen Gedanken demokratische Bewegungen entstanden – aber die Erinnerung an den Mißbrauch der Revolutionsideale durch die Revolutionäre und an die Militärdiktatur als Folge dieses Mißbrauchs führte zur Skepsis gegenüber dem französischen Vorbild und lenkte den Blick der Märzrevolution und der Paulskirche verstärkt auf das Beispiel Amerikas, auf England und auf moderne konstitutionelle Monarchien wie Belgien.

IV.

VON FRANKFURT NACH WEIMAR

»Der feige Wille zur Ohnmacht«

Die Deutsche Nation war in der Paulskirche ein Traum geblieben; aber daß er intensiv genug geträumt worden war, um fast ein Jahr lang mit der Wirklichkeit verwechselt zu werden, blieb nicht ohne Wirkung: Daß die Revolution doch fast gelungen war, hatte den meisten Monarchen den Mut genommen, das Rad vollständig zurückzudrehen. Preußen z. B. erhielt eine Verfassung, die selbst in ihrer gegenüber 1848 revidierten, also verschlechterten Gestalt vom Januar 1850 doch immerhin allen Steuern zahlenden Preußen das Wahlrecht zur zweiten Kammer einräumte, wenn auch nur in Form des Dreiklassenwahlrechts, und die einen durchaus beachtlichen Grundrechtskatalog enthielt. Daß die Revolution aber eben nur fast gelungen war, entmutigte einen großen Teil des Bürgertums, verleidete ihm die Lust an der Politik überhaupt und führte ihn zur angenehm ruhigen Bescheidung mit Erfolgen in Wirtschaft, Wissenschaft und Kunst. Die für den weiteren Verlauf der deutschen Geschichte so verhängnisvolle Diskrepanz zwischen wirtschaftlichen und technischen Höchstleistungen und einem hohen Bildungsstand des Bürgertums auf der einen Seite und politischer Naivität und fast völlig fehlendem politischem Selbstbewußtsein auf der anderen Seite hat hier eine ihrer Wurzeln.

Die Bismarcksche Reichsverfassung, die Fortsetzung der Verfassung des Norddeutschen Bundes, ließ einen der beiden Aspekte des deutschen Traumes, die Einheit, in Erfüllung gehen. Dies und die nun beginnende lange Periode äußeren Friedens, wirtschaftlicher Prosperität und wachsender Macht des Reiches verfestigte jenen Hang zur politischen Abstinenz des Bürgertums, den Max Weber den »feigen Willen zur Ohnmacht« genannt hat: Die Reste staatsbürgerlichen Selbstbewußtseins schwanden bei der Mehrheit ganz und reduzierten sich bei den meisten der politisch noch interessiert und aktiv gebliebenen Bürgern fast vollständig auf das Bemühen, sich unter mehr oder weniger resignierender Anerkennung der von Bismarck geschaffenen Tatsachen einen Freiraum für Kritik im kleinen zu erhalten. Im größeren Teil des Bürgertums – auch und gerade des gebildeten Bürgertums – bildete sich allmählich ein gefährliches politisches Surrogat für das preisgegebene staatsbürgerliche Selbstbewußtsein: ein deutsches Selbstbewußtsein, das die Grenzen natürlichen und gesunden Stolzes überschritt. Die nun vollendete Kombination aus berechtigtem Stolz auf wirtschaftliche und wissenschaftliche Erfolge, verkümmertem bürgerlichem Selbstbewußtsein und übersteigertem Nationalismus hatte schlimme historische Folgen. Nach dem Zusammenbruch des Bismarckschen Reiches führte sie durch eine kurze Periode politischer Unsicherheit zur verachtungsvollen Distanz zur Weimarer Republik und legte den Keim für die Immunschwäche deutschen Bürgertums gegenüber der Amoralität Hitlers.

Die Konstruktion der Bismarckschen Reichsverfassung war nicht dazu angetan, Gegenkräfte zu mobilisieren. Zwar enthielt sie in Gestalt des allgemeinen, gleichen, direkten und geheimen Wahlrechts zum Reichstag eine starke demokratische Komponente, die an sich geeignet gewesen wäre, staatsbürgerliches Bewußtsein zu mobilisieren. Dem stand aber die schwache verfassungsrechtliche Stellung des Reichstages gegenüber, dessen Rechte eher Verhinderungs- denn Gestaltungsrechte waren. Negativ wirkte sich auch aus, daß die Exekutive des Reiches von Preußen dominiert wurde – kraft seiner faktischen Macht, die sich aus seiner Einwohnerzahl (vier Siebtel der Einwohner des Reiches), seiner flächenmäßigen Größe, seiner wirtschaftlichen Kraft (z. B. Berlin, Ruhrgebiet) und seiner leistungsfähigen Verwaltung ergab; und kraft seiner Stellung als Präsidialmacht. Die preußische Politik aber brauchte dank des Dreiklassenwahlrechtes auf demokratische und soziale Strömungen keine Rücksicht zu nehmen, so daß dem ohnehin schwachen Reichstag eine von Haus aus konservative bis reaktionäre Exekutive gegenüberstand, die keinerlei Neigung verspürte, diesen Reichstag als politischen Partner ernst zu nehmen. Es lag auf der Hand, daß der Reichstag sich in dieser Lage nicht zum populären zentralen Kampfplatz deutscher Politik entwickeln konnte, der selbstbewußte Persönlichkeiten als Abgeordnete hervorbrachte und das politische Interesse der Bürger weckte.

Sozialdemokratie und Staat

Als der Norddeutsche Bund zum Deutschen Reich erweitert wurde, hatte Deutschland in der industriellen Entwicklung gegenüber England und Frankreich bereits deutlich aufgeholt. Diese Tendenz verstärkte sich nach der Reichsgründung. Die Arbeiter wurden zu einer zahlenmäßig bedeutenden Gruppe der Bevölkerung.

Teile der Arbeiterschaft hatten sich schon in den sechziger Jahren politisch organisiert, und zwar in zwei Parteien: Da war die 1869 aus der linksliberalen Volkspartei hervorgegangene, später zunehmend marxistisch orientierte sozialdemokratische Arbeiterpartei mit Wilhelm Liebknecht und August Bebel als führenden Vertretern, die im Staat nur das (aus ihrer Sicht: geschichtlich notwendige) Herrschaftsinstrument der besitzenden Klasse sah und zur Mitarbeit im Staat auch dann nicht bereit gewesen wäre, wenn die Staatsführung sie ihr ermöglicht hätte. Aber da war auch der schon 1863 von Lassalle begründete Allgemeine Deutsche Arbeiterverein. Er war bereit, den Staat zu akzeptieren. Natürlich nicht so, wie er war – die »Lassalleaner« wollten Bismarck beim Wort nehmen, konkret: beim Wort des allgemeinen Wahlrechts; und sie brauchten den Staat: als helfenden und schützenden Partner der von ihnen als Alternative zur kapitalistischen Unternehmensform propagierten Arbeiterassoziationen. Es hatte 1863 Kontakte zwischen Bismarck und Lassalle gegeben, und Bismarck hatte mit dem Gedanken gespielt, der Arbeiterschaft entgegenzukommen, um sie dann als wichtigen Stein im innenpolitischen Schachspiel einsetzen zu können – aber es blieb beim Gedankenspiel, das zum Zeitpunkt der Reichsgründung schon Vergangenheit war.

Beide Zweige der rasch erstarkenden politischen Arbeiterbewegung und die seit 1875 vereinigte Partei wurden als Feinde der gottgewollten Ordnung bekämpft und von jeder Mitverantwortung im Staat ferngehalten: im Reich, in den Einzelstaaten und in den Gemeinden.

Die bewundernswert große gestalterische Kraft der Arbeiterschaft, die aufgrund des geschlossenen Bildungssystems nicht durch den Verlust von »Aufsteigern« geschwächt war, konzentrierte sich auf die Schaffung und organisatorische Durchbildung der schon bald größten, stärksten und diszipliniertesten Partei Europas und der Gewerkschaften. Sie schuf leistungsfähige Konsumgenossenschaften mit Ansätzen eigener Produktion und Baugenossenschaften sowie ein dichtes Netz von Vereinigungen und Organisationen, die es dem politisch interessierten Arbeiter ermöglichten, buchstäblich von der Wiege bis zur Bahre in der Solidarität seiner Genossen zu bleiben: Kinder- und Jugendbewegung, Jugendweihe, Bildungsstätten, Kulturvereinigungen, Buch- und Zeitschriftenverlage, Unterstützungskassen, Sport-, Gesangs- und Versicherungsvereine – bis hin zu Sterbekassen und eigenen Beerdigungsinstituten. Es war ein Staat im Staate, und sein Kaiser hieß August Bebel.

Der Ausschluß der Arbeiterschaft vom Staat trug erheblich dazu bei, daß die offizielle »Theorie« der Sozialdemokratie, die die Lösung der Machtfrage im Staat nur im »großen Kladderadatsch« sah, aus dem der sozialistische Volksstaat hervorgehen würde, trotz zunehmender innerparteilicher Opposition (vor allem im Süden und Südwesten des Reiches) nicht ernsthaft erschüttert wurde. Die offizielle Parteilinie hatte von den Strukturen des erwarteten sozialistischen Volksstaates allerdings keine konkreten Vorstellungen. So wuchs denn die Sozialdemokratie der Übernahme von staatlicher Verantwortung entgegen, ohne in ihr geübt zu sein und ohne auch nur Ansätze von verfassungspolitischen und verfassungsrechtlichen Vorstellungen zu haben.

Ruhmlos und kampflos – das Ende der Monarchie

Mehr unter dem Druck der sich abzeichnenden militärischen Niederlage als der Revolution brach das Kaiserreich zusammen – und keine Hand rührte sich für die Rettung der Monarchie im Reich und in den Einzelstaaten. Die Monarchie hatte sich in Deutschland als ernst zu nehmende Staatsform selbst ausgeschlossen:

Die Verbindung eines sprunghaften, persönlich ehrgeizigen Kaisers mit Kanzlern, die weder Kraft noch Popularität besaßen, war in der Bismarckschen Verfassung gewissermaßen nicht vorgesehen, und es gab keine Verfassungsinstanz, die dem labilen Kaiser – und sei es zum Schutz der Institution des Kaisertums – hätte Paroli bieten können.

Der Kaiser hatte in Wahrheit schon längst abgedankt, bevor das auch formell geschah. Er war in der einzigen wirklichen Bewährungsprobe seines Amtes, im Krieg, vor der Verantwortung zurückgeschreckt und hatte seine Macht, einschließlich der seines Kanzlers, praktisch vollständig der Obersten Heeresleitung überlassen, die, ohne auf ernsthaften Widerstand zu stoßen, auch die Innen- und Außenpolitik der letzten drei Jahre des Kaiserreiches bestimmte.

Die Könige und Fürsten der Einzelstaaten hatten die ihnen in der Verfassung zugewiesene Teilhabe an der Führung des Reiches nie wirklich wahrgenommen, und wenn, dann überwiegend im eigenen dynastisch-partikularistischen Interesse und nicht in dem des Reiches. Der Krieg hatte ihre Überflüssigkeit aufgedeckt.

V.
DIE UNGELIEBTE REPUBLIK

Die Last der Niederlage

Die Frontstellung im November 1918, in den Wirren bis zur Wahl der Nationalversammlung und in der Nationalversammlung selbst, lautete nicht: Republikaner gegen Monarchisten, denn es gab fast niemanden, der in den ersten entscheidenden Monaten öffentlich ernsthaft für die Monarchie eintrat. Die bisherigen Verfechter einer durch ein Parlament möglichst gar nicht oder doch allenfalls nur geringfügig eingeschränkten Monarchie waren zwar gegen die Republik, aber sie hatten keine Antwort mehr auf die Frage, was sie statt dessen wollen sollten.

Die Erben der Paulskirche aus dem politisch engagiert gebliebenen Teil des liberalen Bürgertums hätten im Innersten ihres Herzens gern eine konstitutionelle Monarchie mit einem starken Parlament gehabt, aber der Wechsel zum Ziel einer demokratischen Republik fiel ihnen nicht schwer. (Vielleicht hatten sie mit ihrem ursprünglichen Gefühl gar nicht so unrecht, denn es zeigte sich bald, daß es dieser Republik an Republikanern fehlte; allerdings: Der konstitutionellen Monarchie hätte auch ein passabler Monarch gefehlt.)

Die Alternative lautete auch nicht: bürgerliche Republik oder sozialistischer Volksstaat. Abgesehen davon, daß ein Traum sich schlecht als Plattform für ein Staatsgebäude eignet – die Sozialdemokraten empfanden mit Recht die Zeitumstände als nicht gerade günstig, um bei der Konstruktion des nun von ihnen zu verantwortenden Staates zu experimentieren: Die Menschen hungerten, und der Hunger bedrohte ihr Leben; eine simple Grippeepidemie hatte gerade Zehntausende hinweggerafft, deren hungergeschwächte Körper der Krankheit keinen Widerstand entgegensetzen konnten, und die Lebensmittelblockade der Alliierten dauerte an. Die Finanzen des Reiches waren zerrüttet. Die zur Finanzierung des Krieges auf den deutschen Sieg gezogenen Wechsel würden nie eingelöst werden, und es war klar, daß umgekehrt dem deutschen Volk von den Siegern Wechsel in noch unbekannter Höhe präsentiert werden würden. Ohne Auslandskredite, vor allem aus Amerika, bestand keine Hoffnung auf Besserung; und niemand in Amerika würde bereit sein, einem Staat Kredit zu geben, dessen Funktionsfähigkeit nicht gesichert war. Es war nicht einmal ausgeschlossen, daß ein längeres innenpolitisches Vakuum von den Siegermächten, mindestens von Frankreich, zum Vorwand genommen werden würde, das Reichsgebiet militärisch zu besetzen. Und dieses Reichsgebiet drohte auszufransen; es waren nicht nur die in einem Friedensvertrag zu erwartenden Grenzkorrekturen, die einige Sorgen machten – schwerer wogen separatistische Tendenzen im Rheinland und in Bayern.

Der stärkste Zwang zum raschen Aufbau eines auf Dauer angelegten Staatsgefüges auf breiter politischer Basis aber ergab sich aus der Gefahr, daß die aktivste und entschlossenste Gruppe der Revolutionäre in den Arbeiter- und Soldatenräten, die Spartakisten, im Verein mit Anarchisten und nach oben gespülten Abenteurern sich anschickten, das Vorbild der russischen Räterepublik gewaltsam auf Deutschland zu übertragen.

Aus dieser Gefahr ergab sich auch die wesentliche Frontstellung: allgemeine Wahlen als Quelle aller staatlichen Macht *oder* Diktatur der Räte, die sich beim russischen Vorbild als Diktatur einer Minderheit erwiesen hatte. Eine Grundentscheidung fiel bereits im Dezember 1918 mit dem

Votum der gemäßigten Mehrheit des Rätekongresses für die Einberufung einer verfassunggebenden Nationalversammlung; aber da der harte Kern der Minderheit nicht bereit war, sich der Mehrheit zu beugen und die Waffen aus der Hand zu legen, dauerte diese Frontstellung auch in der Nationalversammlung fort und wirkte auf deren Entscheidungen ein.

Verblasste Vorbilder

Bereitschaft und Fähigkeit, bei der Formulierung einer neuen Verfassung ausländische Vorbilder ernsthaft zu Rate zu ziehen, waren in Weimar deutlich schwächer ausgeprägt als 70 Jahre zuvor in Frankfurt. Ich sehe dafür folgende Gründe:

Die Abgeordneten der Paulskirche hatten nicht an eine bestehende deutsche Verfassung anknüpfen oder eine frühere deutsche Verfassung als Beispiel wählen können; der Blick über die Grenzen hatte deshalb nahegelegen. Die Abgeordneten in Weimar dagegen hatten Erfahrung mit der Bismarckschen Reichsverfassung gemacht. Einige von ihnen waren als Mitglieder des letzten Reichstages an der Verfassungsreform vom Oktober 1918 beteiligt gewesen, die unter dem Druck der Niederlage (zu spät) zustande gekommen war. Und sie konnten auf die Arbeit ihrer Vorgänger von 1848 zurückgreifen.

Vom Ende der Freiheitskriege bis zur Paulskirche war der Kampf um Demokratie identisch mit dem Kampf um eine Verfassung, um eine von einer Volksvertretung beschlossene oder doch wesentlich mitbestimmte Verfassung. Die Gleichung: Demokratie = Verfassung und umgekehrt: Verfassung = Demokratie erhob die wenigen größeren Staaten mit einer solchen Verfassung in den Rang von Vorbildern, die zu intensiver geistiger Auseinandersetzung mit ihrem politischen System einluden. Vor allem Amerika und Frankreich hatten mit ihren Revolutionen und Revolutionsverfassungen die deutschen Demokraten mächtig in ihren Bann gezogen. 1918/19 dagegen gehörten Verfassungen bereits zur Normalität, und die Vorbilder hatten damit an Leuchtkraft verloren.

War Verfassung als Synonym für Freiheit und für Demokratie das eine große Thema der Achtundvierziger gewesen, so staatliche Einheit das andere, nicht minder wichtige. Von Frankreich hatten die Deutschen das Gefühl und den Begriff der Nation übernommen, Amerika hatte ihnen gezeigt, wie aus mehreren Einzelstaaten ein Gesamtstaat gefügt werden kann. Aber 1918 hatten die Deutschen seit fast 50 Jahren ihre Einheit – und sie hatten sie als eine Art Bundesstaat.

Die amerikanische Verfassung galt 1918/19 auch aus anderen Gründen nur noch wenigen Deutschen als das »Wunder unserer Zeit«: Sie hatte zwar mit nur wenigen Änderungen die Verwandlung eines kleinen, für europäische Großmachtpolitik relativ unbeachtlichen Agrarstaates im östlichen Fünftel der jetzigen USA zu einer hochindustrialisierten Weltmacht ermöglicht und überdauert, aber das explosionsartige Wachstum, geographisch wie politisch, der Vereinigten Staaten hatte auch zu Erscheinungen geführt, die in deutschen Augen wenig anziehend waren: die sehr rauhbeinige Spielart von Demokratie in den Staaten des Mittleren Westens und des Westens, die Denaturierung der Parteien zu ziemlich korrupten Wahlkampfmaschinen, das »Beutesystem« im öffentlichen Dienst und das Fehlen sozialer Sicherungen für die Armen, deren Not man nun nicht mehr einfach mit dem Verweis auf die Ausweichmöglichkeit in unerschlossene Gebiete abtun konnte. Daß dieselben Verfassungsgrundsätze, die all dies bewirkt oder doch gestattet hatten, dem amerikanischen Volk immer wieder die Kraft gaben, sich mit diesen und anderen Mißständen kritisch auseinanderzusetzen, um sie zu überwinden – das wurde weniger intensiv wahrgenommen, die Selbstreinigungskraft der amerikanischen Demokratie unterschätzt. Und im bildungsstolzen deutschen Bürgertum blickte man am Anfang des 20. Jahrhunderts etwas hochmütig auf die »Kulturlosigkeit« der Amerikaner, ohne zu bemerken, daß die Grundlagen für eine eigenständige amerikanische Kultur und für den zukünftigen Rang der amerikanischen Wissenschaft schon lange gelegt waren.

Auf die Französische Revolution hatte 1848 vor allem die Linke der Paulskirche gesehen – für die Linke von 1918, jedenfalls für ihren extremen Flügel, die Spartakisten und große Teile der Unabhängigen Sozialdemokraten, war diese Revolution durch ein neues Vorbild verdrängt worden: die russische Räterepublik.

Soweit überhaupt Neigung bestand, sich im westlichen Ausland nach Anregungen für deutsche Verfassungsgebung umzutun, wurde sie erheblich durch das Verhalten der Siegermächte beeinträchtigt. Vor allem Frankreich verhielt sich gegenüber dem am Boden liegenden Deutschland hart. Hinzu kam die Enttäuschung über die geringen positiven Auswirkungen der 14 Punkte Präsident Wilsons vom 8. Juni 1917 und ihre Ergänzungen vom Februar, Juli und September 1918. Die Frage der Kriegsschuld und damit die Frage nach den moralischen Positionen der Westmächte einerseits und Deutschlands andererseits war objektiv ja nicht so eindeutig zu Lasten Deutschlands zu beantworten wie später im Fall Hitlers und des Zweiten Weltkriegs. Im Empfinden keineswegs nur der Rechten, sondern auch der Mitte und der demokratischen Linken waren die einseitige alliierte Schuldzuweisung an Deutschland und deren Konsequenzen ein Unrecht. Es ist verständlich, daß die Deutschen 1918 keine große Neigung verspürten, die Amerikaner und die Franzosen als Lehrmeister in Sachen Demokratie und Freiheit zu betrachten.

Man tut den Abgeordneten der Nationalversammlung in Weimar nicht Unrecht mit der Feststellung, daß ihr verfassungspolitisches Interesse und ihre verfassungsrechtlichen

Kenntnisse beschränkt waren. Die jahrzehntelange staatsbürgerliche Abstinenz der großen Mehrheit des Bürgertums, ein ebensolanger Anpassungsprozeß in der Beamtenschaft, der verhinderte, daß es auf der Rechten solche Männer gab wie den Freiherrn von Vincke in der Paulskirchenversammlung, und der starre Ausschluß der aus der Arbeiterbewegung neu gewachsenen politischen Begabungen vom Staat – all das wirkte sich in Form einer gewissen Hilflosigkeit gegenüber verfassungsrechtlichen Grundfragen aus, die der kritischen Auseinandersetzung mit ausländischen Verfassungssystemen nicht eben förderlich war.

Ich möchte nicht mißverstanden werden: Wir haben weder Anlaß noch das Recht, auf die Abgeordneten von Weimar herabzusehen. Viele von ihnen haben bei ihrer Arbeit manchen Ballast aus der Vergangenheit abgeworfen und sich einer über sie hereingebrochenen schwierigen Situation mutig gestellt. Die Vorstellung, sie hätten aus der Geschichte und der Ideologie ihrer Parteien einfach herausschlüpfen und »objektiv« an die Ausarbeitung der Verfassung herangehen können, ist absurd.

Das geringe Interesse an der Auseinandersetzung mit französischen oder amerikanischen Revolutionsideen und Verfassungen zeigte sich bereits in den Vorüberlegungen und ersten Entwürfen zur Weimarer Verfassung. Ich beschränke mich auf die Darstellung zweier besonders gewichtiger Texte: der vierteiligen Artikelserie in der »Frankfurter Zeitung« von Max Weber, »Deutschlands künftige Staatsform«, vom 25. November bis zum 5. Dezember 1918, und des ersten Entwurfes von Hugo Preuß mit der dazugehörigen »Denkschrift« vom 8. Januar 1919.

Die Vorschläge Max Webers

Max Weber bekennt sich zunächst als Anhänger der »streng parlamentarischen Monarchie« und eines unitarischen Staatsaufbaus, um dann sofort diese Ideale als für immer unrealistisch abzutun. Diese Offenheit Webers beleuchtet schlaglichtartig eine der schwersten Hypotheken der Weimarer Republik: Nicht nur die Sozialdemokraten hatten eigentlich von einem anderen Staat geträumt – auch die Liberalen waren nicht mit dem Herzen, sondern nur mit dem Verstand dabei. Von den hilflos negierenden Konservativen und den radikalen Gegnern der Demokratie ganz abgesehen: Kaum jemand wollte den neuen Staat wirklich so, wie er dann entstand. Ein zweites ist interessant: Immer wieder nennt der Liberale Max Weber als Überprüfungsmaßstab für die Zweckmäßigkeit der von ihm erörterten Vorschläge die Fragen: Erleichtert oder erschwert der eine oder der andere Weg die kommende Sozialisierung? Und: Welche verfassungsrechtliche Lösung ermöglicht es, die Sozialisierung in einer Weise durchzuführen, die es dem Bürgertum erlaubt, sich mit ihr zu arrangieren? Ich will das nicht überschätzen, denn Webers demokratisches und soziales Engagement war nicht typisch für die Haltung breiter Schichten des Bürgertums. Doch die 75 Mandate der Demokraten bei der Wahl zur Nationalversammlung zeigten, daß große Teile des Bürgertums bereit waren, angesichts der Gefahr einer Räterepublik Schutz unter dem Dach eines sozial engagierten Liberalismus zu suchen. Man wird deshalb Webers Haltung als Indiz dafür werten dürfen, daß eine kraftvollere Politik bei der Beschneidung der wirtschaftlichen Macht von Großgrundbesitz und Schwerindustrie weniger Widerstand gefunden hätte, als die Sozialdemokraten offenbar annahmen.

Hinweise auf die französische Revolutionsphilosophie und die französischen Revolutionsverfassungen fehlen bei Weber ganz. Dagegen zieht seine Artikelserie häufiger und ernsthafter als fast alle anderen Vorschläge und Erörterungen die amerikanische Verfassung zu Rate – allerdings überwiegend mit dem Ergebnis der Ablehnung der amerikanischen Lösungen für Deutschland. So erörtert Weber die Stimmengleichheit aller Einzelstaaten im amerikanischen Senat und verwirft sie als zu weitgehend für Deutschland. Er diskutiert die Wahl der Mitglieder einer Staatenkammer durch das Volk, spricht sich aber troz erkennbarer Sympathie letztlich zugunsten einer »Bundesratslösung« für Deutschland aus. Weber erörtert die »ganz radikale Gewaltenteilung zwischen Einzelregierungen und Zentralregierung« in den Vereinigten Staaten, lehnt sie aber, »schon aus Gründen unserer Sozialpolitik«, ab. Merkwürdig unentschlossen ist seine Haltung zu der Frage, ob an der Spitze der Exekutive ein vom Volk gewählter Präsident stehen sollte. Wenn ich Weber richtig verstehe, neigte er wohl dieser Lösung zu, konnte sie sich allerdings im Unterschied zu Amerika nur in Verbindung mit einem parlamentarisch verantwortlichen Ministerium vorstellen, lehnte also die strikte amerikanische Teilung von Legislative und Exekutive ab. Bei der Erörterung der Volkswahl der »Beamten« erwähnt Weber positive amerikanische Erfahrungen auf der kommunalen und negative Erfahrungen auf der Staatenebene. Schließlich stellt er, offenbar mit einer gewissen Sympathie, die Mitwirkung des amerikanischen Senats bei der »Amtspatronage« als ein mögliches Vorbild zur Debatte.

Eine Auseinandersetzung mit den gedanklichen Grundlagen und den Grundprinzipien der amerikanischen Verfassung, etwa mit der Idee der doppelten Souveränität und des *check and balance*, findet bei Weber nicht statt; seine Betrachtungen beschränken sich auf Einzelaspekte.

Hugo Preuss

Mit der Erarbeitung eines ersten Entwurfes für die Reichsverfassung hatte Friedrich Ebert nicht einen Sozialdemokraten beauftragt, sondern den liberalen Verfassungsrechtler Hugo Preuß, der sich der Deutschen Demokratischen Partei anschloß. Diese Entscheidung Eberts war symptomatisch für das in der SPD vorhandene Vakuum in Fragen des Verfassungsrechts – wie es auch kein Zufall ist, daß später der Vorsitz im Verfassungsausschuß der Nationalversammlung nicht von den Sozialdemokraten als der stärksten Fraktion übernommen, sondern dem Demokraten Haußmann überlassen wurde.

Die Arbeit von Preuß nimmt, wie die von Weber, keinen Bezug mehr auf Ideen und Verfassungen der Französischen Revolution. Sein Entwurf enthielt einige »Amerikanismen«, wie z. B. seinen Vorschlag, dem »Volkshaus« ein »Staatenhaus« an die Seite zu stellen – die Gesamtheit seiner Vorschläge und vor allem die ihm beigegebene Denkschrift zeigen aber klar, daß es sich dabei nicht um das Ergebnis einer Auseinandersetzung mit den Grundgedanken der amerikanischen Verfassung handelte, sondern gewissermaßen um Beiprodukte seiner deutlichen Anknüpfung an die Paulskirche, die ja so viele Anregungen aus Amerika aufgenommen hatte. Man möchte sogar bezweifeln, daß Preuß die verfassungsphilosophischen und staatsrechtlichen Grundlagen der amerikanischen Verfassung wirklich wissenschaftlich verarbeitet hatte, wenn man in der Denkschrift liest, die »Gewaltenteilungsdoktrin« habe zu einer »geistigen und politischen Verödung der Volksvertretungen (den Senat offenbar eingeschlossen!) geführt«, und wenn er die Stellung des vom Volk auf Zeit gewählten amerikanischen Präsidenten mit Stellung und Funktion des preußischen Königs vergleicht, um polemisch anfügen zu können, die Deutschen hätten »nach seiner Wiederherstellung in veränderter Gestalt keinerlei Verlangen«. Hierin eher ein Kind französischer Revolutionsideen war seinem liberalen Optimismus jegliches Mißtrauen gegenüber der in Wahlen und Abstimmungen dokumentierten kollektiven Vernunft des Volkes und seiner Vertretung fremd, und so brachte er kein Verständnis für die amerikanische Theorie vom *check and balance* auf, will sagen: Er verstand sie nicht.

Preuß war Zentralist. Hierin entfernte er sich von der Paulskirche. Ein Einheitsstaat wäre ihm lieb gewesen, aber er ging davon aus, daß die föderalistischen Tendenzen auch 1918 zu stark waren, um überhaupt nicht berücksichtigt zu werden. In diesem Punkt jedenfalls sollte er Recht behalten, wie das deutliche Zurückweichen der Reichsgewalt vor der im Staatenausschuß unter der Führung Bayerns (Ministerpräsident war Kurt Eisner von der USPD!) vorgetragenen partikularistischen Gegenoffensive gegenüber den vom Rat der Volksbeauftragten ursprünglich vertretenen, eher zentralistischen Konzepten sehr bald zeigte. So schlug Preuß denn etwas vor, was weder Fisch noch Fleisch war: Seine Ideen liefen auf einen dezentralisierten Einheitsstaat hinaus. Die bisherigen Einzelstaaten sollten (nach einer von Preuß ernsthaft angestrebten Neugliederung) Selbstverwaltungskörperschaften ohne Staatscharakter werden; Preuß sprach von »höchstpotenzierter Selbstverwaltung«. Daß er diesen Gebilden den Namen »Freistaaten« beilegen wollte und daß er in seinem Entwurf dem Volkshaus ein von den Landtagen zu wählendes, gleichberechtigtes »Staatenhaus« zur Seite stellen wollte, kennzeichnet nicht nur einen erstaunlichen Mangel an Logik, sondern auch einen gefährlichen Mangel an politischem Gespür: Vernünftig geschnittene Einzelstaaten – und eine sinnvolle Neugliederung setzte Preuß ja voraus – mit klaren politischen Kompetenzen und damit eindeutiger Verantwortung hätten sich, wie das amerikanische Beispiel gezeigt hatte, zu zusätzlichen Trägern demokratischen Bürgersinns und Staatsgefühls entwickeln und damit dem Ganzen Halt geben können – Gebilde aber, die, zwar befrachtet mit der ganzen staatsrechtlichen und politischen Apparatur echter Staaten, in Wirklichkeit aber nur dem Namen nach Staaten sein sollten, bei denen Anspruch und Wirklichkeit also auseinanderfallen würden, mußten sich zu Störfaktoren in der Reichspolitik entwickeln. Die Länder nur Staat spielen zu lassen war gefährlich; ein nicht ernst gemeinter und deshalb nicht wirklich funktionierender Föderalismus ist dem Staatsbewußtsein auf Dauer abträglicher als alle Reibungsverluste, die sich im echten Bundesstaat ergeben.

Die im ersten Entwurf von Hugo Preuß vorgeschlagene Länderneugliederungsklausel hätte die Zusammenlegung der alten Kleinstaaten befördert und eine Aufteilung Preußens, etwa durch die Schaffung von Ländern wie Hannover und Rheinland, immerhin möglich gemacht. Seine Neugliederungsklausel scheiterte am zähen Widerstand vor allem Preußens. Obwohl mit der Monarchie das stärkste Hemmnis gegenüber einer Neugliederung entfallen war, verteidigte die neue demokratische preußische Regierung jeden Quadratmeter Boden so zäh, wie ein preußischer König es nicht besser gekonnt hätte. Dabei ist die Formulierung »jeder Quadratmeter« durchaus wörtlich zu nehmen: Preußen war nicht einmal bereit, das in das thüringische Kleinstaatenkaleidoskop hineinragende Erfurt dreinzugeben, um die Schaffung eines vereinigten Thüringen mit natürlichem wirtschaftlichem Zentrum zu erleichtern.

Preuß hatte es solchem Widerstand allerdings auch leichtgemacht: Die Mobilisierung einer öffentlichen Meinung oder einer Stimmung in den Parteien für eine Ausgliederung von Teilen Preußens wäre nur möglich gewesen bei klaren, eindeutigen und einleuchtenden Zielen einer solchen Operation. Solche Ziele konnten nur die Schaffung eines dezentralisierten Einheitsstaates mit vernünftig geschnittenen Provinzen oder die Schaffung eines echten Bundesstaates sein. Aber Preußen zerschlagen, damit politisch und gefühlsmäßig nicht recht greifbare »Selbstverwaltungskörperschaften höchster Potenz« besser ausgewogen waren?

Ein klares Bekenntnis von Preuß zum Bundesstaat wäre zu diesem frühen Zeitpunkt, als alles noch im Fluß war, durchaus nicht ohne Chance gewesen. Selbst ein nichtrealisierter Entwurf hätte in späteren Zeiten, also etwa für 1948/49, seinen Wert haben können.

Preuß schlug zwar einen vom Volk auf Zeit zu wählenden Reichspräsidenten vor, aber diese äußerliche Anknüpfung an Amerika bedeutete, das zeigt schon die oben zitierte Stelle aus seiner Denkschrift, alles andere als die Übernahme des amerikanischen Präsidialsytems. Preuß wollte nur den Kaiser der Paulskirchenverfassung republikanisieren. Neben ihm sollte der von ihm ernannte Reichskanzler mit seinen Ministern stehen, die dem Reichstag verantwortlich sein sollten, und für die Ausübung seiner eigenen Kompetenzen sollte er an die Gegenzeichnung des Reichskanzlers oder eines Reichsministers gebunden sein.

Preuß schlug die Aufnahme von »Grundrechten des deutschen Volkes« in die Verfassung vor, im wesentlichen auf die inzwischen schon klassisch gewordenen Grundrechte beschränkt. Er ließ aber die Frage offen, ob die Grundrechte auch die Gesetzgebung binden sollten, was – der amerikanischen Praxis entsprechend – automatisch ein richterliches Prüfungsrecht zur Folge haben mußte, wenn die Bindung des Gesetzgebers im Ernstfall nicht doch nur ein Appell bleiben sollte. Preuß hat später in einer Debatte des Verfassungsausschusses über das richterliche Prüfungsrecht (der Ausschuß ließ die Frage unentschieden!) zwar die Auffassung vertreten, dem Richter müßte ein Prüfungsrecht der Gesetze auf die Verfassungsmäßigkeit zustehen; er hat die Frage der inhaltlichen Bindung des Gesetzgebers an die Grundrechte aber auch bei dieser Gelegenheit nicht berührt.

Die Nationalversammlung

Die am 6. Februar 1919 in Weimar zusammengetretene Nationalversammlung umfaßte 423 Mitglieder. Die Sozialdemokraten stellten 165 und die Unabhänigen Sozialdemokraten 22 Abgeordnete. Die Deutsche Demokratische Partei, die aus dem Flügel der alten Nationalliberalen und der Fortschrittlichen Volkspartei entstanden war, hatte 75 Mandate erhalten, die Christliche Volkspartei (das alte Zentrum) 90. Die Deutsche Volkspartei, der rechte Flügel der Nationalliberalen, brachte es auf 22 Sitze, die Deutschnationale Volkspartei auf 42. Die Deutschnationalen bestanden im Kern aus der früheren Konservativen Partei sowie aus ehemaligen Mitgliedern der Freikonservativen und der Christlich-Sozialen Partei und einigen völkischen Splittern.

Der Spartakusbund hatte sich an den Wahlen nicht beteiligt; man darf annehmen, daß er deutlich weniger Stimmen erhalten hätte als die Unabhängigen Sozialdemokraten, die ihre 22 Mandate mit 5 % der Stimmen erlangt hatten.

Preuß brachte in die Nationalversammlung einen offiziellen Verfassungsentwurf der Reichsregierung ein, der nicht nur die Lücken seines ersten Entwurfes ausfüllte, sondern ihn in wesentlichen Teilen verändert hatte. Die wichtigste Änderung war eine gewisse Aufwertung der Stellung der Länder im Reich, der Ersatz des Staatenhauses durch einen Reichsrat, also eine Aufwertung der Länderexekutiven, und eine Verwässerung des Neugliederungsartikels, praktisch die

Aufwertung der alten Einzelstaaten in ihrer bisherigen Gestalt als verfassungsfest. Diese Änderungen waren das Ergebnis von Verhandlungen der Reichsregierung mit den Einzelstaaten, versammelt im sogenannten »Staatenausschuß«.

Die sehr ausführliche Debatte im Verfassungsausschuß (das stenografische Protokoll umfaßt 544 Druckseiten) bestätigt den Eindruck des fehlenden Interesses gegenüber französischen Ideen und Lösungsversuchen und eines nur schwach ausgebildeten, überwiegend kritischen Interesses an Amerika.

Eine erste kontroverse Berufung auf die Vereinigten Staaten ergab die Debatte über § 2, Abs. 2 des Entwurfs: »Das Reich erkennt das geltende Völkerrecht als bindenden Bestandteil seines eigenen Rechts an.« Die Rechte bekämpfte diesen Vorschlag als übermäßige Beschränkung nationaler Souveränität. Preuß verwies zur Verteidigung des Entwurfes auf Art. 6, Abs. 2 der Unionsverfassung: »Ich bin der Auffassung, daß das Dogma, Völkerrecht könne Glieder von Einzelstaaten nur vermittels der Staatsgesetzgebung binden, nicht unbedingt haltbar ist. In Art. 6, Ziff. 2 der Verfassung der Vereinigten Staaten ist folgende Erklärung abgegeben: ›Diese Verfassung und die in Gemäßheit derselben erlassenen Gesetze der Vereinigten Staaten und alle unter der Autorität der Vereinigten Staaten beschlossenen und noch zu schließenden Verträge sollen das oberste Recht des Landes sein, und‹ – worauf ich besonders aufmerksam mache – ›die Richter eines jeden Staates sollen ungeachtet entgegenstehender Verfassungen oder gesetzlicher Bestimmungen des Staates daran gebunden sein‹.« Dr. Heinze von der Deutschen Volkspartei behauptete dazu ohne Nachweis: »Bezüglich der amerikanischen Bestimmungen sei erwähnt, daß sie sich nicht bewährt haben.« Mit der etwas schwammigen Abschwächung durch die Formel »die allgemein anerkannten Regeln des Völkerrechts« wurde die Bestimmung Bestandteil der Verfassung.

Bei der Debatte über die vorgeschlagenen Grundrechtsartikel verwiesen Naumann von den Demokraten und der Deutschnationale Dr. Düringer in historisierenden Beiträgen auf Amerika als Ursprungsland von Grundrechtsartikeln als Verfassungsbestimmung, wobei Naumann zwischen »negativen« Grundrechten (z. B., die Freiheit der Person ist unverletzlich) und »positiven« Grundrechten (z. B., alle Deutschen sind vor dem Gesetz gleich) unterschied; den Ursprung der negativen Rechte sah er in Amerika, den der positiven in Frankreich.

Das mangelnde Verständnis von Hugo Preuß für das Wesen der Grundrechte, das schon in der eher lustlosen Behandlung dieser Rechte in seinem ersten Entwurf zum Ausdruck kam, wird aus folgender Passage eines seiner Debattenbeiträge im Verfassungsausschuß besonders deutlich: »Im übrigen konnte man nicht im Zweifel sein, daß die verfassungsgeschichtliche und politische Bedeutung von Grundrechten überhaupt gegen die Zeit ihrer ursprünglichen Entstehung abgenommen hat... Die geschichtliche Erfahrung hat die Unmöglichkeit gezeigt, Rechtsgrundsätze von einiger Dauer festzulegen, einer Idee, die ursprünglich von den amerikanischen Kolonien ausging und von da erst durch Lafayette in die französischen Menschen- und Bürgerrechte überging.«

Der Zentrumsabgeordnete Dr. Bayerle erinnerte als Berichterstatter des zuständigen Unterausschusses gleichfalls an die amerikanischen Quellen und die Ausformung in der französischen Erklärung der Menschen- und Bürgerrechte. Er gab erfolglos zu bedenken, »ob wir nicht nach amerikanischem Vorbild zu einer Generalklausel gelangen sollten, wonach eine verfassungsgerichtliche Klage bei offenkundiger Übertretung eines Grundsatzes der Grundrechte offensteht«.

Die mehrfachen Hinweise auf Amerika als Quelle der Idee einer verfassungsrechtlichen Festschreibung von Grundrechten blieb an der Oberfläche historischer Daten. Die amerikanische Überzeugung von der Bedeutung der Grundrechte als dem Staat vorgegebener natürlicher Rechte und die verfassungsrechtlichen Konsequenzen dieser Idee blieben in Weimar weitgehend unbekannt oder doch unerörtert; jedenfalls ohne Einfluß auf die Arbeit der Nationalversammlung. Der Grundrechtskatalog der Weimarer Verfassung geriet deshalb zu einer unsystematischen Auflistung von frei im Raum schwebenden, im Ernstfall nicht zu verteidigenden Grundrechten und von Programmsätzen.

Vor dem Verfassungsausschuß fand die amerikanische Konzentration der Bundesexekutive auf den Präsidenten ebensowenig Gnade wie in der Denkschrift von Hugo Preuß. Typisch für die Haltung der meisten Abgeordneten ist eine Äußerung des Demokraten Dr. Ablaß: »Das sind Ausflüsse eines vollständig autokratischen Systems, die für denjenigen, der sich auf den Standpunkt des parlamentarischen Systems stellt, unannehmbar sind.«

Dr. Cohn von den Unabhängigen Sozialdemokraten, der an sich gegen die Schaffung eines Amtes des Reichspräsidenten war, schlug in ausdrücklicher Anlehnung an die amerikanische Verfassung (Art. 2, Abschnitt 3, S. 1) vor, den Reichspräsidenten zu verpflichten, »dem Reichstag jährlich einen Bericht über die Lage des Reiches und dessen auswärtiger Beziehungen« vorzulegen. Der Antrag wurde abgelehnt. Cohn hatte den Vorschlag bereits in der Generaldebatte im Plenum gemacht und sich dabei von sozialdemokratischer Seite den Zuruf »Thronrede« eingefangen. Heute haben wir zwar auch keine entsprechende Verfassungsnorm, aber doch – in deutlicher Anlehnung an Amerika – den jährlichen Bericht des Bundeskanzlers zur »Lage der Nation«.

Eine Bezugnahme auf die amerikanische Verfassung, wenn auch in reichlich kühner Zitierweise, gab es durch den sozialdemokratischen Abgeordneten Dr. Quarck bei seiner Ablehnung einer eigenen Militärgerichtsbarkeit: »Die amerikanische Verfassung besagt in Zusatzartikel 5 ausdrücklich: ›Ordentliche Strafgerichtsbarkeit für Militärverbrechen außer im Falle des Krieges.‹« Es ist schwer zu entscheiden, ob das vermeintliche amerikanische Vorbild oder die unguten Erfahrungen mit der Militärjustiz der Kaiserzeit entscheidend waren – jedenfalls ging in diesem Pukt die Weimarer Reichsverfassung über die amerikanische Regelung hinaus: Der 5. Zusatzartikel enthält eine Beschränkung der Militärgerichtsbarkeit auf Kriegszeiten nur für die Miliz, während die regulären Streitkräfte auch in Friedenszeiten nicht der ordentlichen Strafgerichtsbarkeit unterliegen. Der schließlich angenommene § 176, Abs. 2 der Weimarer Reichsverfassung lautete: »Die Militärgerichtsbarkeit ist auf die Aburteilung militärischer Verbrechen und Vergehen sowie der Militär-Disziplinarvergehen beschränkt, vorbehaltlich der Bestimmungen für den Kriegszustand.« Das Grundgesetz ist mit der Beschränkung der Kompetenz von Wehrstrafgerichten auf den Verteidigungsfall noch einen vernünftigen Schritt weitergegangen.

Bei der Debatte um die Frage des richterlichen Prüfungsrechts verwies Dr. Ablaß darauf, daß »der Richter dort (in Amerika) zu entscheiden hat, ob das Parlament sich innerhalb des Rahmens, der ihm durch die Verfassung gewiesen ist, gehalten hat«. Ablaß lehnte aber ein richterliches Prüfungsrecht für Deutschland ausdrücklich ab.

Wir finden schließlich noch eine positive Erwähnung der amerikanischen Verfassung bei der Debatte um die Präambel. Preuß und Dr. Quarck traten für eine »inhaltliche« Präambel unter Hinweis vor allem auf das amerikanische Beispiel ein, Quarck mit der Bemerkung: »Die Präambel der amerikanischen Verfassung hat z. B. außerordentlich agitatorisch gewirkt.« In der Fassung der Präambel der Weimarer Verfassung hat sich das amerikanische Beispiel wohl auch tatsächlich ausgewirkt, wie ein Vergleich beider Texte zeigt. Zu der klassisch selbstbewußten amerikanischen Formel »Wir, das

Volk der Vereinigten Staaten ... beschließen und verkünden diese Verfassung ...« hat sich die Nationalversammlung in Weimar allerdings nicht durchringen können – sprachlich wirkt es eher wie eine Mitteilung, wenn es im deutschen Text heißt: »Das deutsche Volk ... hat sich diese Verfassung gegeben.« So wurde denn das einzige Stück Pathos noch in Nüchternheit verpackt, ein Vorgang, der symptomatisch werden sollte für eine Republik, die der Vernunft ihrer Bürger zuviel abverlangte und deren Bedürfnis nach Symbolen und Gefühlswerten allzu wenig entgegenkam.

Fast noch geringer ist der Ertrag, wenn man nach Anknüpfungen an französische oder amerikanische Vorbilder in den Plenarprotokollen fahndet oder doch wenigstens nach Erwähnungen ihrer Verfassungsbestimmungen.

Dr. Cohn hatte sich schon bei der Beratung des Gesetzentwurfs über die »Vorläufige Reichsgewalt« gegen die Institution eines Reichspräsidenten gewandt: »Man sollte sich nicht auf das Beispiel der französischen oder der amerikanischen Republik berufen. Dort sind ganz andere Voraussetzungen einer demokratischen Kultur und Tradition, die dem deutschen Volke, die namentlich dem deutschen Bürgertum fehlen oder verlorengegangen sind.«

In derselben Debatte Gröber vom Zentrum: »Ein abschreckendes Beispiel einer übertriebenen Zentralisierung ist Frankreich, wo das gesamte geistige Leben auf die Verhältnisse von Paris zugeschnitten ist und die Provinzen geistig zu verkümmern drohen.«

Bei der Einbringung des Verfassungsentwurfs wies Preuß, wie später im Ausschuß, im Zusammenhang mit der Frage der unmittelbaren Geltung des Völkerrechts auf die amerikanische Verfassung hin. Im übrigen wiederholte er die schon aus der Denkschrift bekannte Abqualifizierung der Institution des amerikanischen Präsidenten als des alleinigen Trägers der Bundesexekutive.

Dr. Ablaß erklärte in einem späteren Debattenbeitrag mit

spürbarem Stolz: »Wir haben vor allem verstanden, die großen Fehler der amerikanischen Verfassung dadurch zu vermeiden, daß wir nicht auf den Boden getreten sind, Legislative und Verwaltung zu trennen. In Amerika ist die gesamte Legislative in der Hand des Parlaments, die gesamte Exekutive in der Hand des Präsidenten. Von jenem Fehler haben wir uns freigehalten.«

Dr. Cohn sprach sich für ein eingeschränktes Klagerecht des einzelnen Bürgers gegen Verfassungsverletzungen aus: »Wenn unser neuer Staat die Demokratie nicht nur am Firmenschild tragen soll, sondern zum Lebensprinzip selbst des politischen oder zu politisierenden Volkes machen will, dann müssen wir auch dem einzelnen ein Recht geben, gegen Staatseinrichtungen, die er für verkehrt hält, den Richter anzurufen. Das ist etwas, was sich meines Wissens in der amerikanischen Verfassung auch bewährt... dem einzelnen muß die Möglichkeit geschaffen werden, aus Anlaß eines bestimmten Falles die Frage nach der Rechtsgültigkeit einer Verordnung, einer Verwaltungsverfügung oder Verwaltungsverordnung ins Rollen zu bringen und vor den höchsten Richter, vor den Staatsgerichtshof zu bringen.« Sein Vorstoß blieb erfolglos.

Ich will an dieser Stelle einen Einschub machen: Dr. Cohn von den Unabhängigen Sozialdemokraten gehörte zu den engagiertesten und kenntnisreichsten Mitarbeitern an der Verfassung – im Ausschuß und im Plenum. Das könnte angesichts der grundsätzlichen Entscheidung der USPD für das Rätesystem und ihrer Ablehnung der Verfassung im ganzen überraschen. Aber zwischen dem Spartakusbund, der das russische Rätemodell mit Haut und Haar übernehmen wollte, und zwar mit Gewalt, und der USPD gab es doch erhebliche Unterschiede. Die Abspaltung der Unabhängigen war zwar überwiegend, aber keineswegs ausschließlich eine Sezession der radikalen Linken in der SPD gewesen; z. B. gehörte der »Papst« der Revisionisten, Eduard Bernstein, zu den Unabhängigen. Die Mehrheit der Partei wollte die Räterepublik, aber ihre illusionäre Intention war dabei demokratisch. Das Phänomen, daß ein grundsätzlicher Gegner der geplanten Verfassung mit herausragendem Fleiß, mit Engagement und Sachverstand an ihr mitarbeitete und dabei oft die Vertreter der drei den Entwurf tragenden Parteien ausstach, ist übrigens nicht auf Dr. Cohn von der USPD beschränkt geblieben. Auch auf Dr. Kahl von der Deutschen Volkspartei traf das in gewissem Umfang zu.

Bei der Debatte um die Dauer der Wahlperiode des Reichstags verwies Dr. Oberfohren von den Deutschnationalen bei seinem Eintreten für eine fünfjährige Wahlperiode auf schlechte Erfahrungen mit der nur zweijährigen Wahlperiode des amerikanischen Repräsentantenhauses.

Dr. Philipp von derselben Partei bezog sich in der Begründung seiner Ablehnung einer kollegial organisierten Spitze der Exekutive auf die französische Direktorialverfassung mit ihrem schließlichen Ergebnis einer Diktatur.

Derselbe Abgeordnete bediente sich eines Hinweises auf Artikel 2, Abschn. 1, Abs. 5 der amerikanischen Verfassung (»In das Amt des Präsidenten können nur in den Vereinigten Staaten geborene Bürger oder Personen, die zur Zeit der Annahme dieser Verfassung Bürger der Vereinigten Staaten waren, gewählt werden«), um gegen die Entwurfsfassung der Wählbarkeitsvoraussetzungen für den Reichspräsidenten (»... und seit mindestens 10 Jahren Deutscher ist«) mit der geschmackvollen Warnung zu polemisieren, dann könne unter Umständen ein naturalisierter Zulukaffer Reichspräsident werden. Übrigens: Wäre er mit seinem Vorschlag durchgekommen, nur wer als Deutscher geboren sei, könne Reichspräsident werden, hätte der Österreicher Hitler nicht kandidieren können, und der Notkandidat der demokratischen Parteien, Paul von Hindenburg, wäre uns vielleicht für seine 2. Wahlperiode erspart geblieben – und damit unter Umständen sogar ein Jahr später Hitler als Reichskanzler.

Ich komme zu folgendem Ergebnis: In keinem wesentlichen Punkt hat die Weimarer Nationalversammlung sich bei der Schaffung der Deutschen Reichsverfassung bewußt an französischen oder amerikanischen Vorbildern orientiert. Soweit die Weimarer Verfassung Übereinstimmungen oder Ähnlichkeiten mit den beiden erwähnten Verfassungen aufweist, beruhen sie entweder darauf, daß einige der zuerst überwiegend in Amerika und zum Teil auch in Frankreich niedergelegten Regeln inzwischen Allgemeingut geworden waren, oder sie sind ein Erbe der Paulskirche. Pointiert gesagt: Übereinstimmungen mit amerikanischen oder französischen Revolutionsverfassungen sind nicht beabsichtigt; etwaige Ähnlichkeiten wären rein zufällig.

VI.

UNSER GRUNDGESETZ

Alle Staatsgewalt geht von den Besatzungsmächten aus

Mit dem Ende des Zweiten Weltkriegs hatte Deutschland aufgehört, als ein politischer Körper zu existieren. Es gab keine deutsche rechtsetzende Gewalt mehr; bestehende Gesetze blieben nur wirksam, weil und soweit die Besatzungsmächte dies wollten oder – was im Ergebnis dasselbe ist – es duldeten. Es existierte keine deutsche vollziehende Macht – vollziehende Macht ist an rechtsetzende Macht gebunden; wo diese fehlt, gibt es auch jene nicht. Aber abgesehen von diesem logischen Schluß – daß es tatsächlich für Deutschland als Ganzes keine deutsche vollziehende Gewalt gab, war für jeden sichtbar. Es gab sie auch nicht für seine Teile, weder für die Besatzungszonen noch für die Länder oder das, was die Nazis und später die Besatzungsmächte davon übriggelassen hatten, noch für Provinzen, Kreise oder Gemeinden. Deutsche Verwaltungsstellen arbeiteten kraft der Einsetzung oder Duldung durch die Besatzungsmächte und unterstanden ihrer Weisungsbefugnis und Aufsicht. Es war auch keine unabhängige deutsche Justiz mehr vorhanden. Soweit deutsche Gerichte tätig wurden, waren sie von den Besatzungsmächten »erlaubt«; neben ihnen übten Gerichte der Besatzungsmächte Jurisdiktion auch über Deutsche aus. Um den Zustand in der Sprache des späteren Grundgesetzes zu beschreiben: Alle Gewalt ging von den Besatzungsmächten aus.

So war es in der Wirklichkeit, und so stellten es ganz offiziell auch die Besatzungsmächte fest, nämlich in der »Erklärung in Anbetracht der Niederlage Deutschlands und der Übernahme der obersten Regierungsgewalt hinsichtlich Deutschlands durch die Regierungen des Vereinigten Königreiches, der Vereinigten Staaten von Amerika und der Union der Sozialistischen Sowjetrepubliken und durch die provisorische Regierung der Französischen Republik« vom 5. 6. 1945. Darin hieß es: »Die Vertreter der obersten Kommandobehörden des Vereinigten Königreiches, der Vereinigten Staaten von Amerika, der Union der Sozialistischen Sowjetrepubliken und die provisorische Regierung der Französischen Republik übernehmen hiermit die oberste Regierungsgewalt in Deutschland, einschließlich aller Befugnisse der Deutschen Regierung, des Oberkommandos der Wehrmacht und der Regierungen, Verwaltungen oder Behörden der Länder, Städte und Gemeinden.«

Westdeutsche Politiker, die Parteien, westdeutsche Staatsrechtslehrer und später die Bundesrepublik Deutschland in allen ihren Organen haben demgegenüber immer wieder betont, Deutschland als Ganzes sei mit der Kapitulation nicht untergegangen, die deutsche Staatsgewalt habe nur »geruht«. Aber das war und ist eine Fiktion; eine für unser Volk nützliche, unter vielen Aspekten sogar notwendige Fiktion, aber eben doch nur eine Fiktion. Eine Fiktion kann eine Tatsache überdecken, aber sie kann sie nicht aufheben. Und die Tatsache war, daß Deutschland als politischer Körper so tot war wie Marley in Dickens' *Christmas Carol*: »as dead as a doornail«.

Das war eine völlig andere Ausgangslage für politisches Denken und Handeln in Deutschland – und erst recht für die später gestellte Aufgabe, eine Verfassung für einen Teil Deutschlands zu schaffen –, als sie 1918 nach dem Ende des Krieges und des Kaiserreiches für die Weimarer Nationalversammlung bestanden hatte; es war – jedenfalls für Deutschland – eine völlig neue, bisher nie dagewesene Lage.

Die deutsche Teilung

Deutschland als politischer Körper war nicht nur tot, sondern auch zerstückelt. Die – dauernde – Abtretung der Gebiete jenseits der Oder-Neiße-Linie war bereits vor Kriegsende beschlossene Sache; die Deutschen wußten es nur noch nicht. Eine erste Andeutung enthielt die oben erwähnte »Erklärung« vom 5. 6. 1945 mit der unheilverkündenden Formulierung: »Die Regierungen des Vereinigten Königreiches, der Vereinigten Staaten von Amerika, der Union der Sozialistischen Sowjetrepubliken und die provisorische Regierung der Französischen Republik werden später die Grenzen Deutschlands oder irgendeines Gebietes, das gegenwärtig einen Teil deutschen Gebietes bildet, festlegen.« Einige Klarheit schaffte Ziffer IXb des Potsdamer Abkommens vom 2. 8. 1945: »Bezüglich der Westgrenze Polens wurde folgendes Abkommen erzielt: In Übereinstimmung mit dem bei der Krimkonferenz erzielten Abkommen haben die Häupter der drei Regierungen die Meinung der Polnischen Provisorischen Regierung der Nationalen Einheit hinsichtlich des Territoriums im Norden und Westen geprüft, das Polen erhalten soll... Die Häupter der drei Regierungen bekräftigen ihre Auffassung, daß die endgültige Festlegung der Westgrenze Polens bis zu der Friedenskonferenz zurückgestellt werden soll. Die Häupter der drei Regierungen stimmen darin überein, daß bis zur endgültigen Festlegung der Westgrenze Polens die früher deutschen Gebiete östlich der Linie, die von der Ostsee unmittelbar westlich von Swinemünde und von dort die Oder entlang bis zur Einmündung der westlichen Neiße und die westliche Neiße entlang bis zur tschechoslowakischen Grenze verläuft, einschließlich des Teiles Ostpreußens, der nicht unter die Verwaltung der Union der Sozialistischen Sowjetrepubliken in Übereinstimmung mit den auf dieser Konferenz erzielten Vereinbarungen gestellt wird, und einschließlich des Gebietes der früheren Freien Stadt Danzig unter die Verwaltung des polnischen Staates kommen und in dieser Hinsicht nicht als Teil der sowjetischen Besatzungszone in Deutschland betrachtet werden sollen.«

Das war ein klares, nacktes Unrecht, durch keine Regeln des Völkerrechts legitimiert, sondern diesen Regeln widersprechend. Ich kenne den Einwand: Siegreiche Staaten hätten immer ein Recht auf Eroberung beansprucht, und durch ständige Praxis sei entsprechendes Völkerrecht entstanden. Wer so Macht als Rechtsquelle ansieht, dem werden auch Hitlers Rassengesetze unter der Hand zu Recht werden, nur weil es Unterdrückung und auch Vernichtung von Minderheiten auch als Staatspraxis immer gegeben hat. Die Amerikaner und Engländer hatten ihren John Locke vergessen: »Dies (die Ablehnung des Rechts auf Eroberung durch den Sieger im gerechten Krieg) wird auf den ersten Blick unzweifelhaft als eine seltsame Lehre erscheinen, weil sie so gänzlich dem Brauch der Welt widerspricht; denn wohl nichts ist einem vertrauter, wenn man von der Herrschaft über Länder spricht, als zu sagen, dieser oder jener habe sie erobert... Wir müssen aber bedenken, daß der Brauch des Starken und Mächtigen, so allgemein üblich er auch sein mag, selten der Vorschrift des Rechtes folgt...« Es war nicht das Recht des Siegers, sondern die Macht des Siegers. Und es machte die Sache weder politisch noch moralisch oder gar rechtlich besser, daß mit dem Motiv für dieses Unrecht – Polen einen Ersatz für die der Sowjetunion einverleibten Gebiete zu verschaffen – zugleich das Geheimabkommen Stalin–Hitler von 1940 über die Ostgrenze Polens praktisch »sanktioniert« wurde.

Die Abtretung der Gebiete jenseits der Oder-Neiße-Linie, verbunden mit der Vertreibung der dort lebenden Deutschen, war als eine Lösung auf Dauer geplant; der Hinweis auf die »endgültige Festlegung der Westgrenze Polens« durch die Friedenskonferenz war nicht sehr viel mehr als ein dürftiges Feigenblatt, das die Scham der Amerikaner und Engländer verdecken sollte. Im übrigen konnte die Formulierung von der endgültigen Festlegung der Westgrenze Polens, betrachtet man den Gesamtinhalt des Textes, allenfalls die Einzelheiten des dort grundsätzlich festgelegten Grenzverlaufs, nicht aber die Substanz offenhalten.

Es gab keinen deutschen Politiker und keine deutsche Partei (die KPD der Ostzone mit ihrer ersten programmatischen Erklärung eingeschlossen), die nicht glaubten oder doch zu glauben vorgaben, die Abtretung könnte irgendwann ganz oder teilweise wieder rückgängig gemacht werden. Eine andere Haltung einzunehmen wäre damals wohl auch über die moralische und politische Kraft gegangen. Das Restgebiet wurde in sechs Teile zergliedert: vier Besatzungszonen, Berlin und (etwas später) das Saargebiet. Die Vereinigten Staaten, Großbritannien und die Sowjetunion gingen zunächst davon aus, daß (vielleicht mit Ausnahme des Saargebietes) diese Zergliederung nur vorübergehend sein sollte, daß auf dem Gebiet der vier Besatzungszonen und Berlins wieder ein deutscher Staat entstehen sollte. Frankreich widersprach dem nicht ausdrücklich und konsequent, wünschte dies aber in Wahrheit nicht. Die Errichtung eines gemeinsamen Kontrollrates für dieses Gebiet dokumentierte die Absicht der drei ursprünglichen Besatzungsmächte – und die Notwendigkeit für Frankreich, sich nicht allzu halsstarrig und offen den Plänen der drei Mächte zu widersetzen, die es durch die Beschlüsse von Jalta erst eingeladen hatten, an der Besetzung Deutschlands teilzunehmen.

Die sowjetische Besatzungsmacht hatte gehofft, ihre deutsche Partei, die KPD, werde in Deutschland soviel Zulauf erhalten, daß sie die Politik auch eines vereinigten Deutschlands maßgeblich bestimmen könnte. Sie hatte aus ihrer Sicht einige Gründe für diese Annahme: Die Kommunisten hatten den größten Blutzoll unter der Nazidiktatur erbracht und die Sowjetunion die schwersten Opfer im Krieg. Beides zusammen gab den Kommunisten in Deutschland eine starke moralische Position. Das gemeinsame Leiden in den Konzentrationslagern hatte die deutschen Kommunisten bis weit in das konservative Bürgertum hinein innenpolitisch ebenso »bündnisfähig« gemacht, wie die Sowjetunion im Krieg und durch den Krieg für die Amerikaner bündnisfähig geworden war. Stalin hatte den Krieg als »Großen Vaterländischen Krieg« deklariert, also als Krieg der Nation und nicht als Krieg der Führungsmacht der Kommunistischen Internationale. Das sah, vor allem in den Augen der Amerikaner, nach einer grundsätzlichen Wandlung aus. Einige Retuschen halfen, diesen Eindruck zu erleichtern; z. B. die offizielle Auflösung der Komintern, aber auch solche Kleinigkeiten wie die Wiedereinführung der zaristischen Achselklappen für das Offizierskorps der Roten Armee. Die deutschen Kommunisten bekannten sich offiziell zur parlamentarischen Demokratie und zu einem besonderen, unabhängigen Weg zum »Sozialismus«. In der eigenen Zone würde die Sowjetunion im übrigen ein wenig nachhelfen können; andererseits konnte sie annehmen, daß die Besatzungsmächte der drei Westzonen die Kommunisten zumindest nicht benachteiligen würden.

Als Kurt Schumacher einmal in einer Rede die Kommunisten besonders heftig attackiert hatte, wurde er zum zuständigen britischen General zitiert, der ihn ermahnte, er möge nicht vergessen, daß die Sowjetunion der Verbündete Großbritanniens sei. Schumacher erwiderte, der General möge nicht vergessen, daß die Kommunisten Feinde der Sozialdemokratie seien. Die Episode zeigt, daß die Sowjetunion mit ihrer Einschätzung des Verhaltens der Westmächte zunächst richtig lag. Es gab im übrigen nicht viele Politiker in den Westzonen, die eine solche Sprache gegenüber einer Besatzungsmacht wagten – und es gab auch nicht allzu viele, die so unbestreitbar ein moralisches Recht auf eine solche Sprache hatten.

Die für die KPÖ enttäuschend verlaufenden ersten Wahlen im ebenfalls viergeteilten Österreich beendeten die russische Illusion. Eine unmittelbare Folge war der russische Druck auf die Sozialdemokraten der Ostzone zur Vereinigung mit den Kommunisten – ein deutliches Zeichen, daß die Russen es aufgegeben hatten, Deutschland wiederzuvereinigen. An einem wiedervereinigten Deutschland ohne maßgeblichen kommunistischen Einfluß hatte die Sowjetunion kein Interesse. Daß sie sich noch längere Zeit danach als Verfechter der deutschen Einheit gerierte, ändert daran nichts. Nach meiner Beurteilung hatte mit der Gründung der SED die Schaffung eines ostdeutschen Staates bei Ausschaltung jedes nichtkommunistischen Einflusses für die Sowjetunion absolute Priorität in ihrer Deutschlandpolitik erhalten – das offiziell weiterhin verkündete Ziel der deutschen Einheit blieb nur eine Reserveoption für den Fall, daß sich einmal eine günstige Situation für ein neutralistisches Deutschland in einem Europa ohne amerikanische Truppen ergeben sollte.

Die Amerikaner und Engländer ihrerseits hielten an der Kriegskoalition mit der Sowjetunion gegenüber Deutschland länger fest. Es sollte noch eine Zeitlang dauern, bis sie erkannten, daß Jalta und Potsdam auch ein Stück München enthielten und daß eine Politik à la München gegenüber jeder Diktatur ein Fehler ist.

Um nicht mißverstanden zu werden: Ich bin mir durchaus der Tatsache bewußt, daß die Liquidierung und Zerstückelung Deutschlands die unmittelbare Folge einer Reihe eindeutiger deutscher Rechtsbrüche des von Deutschland in verbrecherischer Absicht begonnenen und zunehmend auch verbrecherisch geführten Krieges und der millionenfachen Ermordung unschuldiger Menschen durch Deutsche waren. Ich kann verstehen – und jeder von uns sollte es verstehen können –, daß die Siegermächte Deutschland gegenüber so reagierten, wie sie reagiert haben. Aber das ändert nichts an der Tatsache, daß die Liquidierung und Zerstückelung Deutschlands rechtswidrig waren. Unrecht gebiert neues Unrecht. Dem Unrecht der Abtretung der Gebiete jenseits der Oder-Neiße-Grenze ist diese Dimension später genommen worden

– durch die in den nachfolgenden Wahlen durch das Volk gebilligten Ostverträge, also durch die deutsche Willensentscheidung, die Kette des Unrechts nicht fortzusetzen, sondern abzubrechen, um das inzwischen erwachsene Lebensrecht der jetzigen polnischen und russischen Bewohner dieser Gebiete abschließend und dauerhaft zu befrieden. Ich bin stolz darauf, einer Partei anzugehören, unter deren politischer Führung das deutsche Volk diese in der Geschichte einmalige moralische Leistung für den Frieden in der Welt gewagt hat.

Die Stunde Null?

Die Städte und Fabriken in Deutschland waren weitgehend zerstört, die wichtigsten nichtzerstörten Industrieanlagen wurden zu einem erheblichen Teil demontiert. Eine Zukunft Deutschlands als Industrienation mußte als blanke Illusion erscheinen. Die Menschen hungerten, und viele verhungerten. Die Rationen waren noch deutlich niedriger als im letzten Kriegsjahr. Phantasie und Kraft der politisch Aktiven waren angesichts dieser Lage größtenteils durch die Aufgabe gebunden, die Trümmer wegzuräumen und das nackte Überleben der Bevölkerung zu sichern. Fragen eines etwaigen zukünftigen Staatsaufbaus waren bestenfalls zweitrangig.

Die Mehrheit der deutschen Bevölkerung war nicht bereit, sich politisch zu engagieren – schon gar nicht in Grundsatzfragen der Demokratie. Das war keineswegs allein, nicht einmal überwiegend in der drückenden Not begründet, der sich fast alle Deutschen (zumindest in den Städten) gegenübersahen. Wir wissen aus der Geschichte, daß solche Notlagen auch politische Aktivität erzeugen und mobilisieren können. Deutschland hatte in seiner Geschichte in vielen – materiellen und geistigen – Dingen Überfluß erlebt – einen Überfluß an

Demokraten gab es nie. Die Weimarer Republik war zwar keine »Demokratie ohne Demokraten«, wie oft gesagt wurde; aber auch in ihren besten Zeiten gab es eine »demokratische Mehrheit« nur als Verbindung von Demokraten und solchen, die bereit waren, in der Demokratie auch Gutes zu sehen und sich deshalb mit ihr abzufinden. Die Erinnerung an das ruhmlose Ende der Republik, die Nachwirkungen der Nazipropaganda, die fast einer halben Generation fehlende demokratische Praxis, der Verlust an demokratischer Führungssubstanz durch Emigration oder Ermordung in den Zuchthäusern und Konzentrationslagern, das Mißtrauen gegenüber Politik schlechthin bei jenen, die sich durch die Nazis gläubig hatten mißbrauchen lassen, die Verbitterung vieler Vertriebener, der Widerspruch zwischen den öffentlich verkündeten demokratischen Idealen der drei Westmächte und manchen Aspekten ihrer Besatzungspolitik – all dies führte dazu, daß der Anteil der Demokraten an der Bevölkerung in den ersten Jahren nach dem Zweiten Weltkrieg wahrscheinlich noch geringer war als am Ende der Weimarer Republik.

Gewiß – es gab auch diejenigen, die eine Art innere Reinigung erlebten oder doch suchten; es gab viele, vor allem in der jüngeren Kriegsgeneration, denen der Wahnsinn die Augen geöffnet hatte und die in der Demokratie eine moralische Chance sahen; da waren einige, die die vielzitierte »Stunde Null« zur grundlegenden Umgestaltung nutzen wollten; und es gab vor allem relativ viele frühere Mitglieder und Anhänger der demokratischen Parteien und Gewerkschaften, die ihrer Überzeugung treu geblieben waren – aber diese Gruppen reichten nicht aus, um den in der Nazizeit eingetretenen Verlust an demokratischer und moralischer Substanz auszugleichen.

Man darf sich durch die große Zahl beeindruckender Zeugnisse neu erwachter politischer und geistiger Aktivität nicht täuschen lassen. Wenn der heute vielzitierte Begriff der »schweigenden Mehrheit« für Deutschland jemals seine Berechtigung hatte, dann in diesen ersten Jahren nach dem Krieg. Diese schweigende Mehrheit bestand aus den schlicht Uninteressierten und aus der erheblichen Zahl der Unverbesserlichen und Verbiesterten, denen »Klugheit«, Angst und die Besatzungsmächte den Mund verschlossen.

Die Nazis hatten die verfassungspolitische Entwicklung und die verfassungsphilosophische Diskussion in Deutschland abgebrochen – Diktaturen brauchen keine Verfassung, und wenn, dann als Fassade. Sie hatten sich nicht einmal die Mühe gemacht, die Verfassung von Weimar formell aufzuheben, geschweige denn, eine neue zu schaffen. Insofern hatten sie »ehrlicher« als die Bolschewiki in Rußland und später die kommunistischen Diktaturen in Osteuropa gehandelt. Sie hatten darüber hinaus Deutschland von der geistigen und politischen Entwicklung in der Welt abgeschlossen. Nicht sofort und nicht ausschließlich durch Verbote; auch die Devisenbeschränkungen, die Bereitschaft vieler, sich anzupassen (manchmal schneller und vollständiger, als »von oben« gewünscht), eine Art Nationalisierung der Wissenschaften (die »deutsche Physik« ist ein besonders abstruses Beispiel) und die allgemeine Furcht, sich zu exponieren oder durch Beschäftigung mit fremdem Gedankengut oder durch allzu viele Auslandskontakte unangenehm aufzufallen, hatten zu dieser Abschottung beigetragen. Die Besatzungsmächte ließen, von wenigen Ausnahmen abgesehen, lange Zeit deutsche Kontakte mit dem Ausland nicht zu. Die große Mehrheit der deutschen demokratischen Politiker, der Historiker, Soziologen, Philosophen und Juristen hatte deshalb keine oder nur unzureichende Kenntnis über wichtige Entwicklungen, Diskussionen und Forschungsergebnisse etwa in Amerika, England und Frankreich. Z. B. war die amerikanische Antwort auf die Weltwirtschaftskrise, Roosevelts »New Deal«, samt den mit ihr verbundenen verfassungsrechtlichen Auseinandersetzungen und Änderungen der amerikanischen Verfassungswirklichkeit nahezu unbekannt, die Philosophie Karl Poppers vollständig. Die spezifischen Kenntnisse und Erfahrungen der zurückgekehrten Emigranten konnten diese Lücke nicht schließen. Sie stellten selbst in der SPD eine für die Meinungsbildung zum Staats- und Verfassungsverständnis ziemlich einflußlose Gruppe dar, wie die relativ geringe Wirkung von Männern wie Reuter, Brauer und Högner auf die »Linie« der SPD in diesen Fragen zeigt. Andere wie Ollenhauer und Heine ordneten ihre Erfahrungen der Loyalität zur Partei und zu Kurt Schumacher unter. In den anderen demokratischen Parteien gab es ohnehin kaum Remigranten.

Die westlichen Alliierten wollen den Weststaat

Die eigentliche Geschichte des Grundgesetzes beginnt mit dem Londoner Deutschland-Kommuniqué vom 7. 6. 1948, einer Abschlußerklärung von Beratungen der Regierungen der drei westlichen Besatzungsmächte und den auf die dort gefaßten Beschlüsse zurückgehenden drei sogenannten »Frankfurter Dokumenten« vom 1. 7. 1948, insbesondere Dokument I: »In Übereinstimmung mit den Beschlüssen ihrer Regierungen autorisieren die Militärgouverneure der amerikanischen, britischen und französischen Besatzungszone in Deutschland die Ministerpräsidenten der Länder ihrer Zonen, eine Verfassunggebende Versammlung einzuberufen, die spätestens am 1. 9. 1948 zusammentreten sollte. Die Abgeordneten dieser Versammlung werden in jedem der bestehenden Länder nach den Verfahren und Richtlinien ausgewählt, die durch die gesetzgebende Körperschaft in jedem dieser Länder angenommen werden. Die Gesamtzahl der Abgeordneten zur Verfassunggebenden Versammlung wird bestimmt, indem die Gesamtzahl der Bevölkerung nach der letzten Volkszählung durch 750000 oder eine ähnliche von den Ministerpräsidenten vorgeschlagene und von den Militärgouverneuren gebilligte Zahl geteilt wird. Die Anzahl der Abgeordneten von jedem Land wird im selben Verhältnis zur Gesamtzahl der Mitglieder der Verfassunggebenden Versammlung stehen, wie seine Bevölkerung zur Gesamtbevölkerung der beteiligten Länder. Die Verfassunggebende Versammlung wird eine demokratische Verfassung ausarbeiten, die für die beteiligten Länder eine Regierungsform des föderalistischen Typs schafft, der am besten geeignet ist, die gegenwärtig zerrissene deutsche Einheit schließlich wieder herzustellen, die Rechte der beteiligten Länder schützt, eine angemessene Zentralinstanz schafft und Garantien der individuellen Rechte und Freiheiten enthält. Wenn die Verfassung in der von der Verfassunggebenden Versammlung ausgearbeiteten Form mit diesen allgemeinen Grundsätzen nicht in Widerspruch steht, werden die Militärgouverneure ihre Vorlage zur Ratifizierung genehmigen. Die Verfassunggebende Versammlung wird daraufhin aufgelöst. Die Ratifizierung in jedem beteiligten Land erfolgt durch ein Referendum, das eine einfache Mehrheit der Abstimmenden in jedem Land erfordert, nach von jedem Land jeweils anzunehmenden Regeln und Verfahren. Soweit die Verfassung von zwei Dritteln der Länder ratifiziert ist, tritt sie in Kraft und ist für alle Länder bindend. Jede Abänderung der Verfassung muß künftig von einer gleichen Mehrheit der Länder ratifiziert werden. Innerhalb von 30 Tagen nach dem Inkrafttreten der Verfassung sollen die darin vorgesehenen Einrichtungen geschaffen sein.«

1948 gab es auf dem Gebiet der jetzigen Bundesrepublik (wenn ich an dieser Stelle vom Saargebiet einmal absehe) die auch jetzt existierenden Länder mit der Ausnahme, daß anstelle des heutigen Baden-Württemberg die Länder Süd-Baden, Württemberg-Baden und Württemberg-Hohenzollern bestanden. Von den Ländern konnten nur Bayern, Bremen und Hamburg auf eine eigene staatliche Tradition in ihren jetzigen Gebieten zurückblicken – wenn man von einigen geringfügigen Änderungen und der nicht ganz so geringfügigen, in Hamburg bis heute tapfer verdrängten Tatsache absieht, daß die Hansestadt in ihrer heutigen und damaligen Gestalt das Ergebnis des von den Nazis geschaffenen »Groß-Hamburg-Gesetzes« war. Im Südwesten gab es zwar die mit der bayerischen Staatstradition vergleichbare Tradition der Länder Baden und Württemberg; die Abgrenzung zwischen amerikanischer und französischer Besatzungszone hatte aber beide Länder zerschnitten und unter Einbeziehung der preußischen Enklave Hohenzollern-Sigmaringen drei lebensunfähige Kunstländer geschaffen. Hessen war im wesentlichen durch Vereinigung der preußischen Provinzen Nassau und Kurhessen (ohne die Kreise St. Goarshausen, Unterlahn und Westerwald) mit Hessen-Darmstadt (ohne Rheinhessen) entstanden, kann aber nicht eigentlich als künstlich geschaffenes Land bezeichnet werden: Es entsprach in etwa dem hessischen Dialektgebiet. Künstlich geschaffen waren die Länder Nordrhein-Westfalen, Rheinland-Pfalz, Niedersachsen und Schleswig-Holstein, das allerdings auf seine »Up-ewig-ungedeelt«-Tradition hätte zurückgreifen können.

Abgesehen von der besonderen Situation im Südwesten, entwickelten alle Länder einschließlich der Kunstgebilde – diese fast aus dem Stand heraus – ein erstaunliches Selbstwertgefühl; in einigen Ländern beschränkte sich das allerdings zunächst auf die führenden Landespolitiker. Die einzige Ausnahme war Schleswig-Holstein, das sich, zusätzlich mit der höchsten Vertriebenenquote belastet, als lebensunfähig empfand und für sein Aufgehen in einem »Nordstaat« eintrat. Diese Haltung findet noch heute ihren Ausdruck in der Tatsache, daß Schleswig-Holstein als einziges Bundesland seine Verfassung »Landessatzung« nennt und über keinen eigenen Staatsgerichtshof bzw. ein Landesverfassungsgericht verfügt.

Die Zerschlagung Preußens hatte vor allem die Stellung Bayerns im Kreis der Länder gestärkt. Das nach der Einwohnerzahl größere Nordrhein-Westfalen mußte erst zusammenwachsen und bildete am Anfang noch kein Gegengewicht.

Im Sommer 1948, zum Zeitpunkt der Veröffentlichung der »Frankfurter Dokumente«, hatten sich die Länder der amerikanischen und französischen Zone bereits Verfassungen gegeben. Schon 1946 als erste die Länder der amerikanischen Zone (mit Ausnahme von Bremen, das erst später Bestandteil der amerikanischen Zone wurde und seine Verfassung im Oktober 1947 beschloß) und nicht sehr viel später die Länder der französischen Zone. Die Länder der britischen Zone verfügten im Sommer 1948 nur über vorläufige Regelungen. Ihre Verfassungen wurden erst nach Inkrafttreten des Grundgesetzes beschlossen, zuletzt die hamburgische im Juni 1952.

Die Reihenfolge war kein Zufall. Sie hängt mit der jeweiligen Vorgeschichte der Länder zusammen. Während z. B. in der amerikanischen Zone Bayern mit seinem real begründeten traditionellen Staatsgefühl dominierte, bestand die britische Zone mit der alleinigen Ausnahme Hamburgs aus Kunstländern. Zum anderen drückten sich in dieser Reihenfolge auch die politischen Traditionen und die deutschlandpolitischen Einstellungen und Zielvorstellungen der einzelnen Besatzungsmächte aus.

Die Amerikaner hatten unter dem Krieg der Nazis am wenigsten gelitten; sie waren schon deshalb am ehesten bereit, die harte Haltung des ersten Besatzungsjahres zu lockern und den Deutschen auf relativ hoher Ebene ein Stück Staatsverantwortung zurückzugeben. Als Bürger eines Bundesstaates bereitete ihnen die Vorstellung von deutschen Ländern mit Staatsqualität nicht nur keine Schwierigkeiten; sie waren vielmehr davon überzeugt, daß das, was sich für die Vereinigten Staaten als gut und brauchbar erwiesen hatte, auch für Deutschland gut und brauchbar sein würde. Sie gingen davon aus, daß ein künftiger deutscher Staat föderativen Charakter haben sollte. Die durch Verfassungen betonte Staatsqualität der Länder war ihnen auch deshalb angenehm, weil damit schwer wieder zu beseitigende Tatsachen geschaffen waren.

Den Franzosen schwebte als Lösung keineswegs ein deutscher Bundesstaat vor, allenfalls ein Staatenbund. Aber auch dafür war die »Zementierung« der Staatsqualität der Länder Voraussetzung. Sie dachten und handelten nicht nach der Devise, daß auch für Deutschland gut sein müsse, was für Frankreich gut war. Ihre Vorstellung war eher, daß es gut für Frankreich sei, wenn für Deutschland eine Lösung gefunden würde, die von den zentralistischen französischen Traditionen am weitesten entfernt, nach französischer Vorstellung also möglichst ineffektiv war. Eine Art »Rheinbund-Lösung« mit Frankreich als Führungsmacht einer Gruppe möglichst schwach ausgebildeter deutscher Vasallenstaaten wäre Frankreich durchaus nicht zuwider gewesen.

Den Engländern schließlich ging es weniger um die Übertragung ihrer eigenen Staatstraditionen und Grundsätze auf Deutschland noch um eine möglichst weitgehende Zerschlagung Deutschlands. Die zweimalige Kriegsgegnerschaft zu Deutschland und die schweren Opfer, die Großbritannien im Krieg gegen Hitler – lange Zeit alleinstehend – hatte bringen müssen, hatten nicht dazu geführt, ein ähnlich starkes deutschfeindliches Gefühl entstehen zu lassen, wie es Frankreich beherrschte. Sie handelten – bewußt oder unbewußt – eher in der Tradition einer aufgeklärten Kolonialmacht, die, bei relativ strenger Abkapselung ihrer Truppen von den »Eingeborenen«, das von ihnen beherrschte Gebiet über die Stärkung von *local government* am Ende zur Selbstregierung führt. Großbritannien wäre wohl am ehesten bereit gewesen, den Deutschen später einen Einheitsstaat zuzugestehen.

Es gab beträchtliche Unterschiede in Aufbau und Inhalt der vor dem Sommer 1948 beschlossenen Länderverfassungen. Aber alle enthielten Regelungen, die bei der Schaffung einer einheitlichen Verfassung von einiger Bedeutung sein mußten. Ich kann aus den heute noch geltenden Verfassungen hier nur wenige Beispiele bringen; sie sind nicht unbedingt für die jeweilige Verfassung typisch (jedenfalls habe ich die Beispiele nicht unter diesem Gesichtspunkt ausgewählt), sondern sollen nur in ihrer Gesamtheit das breite Spektrum von Normen andeuten, das der Parlamentarische Rat vorfand.

Artikel 178 der bayerischen Verfassung bestimmt: »Bayern wird einem künftigen deutschen Bundesstaat beitreten. Er soll auf einem freiwilligen Zusammenschluß der deutschen Einzelstaaten beruhen, deren staatsrechtliches Eigenleben zu sichern ist.« Im Widerspruch zu dem hier verwendeten Begriff Bundesstaat verdeutlichte diese Bestimmung, daß es nach bayerischem Verfassungsverständnis zu einem etwaigen zukünftigen deutschen Staat nicht durch Entscheidung des deutschen Volkes, sondern nur durch Vereinbarung der Länder kommen sollte. Im Klartext hieß das, daß Bayern sich mit Verfassungskraft auf die Staatenbundlösung festgelegt hatte.

Artikel 156 erklärte den Zusammenschluß von Unternehmungen zum Zwecke der Zusammenballung wirtschaftlicher Macht und der Monopolbildung für unzulässig. Diese Bestimmung befindet sich in einem allein 27 Artikel umfassenden Hauptteil »Wirtschaft und Arbeit«. Artikel 34ff. richteten einen berufsständisch zusammengesetzten »Senat« als zweite Kammer ein.

Hessen bezeichnet sich im Vorspruch seiner Verfassung als »Gliedstaat der Deutschen Republik«.
Artikel 41, Abs. I, Ziff. 1 lautet: »Mit Inkrafttreten dieser Verfassung werden in Gemeineigentum überführt: der Bergbau (Kohle, Kali, Erze), die Betriebe der Eisen- und Stahlerzeugung, die Betriebe der Energiewirtschaft und das an Schienen oder Oberleitungen gebundene Verkehrswesen.« Artikel 29, Abs. V verbietet die Aussperrung.

Artikel 147, Abs. I begründet »Recht und Pflicht« zum Widerstand »gegen verfassungswidrig ausgeübte Gewalt«.

Die Verfassung von Rheinland-Pfalz bestimmt in Artikel 27, Abs. I: »Das natürliche Recht der Eltern über die Erziehung ihrer Kinder zu bestimmen, bildet die Grundlage für die Gestaltung des Schulwesens.«

Artikel 34 lautet: »Der Religionsunterricht ist ordentliches

Lehrfach in allen Volksschulen, Berufsschulen, mittleren und höheren Lehranstalten. Er wird erteilt im Auftrag und in Übereinstimmung mit den Lehrern und Satzungen der betreffenden Kirche oder Religionsgemeinschaft. Lehrplan und Lehrbücher für den Religionsunterricht sind im Einvernehmen mit der betreffenden Kirche oder Religionsgemeinschaft zu bestimmen. Kein Lehrer kann gezwungen oder daran gehindert werden, Religionsunterricht zu erteilen. Zur Erteilung des Religionsunterrichts bedürfen die Länder der Bevollmächtigung durch die Kirchen oder Religionsgemeinschaften. Die Kirchen und Religionsgemeinschaften haben das Recht, im Benehmen mit der staatlichen Aufsichtsbehörde den Religionsunterricht zu beaufsichtigen und Einsicht in seine Erteilung zu nehmen.«

In einem Abschnitt »Wirtschafts- und Sozialordnung« bestimmt Artikel 52, Abs. I: »Die Vertragsfreiheit, die Gewerbefreiheit, die Freiheit der Entwicklung persönlicher Entschlußkraft und die Freiheit selbständiger Betätigung des einzelnen bleiben in der Wirtschaft erhalten.« Das bedeutete trotz des zurückhaltenden Wortlauts praktisch die verfassungsrechtliche Festschreibung einer bestimmten, nämlich der überkommenen Wirtschaftsordnung.

Artikel 46 der bremischen Verfassung errichtete eine »Wirtschaftskammer«.

Artikel 32, Abs. I der bremischen Verfassung lautet: »Die allgemeinbildenden öffentlichen Schulen sind Gemeinschaftsschulen mit bekenntnismäßig nicht gebundenem Unterricht in Biblischer Geschichte auf allgemein christlicher Grundlage.«

Alle Verfassungen enthielten Grundrechtskataloge. Sie formulierten überwiegend Programmatik, Wertbestimmung, waren Zielvorgabe und spielten später im Parlamentarischen Rat keine Rolle.

Die deutschlandpolitischen Vorstellungen der Parteien

Durch das »Frankfurter Dokument Nr. I« autorisiert (die Übersetzung dieses Begriffes mit »beauftragt« wäre nicht ganz falsch) waren die Ministerpräsidenten der deutschen Länder. Diese empfanden sich auch durchaus als die richtigen Ansprechpartner der Militärgouverneure – aber da gab es noch Parteien. Das waren sehr unterschiedliche Gebilde: nicht nur hinsichtlich ihrer ideologischen Grundlagen und ihrer Zielsetzungen, z. B. in der Wirtschafts- und Sozialpolitik oder in der Kulturpolitik, und hinsichtlich der Bevölkerungsschichten, die sie repräsentierten, sondern auch in ihren Organisationsstrukturen und in ihrer Rolle als politischer Machtfaktor gegenüber den Alliierten und gegenüber den Ländern und ihren Regierungschefs; und schließlich auch in ihren deutschlandpolitischen Vorstellungen.

Neben der SPD, der CDU, der CSU und der FDP (bzw. den relativ selbständigen Vorläufern der FDP in einigen Ländern) gab es die KPD, das Zentrum und die aus der Niedersächsischen Landespartei (Welfen) und versprengten Rechten hervorgegangene Deutsche Partei.

Die Auffassungen von FDP, Zentrum und DP haben bei der Entstehung des Grundgesetzes zwar in dem einen oder anderen Punkt Bedeutung gehabt, ihre Rolle kann aber bei dieser Skizze im wesentlichen vernachlässigt werden.

Die Rolle der KPD kann guten Gewissens völlig außer Betracht gelassen werden. Auch objektive Betrachter – ich gebe zu: Ich bin nicht ganz »objektiv« – werden sie nur in der Funktion einer Schallplatte der offiziellen sowjetischen Deutschlandpolitik bewerten können, was an sich schon uninteressant genug ist; diese Funktion wurde aber um so langweiliger, als der Text der Platte nicht die tatsächlichen Intentionen und Politik der Sowjetunion wiedergab, sondern nur die diese Politik verdeckenden Propagandaformeln.

Am eindeutigsten und am klarsten zu übersehen sind Struktur, Bedeutung und Position der SPD. Neben der KPD war sie die einzige zugleich flächendeckend und straff organisierte Partei der drei Westzonen. Sie hatte etwa 800000 Mitglieder. Ihre Organisationsstruktur richtete sich nicht an den Ländergrenzen aus, sondern knüpfte an das an, was 1933 bestanden hatte. Die wesentlichsten Ausnahmen waren durch die Trennung von Ländern und alten Parteibezirken durch die Grenze zwischen französischer und amerikanischer Besatzungszone bedingt. Die Einheit der Organisation wurde besonders betont und verstärkt durch die ungewöhnlich starke Stellung des Parteivorsitzenden Kurt Schumacher, die de facto weit über die satzungsmäßige Stellung des Vorsitzenden hinausging. Gegenüber den Besatzungsmächten vertrat die SPD eine eigenständige, von vielen als nationalistisch empfundene deutsche Position, gestützt auf den moralischen Anspruch, den ihr das Opfer verlieh, das sie in der Nazizeit in den Zuchthäusern, Konzentrationslagern und durch den Tod oder die Emigration vieler Funktionäre gebracht hatte. Kurt Schumacher verkörperte in seiner Person Opfer und moralischen Anspruch in besonderer, sehr bald auch die Besatzungsmächte beeindruckender Weise.

Ihre Deutschlandpolitik ging vom Recht der Deutschen auf die Einheit ihres Landes aus. Sie lehnte aber jeden Versuch ab, durch Zusammenarbeit mit der SED oder den anderen sogenannten »Blockparteien« der Ostzone oder durch Kontakte zwischen den Ländern der drei Westzonen mit den Ländern der Ostzone zu einer »nationalen Repräsentation« zu kommen. Sie war nicht bereit, »mit Kräften zu verhandeln, die die Diktatur propagieren und durchführen«.

Sie hatte früher als alle anderen westdeutschen Parteien die Rolle der Kommunisten als bedingungslose Vollstrecker russischen Willens erkannt und ließ sich von allen Parteien am wenigsten durch die demokratische und nationale Schaufensterdekoration der SED und der gleichgeschalteten KPD der

Westzonen beeindrucken. Ihre in den ostdeutschen Zuchthäusern und in Workuta drangsalierten Genossen waren damals von ihr noch nicht abgeschrieben worden. Weil für manche heutigen Sozialdemokraten die Erinnerung an diese Genossen, deren Verbrechen nur darin bestanden hatte, Sozialdemokraten bleiben zu wollen, offenbar ein lästiger Störfaktor ist, will ich an dieser Stelle wenigstens die Erinnerung an zwei Sozialdemokraten aus meiner Heimatstadt Rostock wachhalten: Willy Jesse, nach dem 20. Juli 1944 als Mitglied des Freundeskreises um Julius Leber auf abenteuerliche Weise nach Schweden geflüchtet, wurde 1945 als Nachfolger des von den Russen abgesetzten Hermann Lüdemann Landesparteisekretär der SPD für Mecklenburg-Vorpommern. 1946 wurde er vom kommandierenden russischen General zu einer Besprechung zitiert. Von dieser Besprechung kam er nach sieben Jahren zurück. Die Zwischenzeit verbrachte er in ostdeutschen Zuchthäusern und in Workuta. Gesundheitlich schwer angeschlagen, durfte er in die Bundesrepublik ausreisen. Er arbeitete noch einige Jahre als Betriebsgruppensekretär in der »Baracke«. Er endete durch Selbstmord. Heinrich (Heini) Beese war vor 1933 Vorsitzender der sozialistischen Jugend in Rostock; 1945 wurde er Parteisekretär. Auch er mußte sein Eintreten für den Fortbestand der SPD in der Ostzone mit sieben oder acht Jahren in Bautzen und Brandenburg bezahlen. Nach seiner Entlassung war er Parteisekretär in Gießen. Er starb dort an den Spätfolgen seiner Haft.

Verantwortung und Unmöglichkeit für die Wiederherstellung Deutschlands, sei es in den Grenzen von 1937, sei es als Vereinigung der vier Besatzungszonen und Berlins, lagen nach Auffassung der SPD ausschließlich bei den Siegermächten, die den jetzigen Zustand geschaffen und allein die »Souveränität« in bezug auf Deutschland hätten.

Die Vorstellungen der SPD für eine zukünftige deutsche Reichsverfassung waren stark zentralistisch. Die 1947 auf dem Parteitag in Nürnberg beschlossenen »Richtlinien für den Aufbau der Deutschen Republik« lassen sich am besten so charakterisieren, daß die SPD nicht nur einen Staatenbund, sondern auch einen echten Bundesstaat ablehnte. Sie trat für einen dezentralisierten Einheitsstaat ein, in dem die Länder nicht sehr viel mehr als gehobene Verwaltungsprovinzen mit gewisser Autonomie sein sollten.

Der Parteivorstand betrachtete die sich verfestigende Staatsqualität der Länder und die zunehmende Eigenständigkeit und das Selbstbewußtsein der Ministerpräsidenten mit wachsendem Mißtrauen und betonte den sozialdemokratischen Ministerpräsidenten gegenüber den Führungsanspruch der Partei, vertreten durch Parteitag und Vorstand – und das hieß häufig: durch den Parteivorsitzenden. In den meisten Fällen setzte Kurt Schumacher den Parteistandpunkt auch durch.

Ich will dafür zwei Beispiele bringen: Auf der Sitzung des Verfassungspolitischen Ausschusses der SPD am 27. Juni 1947 wurde ein von Dr. Brill (Hessen) entworfenes Papier »Satzungen eines Verbandes der Deutschen Länder« besprochen, das bei der Ministerpräsidentenkonferenz in München vorgelegt werden sollte, falls es dort zu einer Erörterung der Einheit Deutschlands gekomen wäre. Schumacher erklärte, der Entwurf widerspreche den verfassungspolitischen Richtlinien der Partei, über die der (zwei Tage später beginnende) Parteitag zu entscheiden haben werde. Es sei unmöglich, die Partei bei diesen Fragen außer acht zu lassen und »durch Ausnutzung bürokratischer Positionen einen Gegensatz der Inhaber dieser bürokratischen Positionen zur Gesamtpartei zu schaffen«. Die fünf sozialdemokratischen Ministerpräsidenten seien verpflichtet gewesen, die Partei rechtzeitig zu unterrichten; ihr Vorgehen bezeichnete er als »politische Autonomie«. Der stellvertretende bayerische Ministerpräsident Högner, der als Mitglied des Ausschusses an der Sitzung teilnahm, berief sich zwar zunächst auf seinen Eid auf die bayerische Verfassung und betonte, daß nicht immer eine Einheit von Partei- und Staatspolitik vorliegen könne. Er erklärte dann aber, daß nicht beabsichtigt gewesen sei, die Partei zu übergehen, und daß dies in der Zukunft auch nicht geschehen werde. Der Entwurf sei jetzt auch ohnehin gegenstandslos.

In einer Sitzung am 10. 9. 1947 zerpflückte Kurt Schumacher den von dem sozialdemokratischen niedersächsischen Ministerpräsidenten Kopf vorgelegten Entwurf einer niedersächsischen Verfassung: »Die bayerische Verfassung kann bestimmt nicht als schöne Literatur bezeichnet werden. Sie geht in das Partikulare. Aber noch weniger schön ist der Entwurf des Genossen Kopf. Soll diese Verfassung Durchgangs- oder Kopfbahnhof sein? Unser Ziel muß eine Verfassung der Deutschen Republik sein. Die Länderverfassungen sollen hier nur als Mittel zum Zweck dienen. Unsere verfassungspolitischen Richtlinien sind gar nicht beachtet worden. Es gibt kein niedersächsisches Volk. Was sagen die Flüchtlinge zu dieser Bezeichnung in der Verfassung? Was heißt Staat? Wir haben nur von Land und Landesregierung zu sprechen« usw. Das Protokoll vermerkt abschließend: »Die Debatte ergibt, daß Genosse Kopf den Entwurf zurückzieht, wobei er zum Ausdruck bringt, daß derselbe dem Kabinett noch nicht zur endgültigen Beratung vorgelegen habe. Er bedauerte, der Presse überhaupt schon diesen Entwurf zur Behandlung ausgehändigt zu haben. Es soll ein neuer Entwurf geschaffen werden, welcher rechtzeitig mit uns besprochen werden soll.«

Schumacher wehrte sich gegen die nach seiner Meinung bestehende Gefahr, daß »Deutschland viermal nach den Vorbildern von vier Besatzungsmächten« gestaltet würde und daß »Deutschland als Ganzes« das »Vorbild eines oder mehrerer anderer Kontinente annehmen solle«: »Gewiß, die Deutschen haben viel zu lernen, vielleicht viel mehr als jedes andere Volk. Aber in einem großen Punkte sind wir Deutschen an politischer Erfahrung vielen anderen Ländern voraus. Wir haben in Deutschland die nackte Gewalt triumphieren sehen in Gestalt des Dritten Reiches, als vom deutschen Volk übertragen. Und wir haben in Deutschland den Erfolg einer rücksichtslosen kommunistischen Katastrophenpolitik gesehen. Diese beiden Erkenntnisse haben wir den alten großen Demokratien der Welt voraus.«

Auch die SPD sah 1948 die Notwendigkeit einer Zusammenfassung der drei Westzonen, aber sie wehrte sich gegen die Gründung eines westdeutschen Staates, die nach ihrer Auffassung die Teilung des Landes verfestigen würde. Ihre Ausgangsposition gegenüber dem »Frankfurter Dokument Nr. I« war: Eine Verfassung kann sich nur ein souveränes Volk geben – auch in den drei Westzonen ist das deutsche Volk aber nicht souverän. Die Souveränität liegt bei den Besatzungsmächten. Daraus ergibt sich: Zunächst muß ein Besatzungsstatut errichtet werden. Im Rahmen der dadurch begründeten und begrenzten deutschen Verantwortung müssen die Deutschen ein Verwaltungsstatut schaffen. Die von den Besatzungsmächten gewünschte Einberufung einer Verfassunggebenden Versammlung sei deshalb ebenso abzulehen wie die Ratifizierung durch Volksabstimmung. Die Bezeichnungen »Parlamentarischer Rat« und »Grundgesetz« erinnern noch heute an diese damalige Position, die die SPD in den Formalien zum Teil, in der Sache politisch überhaupt nicht durchsetzen konnte, weil die drei westlichen Alliierten auf einem echten Staat mit Verfassung bestanden.

Schwieriger zu erfassen und darzustellen sind die Parteistruktur, die Rolle gegenüber den Besatzungsmächten und den Ministerpräsidenten und die deutschlandpolitischen Vorstellungen der CDU und der CSU. Beide Parteien konnten im Unterschied zur SPD weder politisch noch organisatorisch und personell an das Ende der Weimarer Republik anknüpfen. Am ehesten war eine solche Wiederaufnahme noch bei der CSU möglich, weil sie zu einem gewichtigen Teil als Fortsetzung der früheren Bayerischen Volkspartei zu betrachten war. Die CDU war eine echte Neugründung. Sie verfügte über keine einheitliche Organisation für alle drei Westzonen; es dominierten unabhängige Landesverbände. Am weitesten war der Zusammenschluß in der britischen Zone mit einem Zonenvorstand unter Konrad Adenauer gediehen. Die Mitgliederstruktur war uneinheitlich: In einigen Gebieten war auch die CDU, wenn auch nicht so stark wie die SPD, Mitgliederpartei, in anderen Gebieten dagegen ausgesprochene Honoratiorenpartei. Schon diese Strukturschwäche zwang sie, anders als die SPD, beim Auftreten als eigenständige politische Kraft gegenüber den Besatzungsmächten zu wesentlich größerer Zurückhaltung. Auch ihr Einfluß auf die von ihr gestellten Ministerpräsidenten war deutlich geringer. Konrad Adenauer war zwar in Führungswillen und Durchsetzungsfähigkeit Kurt Schumacher durchaus ebenbürtig, aber ihm fehlte im Gegensatz zu diesem das Instrument der einheitlichen Parteiorganisation.

Im Unterschied zur SPD, deren ostzonale Organisation durch die Zwangsvereinigung untergegangen war, hatten CDU/CSU eine »Schwesterpartei« in der CDU der Ostzone und Berlins, die unter Führung von Kaiser und Lemmer um den Preis einer Politik partieller Zusammenarbeit mit der SED eine Zeitlang versuchte, eine gewisse Eigenständigkeit zu bewahren. Die Verbände der CDU der Westzonen, die CSU und die CDU der Ostzone und Berlins waren längere Zeit in einer – sehr losen – Arbeitsgemeinschaft verbunden.

Die deutschlandpolitischen Vorstellungen der CDU und der CSU unterschieden sich; auch innerhalb beider Parteien waren sie uneinheitlich. Zwar vertraten auch sie die Position der Wiederherstellung der Reichseinheit in den Grenzen von 1937 – aber ein starker antipreußischer Grundton, verbunden mit der Betonung von Süd- und Westdeutschland als historischem, kulturellem und politischem Kern Deutschlands, war bei der CSU und bei Teilen der CDU nicht zu überhören. Hinzu kam, daß Adenauer und den anderen Parteiführern der moralische Rigorismus fehlte, mit dem Schumacher seine

Partei auf sehr absolute Positionen in der Deutschlandfrage und damit in Konflikte mit den Besatzungsmächten zwang.

Teile der Partei waren zeitweilig bereit, zusammen mit Kaiser und Lemmer eine Politik der Kooperation mit der Ostzone zur Bildung einer »nationalen Repräsentation« zu betreiben.

Eine offizielle einheitliche Konzeption für eine deutsche Reichsverfassung kam nicht zustande. Die »Grundsätze für eine deutsche Bundesverfassung« des sogenannten Ellwanger Kreises, einer Arbeitsgemeinschaft überwiegend süd- und südwestdeutscher Unionsführer, sind die einzige zonenübergreifende programmatische Erklärung zur Verfassungsfrage. Diese Grundsätze zielten im Kern zwar auf einen echten Bundesstaat, aber doch mit sehr deutlicher Tendenz zu besonderer Betonung der Länderkompetenzen.

Die CDU war von der Position der SPD gegenüber den »Frankfurter Dokumenten« nicht voll überzeugt, schloß sich ihr aber schließlich an. Ihre schwächere Organisationsstruktur erwies sich insofern als Vorteil, als sie flexibler auf die entscheidende Realität reagieren konnte: die feste Absicht der Alliierten, einen wirklichen Staat im Gebiet der drei Westzonen zu schaffen.

Alle Parteien und alle Länder standen bei ihren Überlegungen über eine Verfassungsstruktur für Westdeutschland noch unter dem Schock, daß es Hitler möglich gewesen war, unter der Geltung einer demokratischen Verfassung so gut wie legal an die Macht zu kommen. Die Notwendigkeit, eine Verfassung zu schaffen, die eine solche Wiederholung unmöglich machte, stand – ausgesprochen und unausgesprochen – im Mittelpunkt ihres Denkens. Die verfassungspolitischen Vorstellungen waren so notgedrungen reaktiv. Die schreckliche deutsche Vergangenheit lag wie ein dunkler Schatten über dem Parlamentarischen Rat und zwang die Überlegungen immer wieder in diese eine Richtung. Darin lag auch eine Beschränkung.

Der Parlamentarische Rat

Die Ministerpräsidenten hatten zur Vorbereitung der Arbeit des Parlamentarischen Rates einen Ausschuß von Sachverständigen nach Herrenchiemsee eingeladen, den »Verfassungskonvent«. Man darf sicher sein, daß sie dabei auch im Auge hatten, danach dem Parlamentarischen Rat ein Arbeitspapier präsentieren zu können, das die Interessen der Länder nicht zu kurz kommen ließ. Das – an einigen Stellen zwei Alternativen enthaltende – Ergebnis des Konvents darf für den Gang der Beratungen in Bonn nicht überschätzt werden. Konrad Adenauer, dessen politischer Einfluß als Parteiführer in dieser Zeit langsam über die Grenzen der britischen Zone hinauswuchs, wollte einer Vorarbeit, die praktisch an der Partei vorbei entstand, keinen besonders hohen Stellenwert einräumen und mißtraute im übrigen dem starken bayerischen Einfluß im Konvent. So stellte er denn fest: »Die Ministerpräsidenten haben keinen irgendwie gearteten Auftrag, dem Parlamentarischen Rat eine Verfasungsvorlage zu unterbreiten.« Deutlicher noch war die Distanz der Sozialdemokratischen Partei. Ihrer zentralistischen Einstellung mußte die Tatsache suspekt sein, daß die Länder einen Entwurf vorlegten; und der Vorbehalt gegenüber einer Kommission, auf die der Parteivorstand weder in der Zusammensetzung noch in der Arbeit Einfluß ausüben konnte, war eher noch entschiedener als bei Adenauer. Entsprechend hart fiel, trotz der maßgeblichen Mitarbeit Carlo Schmids im Konvent, das parteiamtliche Urteil aus: »... entstanden aufgrund einer privaten Vereinbarung der Ministerpräsidenten ... Insofern handelt es sich bei diesem Ausschuß um die Vertretung einer bestimmten politischen Interessengruppe, wie sie auch sonst bestehen in den Parteien, in Arbeitsgemeinschaften und dergleichen.« Ich werde deshalb auf die Erörterungen des Konvents nur insoweit eingehen, als die dort vertretenen Auffassungen zu amerikanischen und französischen Verfassungsideen für die Haltung der Parteien im Parlamentarischen Rat von Bedeutung waren.

Dem Parlamentarischen Rat gehörten 65 Mitglieder an, und zwar je 27 Abgeordnete der CDU/CSU und der SPD, fünf Freie Demokraten und je zwei Vertreter der Deutschen Partei, des Zentrums und der KPD. Die Alliierten tolerierten es, daß der Parlamentarische Rat fünf Vertreter Berlins als nicht stimmberechtigte Mitglieder kooptierte.

Für die Frage, ob sich das zu schaffende Werk überhaupt wesentlich an ausländischen Vorbildern orientieren konnte, mußte das Selbstverständnis des Parlamentarischen Rates von entscheidender Bedeutung sein: Waren die Mitglieder des Parlamentarischen Rates, gestützt auf die Souveränität des durch die Landtage repräsentierten Volkes, angetreten, um eine wirkliche Verfassung zu erarbeiten, die wegen der alliierten Auflagen und Vorbehalte lediglich einige Bereiche vorläufig aussparen mußte, dann mußte es lohnend sein, ausländische Verfassungsgrundsätze und Verfassungsstrukturen zu Rate zu ziehen. Leitete sich die Legitimation des Parlamentarischen Rates aber nur aus dem Wunsch der Alliierten ab (die Wahl durch die Landtage hätte dann nur die Bedeutung gehabt, die Zusammensetzung des Gremiums zu bestimmen) und bestand ihr Auftrag lediglich in der Schaffung eines reinen Organisationsstatus, einer Art besserer Geschäftsordnung für die Durchführung der den Westdeutschen nun von den Alliierten zugebilligten weitgehenden Selbstverwaltung, dann würde der Parlamentarische Rat mit einem Anknüpfen etwa an die Grundprinzipien französischer Revolutionsverfassungen oder an amerikanische Verfassungsprinzipien zu hoch greifen.

Carlo Schmid vertrat für die Sozialdemokraten in einer anspruchsvollen Grundsatzrede die Theorie, Träger der Souveränität für Deutschland seien die Alliierten, das zu erlassende Besatzungsstatut sei demgemäß die eigentliche Verfassung und die Aufgabe des Parlamentarischen Rates nicht »Konstitution«, sondern »Organisation«. Er formulierte damit zugleich auch Schumachers hartnäckig verfochtene Auffassung, daß nur so die Chance für eine Wiedervereinigung gewahrt bleiben könnte. Die Christlichen Demokraten verfochten dagegen die Meinung, Aufgabe des Parlamentarischen Rates sei die Schaffung einer echten Verfassung eines neu zu gründenden Staates. Die nicht zu leugnende und mit der Annahme deutscher Souveränität schlecht zu vereinbarende Tatsache, daß die Alliierten im »Dokument Nr. I« unabdingbare Vorgaben für den Inhalt der Verfassung gemacht hatten, übersprang ihr Sprecher Dr. Süsterhenn für sich und seine Freunde mit einem geistigen Salto: »Die Fraktion der CDU/CSU erblickt in (den) von den Militärgouverneuren aufgestellten Grundsätzen und Mindestforderungen keinerlei Beschränkung ihrer politischen Willensfreiheit; denn diese Grundsätze entsprechen vielmehr dem, was meine Fraktion von sich aus auch ohne Existenz einer Militärregierung und ohne eine Forderung der Besatzungsmacht von der künftigen deutschen Verfassung verlangt.«

Diese Auseinandersetzung blieb aber für Rang und Inhalt des Grundgesetzes und damit auch für Sinn oder Unsinn einer Anknüpfung an ausländische Verfassungsstrukturen ohne jede praktische Bedeutung. Der Grund dafür lag in der Tatsache, daß die Sozialdemokraten mit Blick auf eine mögliche Wiedervereinigung die Schaffung vollendeter Tatsachen durch die Realisierung eines westdeutschen Separatstaates zwar fürchteten wie der Teufel das Weihwasser, aber zugleich entschlossen waren, die jetzt von den Alliierten gebotene Chance zur Errichtung einer freiheitlichen Grundordnung, die die Fehler von Weimar vermied, zu nutzen. Die SPD wollte bei dieser Gelegenheit den Alliierten soviel wie möglich an deutscher Selbstbestimmung abtrotzen und durch die Mitarbeit an einem Grundgesetz, das materiell Verfassung war, verhindern, daß auf dem Gebiet der drei Westzonen ein Gebilde entstehen würde, das dann zwar Verantwortung für das Schicksal der Menschen in Westdeutschland tragen mußte, diese Verantwortung aber mangels ausreichender Kompetenzen einer Zentralinstanz nicht würde wahrnehmen können.

Ich muß es offenlassen, inwieweit Schumachers Auffassung von der Mehrheit der führenden Sozialdemokraten (noch) geteilt wurde oder ob nicht viele Sozialdemokraten in realistischerer Einschätzung der Lage von der Unvermeidlichkeit einer – zumindest sehr lang andauernden – Teilung ausgingen und bereit waren, daraus auch praktische Konsequenzen bei der Erarbeitung des Grundgesetzes zu ziehen. Jedenfalls war einer der Gründe für die Doppelstrategie der Sozialdemokraten im Parlamentarischen Rat eine Diskrepanz zwischen Schumacher und anderen Sozialdemokraten. Daß die realistischere Auffassung sich letztlich so eindeutig durchsetzte, wurde dadurch begünstigt, daß Kurt Schumacher in den entscheidenden Monaten durch eine schwere Krankheit in seinen Einwirkungsmöglichkeiten auf die Partei erheblich eingeschränkt war.

Schumacher wollte der immer deutlicher werdenden Entschlossenheit nun auch der westlichen Alliierten, »ihren« Teil Deutschlands einzubinden, die deutsche Entschlossenheit zur Einheit entgegensetzen. Vielleicht war das nur ein Verzweiflungsakt, eine hoffnungslose Illusion – aber da Politik auch eine moralische Veranstaltung ist, wird man jedenfalls für die Zeit 1948/49 die Haltung Schumachers nicht einfach als quasi-unpolitisch abtun können.

In zwei wichtigen Fragen war der Parlamentarische Rat durch zwingende Vorgaben der Militärgouverneure gebunden: Die alliierte Vorgabe: »Regierungsform föderalistischen Typs ... der ... die Rechte der beteiligten Länder schützt (und) eine angemessene Zentralinstanz schafft« ließ zwar einigen Spielraum, schloß aber doch den Einheitsstaat ebenso aus wie den Staatenbund. Der Pflock, an dem die etwas elastische Leine für den Parlamentarischen Rat festgemacht war, hieß eindeutig »Bundesstaat«. Allerdings hätten die Alliierten vermutlich eine gewisse Überdehnung der Leine in Richtung Staatenbund toleriert. Die alliierte Vorgabe: »Garantien der individuellen Rechte und Freiheiten« band den Parlamentarischen Rat in zweifacher Hinsicht: Das Grundgesetz mußte einen Grundrechtskatalog enthalten, und für diese Grundrechte mußte eine Garantie eingebaut werden – was letztlich nichts anderes heißen konnte als eine *richterliche* Garantie. Man darf ruhig die Schlußfolgerung ziehen, daß der eindeutigste Einfluß amerikanischer Verfassungsstrukturen, amerikanischer Verfassungsphilosophie auf das deutsche Grundgesetz durch alliierten Befehl zustande kam.

Die Alliierten hatten dem Grundgesetzgeber zwei Lasten abgenommen, von denen sich 1848 und 1918/19 die Verfassungsgeber nicht hatten befreien können und die damals der Schaffung eines funktionsfähigen Bundesstaates entgegenstanden: das Übergewicht Preußens und die Existenz von Zwergstaaten. Damit war die Möglichkeit, sich in der Struktur des zu schaffenden Bundesstaates an ausländische Beispiele, insbesondere an die Verfassungen der Schweiz und der Vereinigten Staaten anzulehnen, erheblich gestiegen. Es zeigte sich aber, daß das Gewicht einer langen deutschen Tradition unvollkommener Bundesstaatlichkeit stärker war als die Fähigkeit, diese Chance voll wahrzunehmen.

Der Parlamentarische Rat hat es – soweit ich sehe: ohne eingehende Prüfung der Möglichkeiten – abgelehnt, das amerikanische Prinzip zu übernehmen, die Kompetenztrennung zwischen Bund und Einzelstaaten nicht auf die Gesetzgebungskompetenz zu beschränken, sondern auf die Verwaltung und die Gerichtsbarkeit auszudehnen. Der freidemokratische Finanzexperte Dr. Höpker-Aschhoff erklärte in der Finanzdebatte des Plenums: »Der amerikanische Beobachter würde vielleicht sagen: Macht es nach unserem Grundsatz: das, was der Bund braucht, Gesetzgebung des Bundes und Verwaltung des Bundes, das, was die Länder brauchen, Gesetzgebung des Landes und Verwaltung der Länder. Dieser Grundsatz ist bei uns völlig undurchführbar. Wir können uns nicht den Luxus leisten, zwei Verwaltungen nebeneinander aufzubauen.« Diese apodiktische Ablehnung galt für alle Richtungen des Parlamentarischen Rates und hinsichtlich fast aller Zweige der Verwaltung. So blieb es bei der traditionellen Regelung, daß Verwaltung im Grundsatz Ländersache ist; eine Regelung, die das Gewicht in den Ländern außerordentlich stark zur Exekutive hin verschiebt. Die Länder, jedenfalls ihre Verwaltungen, erhielten eine über die Länderkompetenz in der Legislative weit hinausgehende Verwaltungsmacht – allerdings um den Preis erheblicher Einbußen an Staatsqualität, mit der z. B. die Auftragsverwaltung schwer zu vereinbaren ist. Mit der Macht der Länder in der Verwaltung korrespondiert in unserem System ihre Ohnmacht in der Gesetzgebung, verbal schamvoll verhüllt durch die Konstruktion der »konkurrierenden« Gesetzgebung – jener Einbahnstraße in Richtung Bund, die zwangsläufig zu einer fast völligen Entkleidung der Länderparlamente von Gesetzgebung, das heißt zur Denaturierung der Länderparlamente führen mußte und geführt hat.

Lippe-Detmold und Preußen das gleiche Stimmgewicht in einer wie auch immer konstruierten Länderkammer zu geben lag 1919 ebensosehr außerhalb jeder Vernunft wie die Vorstellung, Mecklenburg-Strelitz oder Schaumburg hätten jeweils zwei passable Bundessenatoren hervorbringen können. Nun, da (von Bremen einmal abgesehen) die Differenz in der Einwohnerzahl zwischen dem größten und dem kleinsten Land etwa der Situation in Amerika zur Zeit des Konvents von Philadelphia entsprach und ausgewogener war als im modernen Amerika, wäre eine Senatslösung mit gleicher Stimmenzahl der Länder möglich gewesen. Der Parlamentarische Rat vergab diese Chance für einen gesunden, demokratisch legitimierten Föderalismus.

Dr. Katz von den Sozialdemokraten plädierte für die Senatslösung mit gleichem Stimmgewicht aller Länder, Wahl der in der Stimmabgabe nicht gebundenen Senatoren durch die Landtage und Neuwahl jeweils eines Drittels der Senatoren alle zwei Jahre, also – abgesehen von der Änderung durch den 17. Zusatzartikel – für die lupenreine Übernahme der amerikanischen Lösung. Die Sozialdemokraten blieben mit ihrer Auffassung allein. Die christlichen Demokraten traten, insbesondere durch Dr. Süsterhenn, für die Bundesratslösung ein, also für die Mitwirkung der Länder an der Gesetzgebung des Bundes nur durch ihre Regierungen und für ein nach der Einwohnerzahl abgestuftes Stimmrecht. Nach ihrer Auffassung wäre es »richtiger ... wenn wir Deutschen an unsere eigene nationale Tradition anknüpfen und uns für das System ... entscheiden, das in der deutschen Verfassungsgeschichte nun einmal Wurzel geschlagen und sich unstreitig bewährt hat«. Das war angesichts der faktischen Hegemonie Preußens im Bismarckschen Bundesrat und des politischen Schattendaseins des Reichsrates der Weimarer Verfassung eine sehr kühne Behauptung. Daß sie ausgesprochen werden und sich im wesentlichen durchsetzen konnte, zeigt, wie stark auch im Parlamentarischen Rat Vorprägungen aus früheren deutschen Verfassungen sich auswirkten und wie schwach vorhanden bei einigen Gegnern einer starken Zentralgewalt die demokratisch-parlamentarische Komponente ihres Föderalismus war. Seine Ablehnung des Senatsprinzips begründete Süsterhenn ergänzend mit der Erwägung, es gäbe in Deutschland nicht die wirtschaftlich unabhängigen Personen, die sich den für einen Bundessenator notwendigen Stab leisten könnten, »und ich weiß auch nicht, ob solche Typen für uns, für die Entwicklung einer wahren Demokratie besonders erwünscht wären«. Die Möglichkeit, daß der Bund (oder das betreffende Land) die notwendige Ausstattung übernehmen könnte, erwog Süsterhenn nicht. Noch krasser hatte sich dieser Geheimratshochmut in dem Teil des Berichts über den Konvent von Herrenchiemsee artikuliert, der die

Argumente für die Bundesratslösung und gegen die Senatslösung zusammenfaßte: »Ein Senat ist für diese Aufgaben einer geduldigen Staatsweisheit ungeeignet, da der für ihn geforderte senatorische Typ sich zweifellos in erster Linie durch Leistungen auf dem Gebiet der Eloquenz wird legitimieren müssen.«

Der Abgeordnete Seebohm von der Deutschen Partei sah in der Senatslösung »eine Art Überparlamentarismus« und meinte, es sei »aus den Erfahrungen anderer Demokratien der Schluß zu ziehen, daß solcher Überparlamentarismus eine der gefährlichsten Krankheiten der Demokratie überhaupt ist«.

Theodor Heuss, der für die abgestufte Stimmkraft der Länder eintrat, wies die Parallele mit Amerika mit der unzutreffenden Behauptung zurück: »Sehr groß waren die Unterschiede bei den amerikanischen Staaten 1776 nicht.« Im übrigen trat die FDP in Anknüpfung an die Paulskriche für eine Ländervertretung ein, die zu einem Teil aus (instruierten) Vertretern der Landesregierungen, zu einem anderen Teil aus von den Landtagen zu wählenden, in der Stimmabgabe nicht gebundenen Mitgliedern bestehen sollte.

Das Ergebnis ist bekannt: Die schon durch die Ausführung auch von Bundesgesetzen starken Länderexekutiven betätigen sich im Bundesrat auch als Gesetzgeber. Diese Funktionen als Teil des Bundesgesetzgebers und als Quasi-Bundesexekutive verleihen ihnen ein erhebliches politisches Gewicht, das sie im Verhältnis zu den Landtagen ausspielen können und auch tatsächlich ausspielen; die Landtage werden zu politischen Kümmerexistenzen, die zunehmend ihre Daseinsberechtigung durch fruchtloses Resolutionieren in Fragen der Weltpolitik unter Beweis zu stellen suchen – und, fast notwehrartig, durch Mißbrauch ihrer wirklichen Kompetenzen, etwa in der Praxis mancher Untersuchungsausschüsse.

Ich vermute zwar, daß der Parlamentarische Rat sich auch dann nicht für die Übernahme des amerikanischen Prinzips der Unabhängigkeit einer vom Volk gewählten Exekutive gegenüber dem Parlament entschieden hätte, wenn er nicht unter dem Hindenburg/Hitler-Schock gestanden hätte – diese Erfahrung war jedenfalls stark genug, um eine ernsthafte Prüfung und Bewertung des amerikanischen Systems auszuschließen.

Carlo Schmid hatte im Konvent von Herrenchiemsee das amerikanische Prinzip noch unter Hinweis auf die andere, besondere Lage Deutschlands zurückgewiesen: »Mit Recht weist man auf die Vorzüge hin, die etwa das schweizerische Bundesratssystem oder das System der Vereinigten Staaten hat. Ich glaube aber nicht, daß diese Vorbilder auf unsere Verhältnisse unmittelbar anzuwenden sind. Denn abgesehen davon, daß diese beiden Staaten eine säkulare Tradition herausgebildet haben und politische Verhaltensregeln schufen, die es ihnen erlauben, mit den Unvollkommenheiten und Mängeln fertig zu werden, die auch ihrem System anhaften, zeigt eine nähere Betrachtung klar, daß die Verhältnisse, mit denen eine Regierung bei uns hier und heute fertig zu werden hat, andere sind als die Verhältnisse, die es erlauben, daß das System in der Schweiz und in den USA relativ gut funktioniert.« Der Sozialdemokrat Professor Baade führte in derselben Sitzung zur Begründung seiner Ablehnung des amerikanischen Präsidialsystems »die diktatorische Regierungsweise des in seinen letzten Lebensjahren kranken und nicht mehr urteilsfähigen Präsidenten Roosevelt« an, und der SPD-Abgeordnete Katz nannte gar einen nach amerikanischem Vorbild in das Grundgesetz übernommenen Präsidenten einen »Führer und Reichskanzler«. Nur Thomas Dehler von den Freien Demokraten trat für die amerikanische Lösung ein: »Ich meine nach wie vor, die Demokratie, die sich als die beständigste erwiesen hat, die amerikanische Demokratie, gibt uns die Form, die für uns geeignet ist. Man sage nicht, die Verhältnisse dort seien andere, die soziale Struktur, die parteipolitische Struktur sei anders ... ein Staat, der nicht führen kann, ein Staat, der seiner Regierung keine Wirkungsmöglichkeiten gibt, wird den Aufgaben dieser Zeit nicht gewachsen sein ...«

Die Übernahme der amerikanischen Senatslösung in das Grundgesetz wäre möglich und nach meiner Überzeugung auch geeignet gewesen, Fehlentwicklungen des Föderalismus zu vermeiden und das parlamentarische Leben durch einen neuen Typus von Abgeordneten zu bereichern. Bei der Frage, ob auch die Übernahme des Präsidialsystems denkbar und hilfreich gewesen wäre, bin ich dagegen sehr unsicher: Abgesehen davon, daß die Erfahrung mit Weimar eine Sperre zur Folge hatte, die zu überwinden 1948/49 wohl einfach über die Kraft der Parteien ging – diese Lösung wäre nur dann vorstellbar gewesen, wenn mit einem Senat der starken Position des Präsidenten auch ein starkes Gegengewicht gegenübergestanden hätte. Insofern hatte Dehler unrecht, als er, nachdem sich die Mehrheit schon für das Bundesratsprinzip entschieden hatte, noch meinte, die Übernahme der Präsidiallösung sei möglich, ohne »daß das Grundgesetz in seinen Strukturen geändert wird«. Das amerikanische System hat bei all seinen unbestreitbaren Vorzügen zumindest zwei erhebliche Mängel: Der amerikanische Präsident kann sein Land im Rahmen seiner Befugnisse bis an die Grenze eines vom Volk nicht gewollten Krieges und damit de facto in einen solchen Krieg führen. Die Tatsache, daß ohne diese Macht des amerikanischen Präsidenten Hitler vielleicht gesiegt hätte, kann uns nicht die Augen vor der Gefährlichkeit einer solchen Gewalt verschließen. Zum anderen ermuntern die Ergebnisse der Personalauslese bei den Kandidatenaufstellungen zur Präsidentschaft nicht immer zur Nachahmung. Dagegen steht, daß die Befugnisse eines Präsidenten amerikanischer Prägung in der Außen- und Sicherheitspolitik durch entsprechende Verfassungsbestimmungen einschränkbar wären, ohne daß das System im Kern berührt würde.

Darüber hinaus macht der jetzige Bundeskanzler deutlich, daß die Erhebung von Mittelmaß zur Führung kein an das amerikanische Präsidialsystem gebundenes Privileg ist. Eines der Motive für die Ablehnung des amerikanischen Exekutivsystems ist jedenfalls durch die Entwicklung der letzten Jahrzehnte in den größeren europäischen Staaten widerlegt worden: Die tatsächliche Macht der europäischen Parlamente gegenüber ihren Exekutiven ist insgesamt keinesfalls größer als die des amerikanischen Kongresses. Und ich bin auch nicht der Meinung, daß die europäischen Parlamente im Unterschied etwa zum amerikanischen Senat sich zu Pflanzschulen einer politischen Elite entwickelt und das Vertrauen der Bürger auf sich konzentriert hätten. Das parlamentarische System befindet sich mindestens ebensosehr in einer Krise wie das amerikanische Präsidialsystem. Am deutlichsten wird das wohl in Großbritannien. Wenn man früher mit Recht sagen konnte, die britische Regierung sei eine Art Komitee der Parlamentsmehrheit, so ist heute die Parlamentsmehrheit nicht sehr viel mehr als die Zustimmungsmaschine des Premiers, und die Wahlen sind längst zu Plebisziten über Premier und Oppositionsführer geworden.

Mit einem nicht durch das Volk gewählten Präsidenten als formalem Staatsoberhaupt und einem im Vergleich zu Weimar deutlich gestärkten Kanzler hat der Parlamentarische Rat im übrigen eine Lösung gefunden, die nicht ständig Zweifel provoziert, ob eine andere Entscheidung nicht doch besser gewesen wäre – die Bundesrepublik kann mit der »Kanzlerdemokratie« ganz gut leben.

Die Aufnahme von Grundrechten in die Verfassung war durch die Militärgouverneure vorgeschrieben worden. Ob es ohne diese Vorgabe die Grundrechte als wesentlichen Bestandteil der Bundesverfassung gegeben hätte, ist nicht ganz sicher. Der bis zu den großen Auftritten Carlo Schmids im Parlamentarischen Rat »parteioffizielle« Verfassungsexperte der SPD, Dr. Walter Menzel, hatte noch am 2. September 1948 als seine Meinung niedergelegt: »Dokument I verlangt leider die Aufnahme von Grundrechten. Ihr materieller Inhalt ist kaum noch streitig. Die Formulierung im einzelnen mag den Ausschußberatungen unter Berücksichtigung der vielen Länderverfassungen vorbehalten bleiben.« Deutlicher hätte auch Hugo Preuß das in Deutschland damals immer noch herrschende Unverständnis darüber nicht ausdrücken können, daß erst die Anerkennung der dem Staat vorgegebenen natürlichen Rechte des Menschen aus einem Organigramm eine Verfassung macht. Inzwischen hat sich diese Erkenntnis bei der großen Mehrheit unserer Bürger so sehr durchgesetzt, daß der Grundrechtskatalog im Empfinden der Menschen fast zum Synonym für Verfassung überhaupt geworden ist.

Deutlich nur politisch-taktisch bestimmt war auch die Einsicht in die Notwendigkeit bei Brill während der Beratungen auf Herrenchiemsee: Die Notwendigkeit der Aufnahme von Grundrechten ergäbe sich »politisch... bei der Aufmerksamkeit, mit der insbesondere das angelsächsische, aber auch das französische Rechtsdenken die Entwicklung in Deutschland beobachten und angesichts der Sehnsucht der deutschen Menschen in der sowjetischen Besatzungszone und in Berlin... Wir wissen alle, daß nach angelsächsischem Rechtsdenken eine Verfassung, und sei es auch nur eine vorläufige, die keine Grundrechte enthält, kein Verfassungsgesetz ist.«

Im Plenum klang es anders: Carlo Schmid trat in seiner Grundsatzrede engagiert für die Aufnahme von Grundrechten als wesentlichem, den Charakter der Verfassung bestimmendem Bestandteil ein (»Die Grundrechte müssen das Grundgesetz regieren«), und das war nicht bloße Anpassung an die Wünsche der Alliierten. Die intellektuelle und moralische Redlichkeit Carlo Schmids bezeugt ein Bericht über ein Referat Schmids auf der zweiten Arbeitstagung über Verfassungsfragen der Stiftung Gesellschaft Oberschwaben vom 29.6.1946: »Wenn er versuche, das Weltgefühl dieser Tage festzuhalten, so scheine ihm das Erste die Würde des Menschen. Vieles scheine dagegen zu sprechen, heute die Würde des Menschen in den Mittelpunkt zu stellen, dennoch glaube er einen der tiefsten Wünsche des Menschen unserer Zeit darin sehen zu können, sein Leben nicht als Objekt, als Funktion zu führen, sondern in der Würde der freien Entscheidung. Dem müsse eine Verfassung nicht in Proklamation und Deklaration Rechnung tragen, sondern ihr Mechanismus muß darauf abgestellt sein, den Menschen zum Staat in das Verhältnis eines freiwollenden Wesens zu bringen.«

Auch Dr. Süsterhenn als Sprecher der CDU forderte in seiner Grundsatzrede die Aufnahme von »stabilen, in Naturrecht und nicht bloß in wechselndem Mehrheitswillen verankerten Grundrechten«, und auch bei ihm ist glaubhaft, daß er damit nicht einfach nur die ohnehin bindende Vorgabe der Alliierten als eigene Meinung vortragen wollte. Allerdings muß man bezweifeln, ob ihm und seinen Freunden klar war, daß die Aufnahme von Grundrechten in die Verfassung eines demokratischen Staates im Wesen der Grundrechte und im Wesen einer demokratischen Verfassung begründet liegt, sich also quasi selbst begründet – denn er gab eine äußerliche, eine zeitbedingte Begründung: »Weil im Zeitalter des fürstlichen Absolutismus diese Menschenrechte in der politischen Praxis mit Füßen getreten wurden, hielt man es beim revolutionären Umbruch in Amerika und in Frankreich für notwendig, diese Menschenrechte in Form von ausdrücklichen Deklarationen zum Staatsgrundgesetz zu erheben, in die Verfassungen aufzunehmen oder sie den Verfassungen voranzustellen. Weil wir uns in einer ähnlichen Situation der Gefährdung der menschlichen Freiheit befinden, *deshalb* (Hervorhebung vom Autor) erheben wir auch heute die Forderung, daß die Grundrechte in ihrer natürlichen Verankerung und vorstaatlichen Geltung ausdrücklich in dem kommenden Grundgesetz ihre Anerkennung finden.«

Die Frage, ob es auch ohne die Auflage der Alliierten im »Dokument Nr. I« einen Grundrechtskatalog vom Rang des dann tatsächlich beschlossenen ersten Abschnittes unseres

Grundgesetzes gegeben hätte, läßt sich heute nicht mehr beantworten. Die Tatsache, daß die vor dem Beginn der Arbeiten des Parlamentarischen Rates beschlossenen Länderverfassungen der amerikanischen und französischen Zone Grundrechte enthielten, begründet nicht ohne weiteres die Vermutung, die Parteien hätten auch ohne alliiertes Drängen bei der Ausarbeitung einer Bundesverfassung der Frage der Grundrechte besonderes Gewicht beigelegt. Es wäre auch denkbar gewesen, daß man sich mit einer Regelung dieser Frage in den Länderverfassungen begnügt hätte. Man hätte sich für eine solche Lösung sowohl auf die Verfassungslage im Kaiserreich als auch auf die Situation in Amerika in der Zeit zwischen 1787 und 1789 berufen können. So absurd uns das heute vorkommen mag – angesichts der schlechten Erfahrungen mit den Grundrechten der Weimarer Verfassung und angesichts des auch in den Parteien weit verbreiteten Unverständnisses über Wesen und Bedeutung von Grundrechten wäre ein solches Ergebnis durchaus nicht undenkbar gewesen. Sicher scheint mir jedenfalls zu sein, daß die vor allem amerikanisch orientierte alliierte Weisung, »Garantien der individuellen Rechte und Freiheiten« in die Verfassung aufzunehmen, dazu beigetragen hat, daß der Parlamentarische Rat zum erstenmal in Deutschland das Problem natürlicher, dem Staat vorgegebener Menschenrechte gründlich durchdacht und in beeindrukkender Weise gelöst hat. Daß so eine der Grundideen der amerikanischen Revolution »über den kurzen Weg« des militärischen Befehls die Grundlagen unserer Verfassung beeinflußt hat, ist die logische Pointe der unterschiedlichen politischen Entwicklungen in Amerika und in Deutschland.

Die Alliierten hatten ja aber nicht nur die Aufnahme von individuellen Rechten und Freiheiten in die Verfassung verlangt, sondern vor allem Garantien dieser Rechte und Freiheiten. Das warf vier Fragen auf: die Frage der Bestandsgarantie der Grundrechte; die Frage der Bindungswirkung der Grundrechte, insbesondere der Bindung des Gesetzgebers;

die Frage des richterlichen Prüfungsrechtes; die Frage eines Klagerechtes des Bürgers gegen Grundrechtsverletzungen.

Die Weimarer Verfassung hatte keine dieser Fragen gelöst. Dagegen hatte die – wie wir gesehen haben: stark von Amerika beeinflußte – Paulskirchenverfassung immerhin einige Lösungsansätze gebracht. In § 130 hieß es: »Dem deutschen Volke sollen die nachstehenden Grundrechte gewährleistet sein. Sie sollen den Verfassungen der deutschen Einzelstaaten zur Norm dienen, und keine Verfassung oder Gesetzgebung eines deutschen Einzelstaates soll dieselben je aufheben oder beschränken können«, und § 126, Ziff. e bestimmte: »Zur Zuständigkeit des Reichsgerichts gehören Klagen deutscher Staatsbürger wegen Verletzung der durch die Reichsverfassung ihnen gewährten Rechte. Die näheren Bestimmungen über den Umfang dieses Klagerechtes und die Art und Weise, dasselbe geltend zu machen, bleiben der Reichsgesetzgebung vorbehalten.«

Nachdem man, aus welchen Gründen auch immer, die Grundrechte als dem Staat vorgegebene, ihn also beherrschende natürliche Rechte akzeptiert hatte, war der Weg zur Vollendung dieser Paulskirchenansätze vorgezeichnet. Die Parteien waren sich im Grundsatz einig, und sie waren sich auch der Anknüpfung an Amerika bewußt: Zum Beleg beschränke ich mich auf ein Zitat aus der Grundsatzrede Dr. Süsterhenns: »Unser Fraktionsmitglied Dr. Adenauer hat bei den verfassungspolitischen Vorarbeiten des Zonenbeirates mit Recht einen Staatsgerichtshof gefordert ... Und weiter will er diesem Staatsgerichtshof die Aufgabe zuerkennen, einem jeden Einwohner Deutschlands den nötigen Schutz gegen Beeinträchtigung der ihnen verfassungsmäßig zugesicherten Grundrechte zu gewähren. Denn er fügt zur Begründung hinzu: ›Es gibt nicht nur eine Diktatur des einzelnen, es kann auch eine Diktatur einer parlamentarischen Mehrheit geben. Und davor wollen wir einen Schutz haben in der Form eines Staatsgerichtshofes.‹ Wir wollen einen Staatsgerichtshof, dem nicht nur ein Prüfungsrecht darüber zusteht, ob ein Gesetz in der vorgeschriebenen Form erlassen ist und ob es mit den Buchstaben und dem Wortlaut der Verfassung im Einklang steht. Der von uns geforderte Verfasssungsgerichtshof soll auch das Recht haben zu prüfen, ob ein Gesetz seinem Inhalt nach dem Geist und den naturrechtlichen, menschenrechtlichen Grundlagen der Verfassung entspricht, wie dies z. B. beim Bundesgerichtshof der Vereinigten Staaten der Fall ist, welcher über den Willen des Gesetzgebers hinaus zum Hüter der Verfassung, zum Wahrer des Naturrechts und zum verkörperten Gewissen der Volksgesamtheit geworden ist.«

Der Parlamentarische Rat hat den Grundrechten den denkbar höchsten Bestandschutz gesichert. Nach Artikel 79, III GG ist die Existenz von Grundrechten einer Verfassungsänderung entzogen – und auch der in der Würde des Menschen begründete Kern von Grundrechten ist einer Verfassungsänderung entzogen. Der Parlamentarische Rat konnte mit dieser Etablierung eines »ewigen« Teils der Verfassung an Artikel 5 der amerikanischen Verfassung anknüpfen, durch den eine Verfassungsänderung mit dem Ziel der Beseitigung des gleichen Stimmrechts aller Einzelstaaten im Senat verboten wurde.* In der Sache ist die verfassungsrechtliche Festschreibung der Unabänderbarkeit von Grundrechten nichts anderes als die Umsetzung von Artikel 1 der Virginia Bill of Rights.

Daß selbst gegen Verfassungsänderungen gefeite Grundrechte den einfachen Gesetzgeber binden müssen, lag auf der Hand und bedurfte auch im Parlamentarischen Rat keiner langen Erörterungen. Der zum erstenmal in der amerikanischen Unabhängigkeitserklärung von einem Staat niederge-

* Das Grundgesetz enthält übrigens einen ähnlichen Schutz der »Gliederung des Bundes in Länder« und für die »grundsätzliche Mitwirkung der Länder bei der Gesetzgebung«.

legte Grundsatz, daß »Regierungen« (damit war nicht nur die Exekutive gemeint!) nur »zur Sicherung dieser Rechte... eingerichtet werden«, steht mit Artikel 1 heute an der Spitze unseres Grundgesetzes: »Die Würde des Menschen ist unantastbar. Sie zu achten und zu schützen *ist Verpflichtung aller staatlichen Gewalten.* Das deutsche Volk bekennt sich darum zu unverletzlichen und unveräußerlichen Menschenrechten *als Grundlage jeder menschlichen Gemeinschaft,* des Friedens und der Gerechtigkeit in der Welt. Die nachfolgenden Grundrechte *binden* Gesetzgebung, vollziehende Gewalt und Rechtsprechung *als unmittelbar geltendes Recht.*« (Hervorhebungen vom Autor)

Die Grundrechte, ihre Bestandsgarantie und die Bindung der Staatsgewalt an die Grundrechte sind nicht sehr viel wert, wenn es keine unabhängige Instanz gibt, die eine Verletzung feststellt und unwirksam macht. Ich habe beschrieben, daß in Amerika der Supreme Court diese Aufgabe wie auch die Überprüfung der Verfassungsmäßigkeit von Gesetzen überhaupt übernommen hatte; allerdings nicht, wie Süsterhenn meinte, »über den Willen des Gesetzgebers (gemeint war: Verfassungsgeber) hinaus«, sondern in logischer Anwendung der Verfassung, worauf schon Hamilton 1788 in den *Federalist Papers* aufmerksam gemacht hatte: »Ein Gesetzesbeschluß, welcher der Verfassung widerspricht, (kann) nicht gültig sein. Dies leugnen, hieße behaupten, daß der Beauftragte höher stehe als der Auftraggeber.« Es sei so, »daß die Gerichtshöfe... u.a. den Zweck haben, die (gesetzgebende Körperschaft) innerhalb der Grenzen zu halten, die ihrer Macht gesetzt sind«. Das Reichsgericht hatte in der ersten Hälfte der zwanziger Jahre das Überprüfungsrecht für die Justiz in Anspruch genommen.

Es war wohl kein Zufall, daß die deutschen Richter, in ihrer großen Mehrheit fest in der Zeit vor 1918 wurzelnd, sich mit besonderer Liebe der Auslegung von Art. 153 I, Satz 1 der Weimarer Verfassung (»Das Eigentum wird von der Verfassung gewährleistet«) zuwandten und dabei oft die auch schon in der Weimarer Verfassung enthaltene Sozialbindung (»Eigentum verpflichtet. Sein Gebrauch soll zugleich Dienst sein für das Gemeine Beste«) geflissentlich übersahen. Dies und die auch sonst in der Weimarer Zeit immer wieder deutlich werdende politische Einäugigkeit der Justiz bestärkten die aus dem Gedanken der Volkssouveränität entstandene Abneigung vieler demokratischer Politiker gegen ein *judicial review*. Äußerung dieses Unbehagens ist die Frage von Professor Brill (SPD) im Herrenchiemsee-Konvent, ob einem Gerichtshof praktisch politische Kompetenz zuerkannt werden könnte: »Eine eingehende Diskussion halte ich darüber für notwendig, ob wir nach amerikanischem Vorbild den Urteilen eines solchen obersten Gerichtshofes ohne weiteres Gesetzeskraft beilegen können oder ob der Streit nicht beschränkt werden muß auf die Entscheidung von Rechtsfragen«; wobei Brill insofern irrte, als die Entscheidungen des Supreme Court nicht »Gesetzeskraft« haben, worauf ich gleich zurückkomme. Die vom Parlamentarischen Rat gefundene Lösung berücksichtigte in beeindruckender Weise sowohl die zwingende Notwendigkeit gerichtlicher Kontrolle als auch die schlechten Erfahrungen mit einer bestenfalls unpolitischen, in Wahrheit meist einseitig politischen Justiz der Weimarer Zeit: Das richterliche Prüfungsrecht und die Entscheidungsgewalt über Verfassungsbeschwerden wurden einem besonderen Gericht übertragen, dessen Mitglieder von zwei politischen Körperschaften wesentlich auch nach politischen Gesichtspunkten bestimmt werden: dem Bundesverfassungsgericht. Auch in der Besetzung durch politische Instanzen stand Amerika Pate, dessen oberste Richter vom Präsidenten mit Zustimmung des Senats ernannt werden.

In den Vereinigten Staaten hat der Supreme Court nicht nur die Aufgabe eines Hüters der Verfassung; er ist auch oberstes Bundesgericht für »normale« Rechtsstreitigkeiten, die nach einfachem Bundesrecht zu entscheiden sind; neben dem Supreme Court gibt es kein unserem Bundesgerichtshof vergleichbares Gericht. Vor einer solchen Zusammenführung von allgemeiner Rechtsanwendung und der Anwendung und Auslegung der Verfassung in einem allgemeinen Höchsten Gerichtshof (notabene: Die Gesamtzahl der Richter des Supreme Court beträgt 9!) ist der Parlamentarische Rat leider zurückgeschreckt. Allzu schwer wog die Tradition – und allzu groß war die Furcht, die bei einer solchen Zusammenführung zwingend notwendige drastische Reduzierung des letzten Rechtsmittels auf wenige, praktisch von einem solchen Höchsten Gerichtshof ausgewählte Fälle wäre die falsche Antwort auf den Abbau des Rechtsstaates während der Nazizeit.

Im Hauptausschuß des Parlamentarischen Rates kam es zu einer Debatte zwischen dem CDU-Abgeordneten von Mangoldt, der 1934 eine vom damals in Deutschland herrschenden Zeitgeist nicht angekränkelte Arbeit über »Geschriebene Verfassung und Rechtssicherheit in den Vereinigten Staaten von Amerika« veröffentlicht hatte, und Carlo Schmid über die Frage, ob (bestimmte) Entscheidungen des Bundesverfassungsgerichts Gesetzeskraft haben sollten. Von Mangoldt sah es als Gefahr an, »daß bei einer Entscheidung des Bundesverfassungsgerichts ein abstrakter Satz herausgestellt wird«. Er hielt demgegenüber das amerikanische System für »vorbildlich«, weil es »durch die besondere Art der Auslegung, die den Vorschriften der Bundesverfassung (durch den Supreme Court) gegeben worden ist, nie zu einem Bruche im Verfassungsrecht gekommen ist«.

Die Vereinigten Staaten haben den Grundsatz des englischen Common law übernommen, daß eine Entscheidung eines höheren Gerichts bindend ist. Eine Gesetzeskraftklausel wäre in Amerika überflüssig, weil diese Bindungswirkung der Gesetzeskraft sehr nahekommt – aber eben nur nahekommt. Wie fast immer im angelsächsischen Rechtskreis gibt es nämlich ein Ventil: Die unteren Gerichte können in einem anderen, eigentlich gleichliegenden Rechtsfall feststellen, daß der Fall anders gelagert sei als der der Präzedenzentscheidung zugrundeliegende – und sie tun es oft, wenn sie die Präzedenzentscheidung in Wahrheit mißbilligen: Sei es, weil die Zeit über jene Entscheidung hinweggegangen ist, sei es, weil die Richter einer anderen politischen Tendenz folgen, als sie der Präzedenzentscheidung zugrunde lag. Die Engländer und Amerikaner haben dieses »Distinguieren« zu einer hohen Kunst entwickelt. Auch der Supreme Court setzt sie ein, obwohl er dieses Hilfsmittels nicht bedarf: Er kann selbstverständlich ganz offen von einer eigenen früheren Entscheidung abweichen (*overrule*). Aber er zieht es vor, die ältere Entscheidung formell zu respektieren, dafür einen – fast immer vorhandenen – Unterschied im Sachverhalt herauszuarbeiten und seine tatsächlich abweichende Entscheidung im wesentlichen auf diese Verschiedenheit zu stützen. Dabei bildet die abweichende Meinung *(dissenting opinion)* eines bei der früheren Entscheidung in der Minderheit gebliebenen Richters oft die argumentative Brücke.

Von Mangoldt zog den richtigen Schluß: »Trotz Bindung an die Rechtsprechung der höheren Gerichte gibt es also die Möglichkeit der Fortentwicklung in den Vereinigten Staaten.« Carlo Schmid sah in seiner Antwort die bindende Wirkung der Entscheidungen stärker und hielt, um ein praktisch gleiches Ergebnis in Deutschland zu erreichen, die Gesetzeskraft von Entscheidungen des Bundesverfassungsgerichts für erforderlich.

Ich teile von Mangoldts Sympathie für das amerikanische System, das in der Tat unserem überlegen ist – aber im Ergebnis hatte Carlo Schmid und mit ihm der Parlamentarische Rat bei seiner Entscheidung recht. Zum einen ist mit der Vorlagepflicht der Gerichte an das Bundesverfassungsgericht, die nach den Erfahrungen von Weimar unvermeidlich war, dieses unmittelbar und nur mit der Frage der Verfassungsmäßigkeit eines Gesetzes konfrontiert, während für Amerika *incident-*

Entscheidungen typisch sind, die überhaupt erst Spielraum für das Distinguieren lassen. Zum anderen zeigt dieses Beispiel die Grenzen der Möglichkeit, ausländische Vorbilder zu übernehmen. Das amerikanische System funktioniert nur im Rahmen einer jahrhundertealten Rechtstradition, die ich zwar auch für uns gern hätte, die aber nicht durch eine Entscheidung eines Verfassungsgebers als existent vorgeschrieben werden kann.

Es gab in den Vorberatungen und Beratungen des Grundgesetzes einige weitere Bezüge auf Amerika und auch einige wenige auf Frankreich; soweit sie nicht völlig belanglos waren, will ich sie der Vollständigkeit halber kurz erwähnen: Carlo Schmid zog die französische Revolutionsformel der »Nation une est indivisible« heran, um sein Bekenntnis: »Es gibt kein westdeutsches Staatsvolk, und es wird keines geben!« durch die eine große Leitidee einer der Besatzungsmächte zu legitimieren: »La nation une est indivisible: die eine und unteilbare Nation bedeutet nichts anderes, als daß die Volkssouveränität auch räumlich nicht teilbar ist.«

Artikel 26, I GG (Ächtung des Angriffskrieges) hat sein Vorbild in Titel VI der französischen Verfassung vom 3. September 1791.

Gegen die Aufnahme eines Grundrechtes auf Kriegsdienstverweigerung aus Gewissensgründen wandte sich Theodor Heuss mit dem Hinweis, die allgemeine Wehrpflicht sei »das legitime Kind der Demokratie, seine Wiege stand in Frankreich«; er schlug statt dessen vor, daß »der künftige Gesetzgeber in dem Sinne, wie das in England und Amerika möglich ist, ein solches Gesetz macht, wie es früher bei uns für die Mennoniten gegolten hat«. Er befürchtete einen »Massenverschleiß des Gewissens«.

In der Debatte um die Möglichkeit/Notwendigkeit der Länderneugliederung wurde ohne wesentliches Ergebnis auf die gefundene Lösung auf Artikel IV, Abschnitt 3, Abs. 1 der amerikanischen Verfassung verwiesen: »Jedoch darf kein neuer Staat durch die Vereinigung von zwei oder mehr Einzelstaaten oder Teilen von Einzelstaaten ohne die Zustimmung sowohl der gesetzgebenden Körperschaft der betreffenden Einzelstaaten als auch des Kongresses gebildet werden.«

Und schließlich: Bei der Erörterung des deutschen Prinzips des grundsätzlichen Ausschlusses der persönlichen zivilrechtlichen Haftung des Beamten (Art. 34 GG) wurde – ergebnislos – darauf hingewiesen, daß »gerade in der persönlichen Haftbarkeit des Beamten z. B. in den Vereinigten Staaten eine Hauptsicherung gegen Amtsmißbrauch erblickt wird«.

Schlussbetrachtung

Wohl niemals zuvor ist eine Verfassung unter ungünstigeren Umständen entstanden als unser Grundgesetz. Das Land war weitgehend zerstört; es war geteilt, und die Teilung war durch deutsche Entscheidung nicht aufhebbar. Die Besatzungsmächte entschieden nach ihrem Willen und nach ihren Interessen über deutsche Zukunft – und sie entschieden vor allem über deutsche Staatlichkeit. Die überwiegende Mehrzahl der Deutschen verfügte weder über ein gesundes deutsches noch über ein gesundes staatsbürgerliches Selbstbewußtsein. Die deutsche Geschichte war Last und Bedrückung. Unser Land hatte das abstoßendste Beispiel einer Diktatur geschaffen, und es hatte sich nicht aus eigener Kraft daraus befreit. Soweit die Deutschen zu einer Reaktion auf ihre Geschichte überhaupt noch fähig waren, schwankte diese zwischen Scham und Trotz. Nur wenige sahen die Chance für einen Neubeginn, und noch weniger Menschen waren bereit, sich für einen solchen Neubeginn zu engagieren. Und diese wenigen mußten das Odium auf sich nehmen, an die Schaffung einer neuen Grundlage staatlichen Lebens als Beauftragte der Besatzungsmächte heranzugehen. Wer diese Ausgangslage im Blick behält, wird die Leistung des Parlamentarischen Rates bewundern müssen.

Die Leitvorstellungen des Grundgesetzes kommen aus verschiedenen Quellen. Der Grundsatz der streitbaren Demokratie, der seinen Niederschlag zum Beispiel in den Artikeln 18, 20, Abs. IV, und 21, Abs. II gefunden hat, ist Reaktion auf die Blauäugigkeit der Weimarer Verfassung und das ruhmlose Ende der Weimarer Republik. Die zentrale Stellung der Grundrechte in der Verfassung ist die Adoption amerikanischer Verfassungsphilosophie, die ihrerseits auf der europäischen Naturrechtslehre aufbaut. Die Organisation der Bundesexekutive, die »Kanzlerdemokratie«, ist eine gelungene eigenständige Schöpfung des Parlamentarischen Rates. Die herausragende Stellung des Bundesverfassungsgerichts knüpft an die Stellung des amerikanischen Supreme Court an, ohne allerdings das amerikanische Beispiel voll zu übernehmen. Die nicht sonderlich befriedigende Lösung des Zusammenwirkens von Bund und Ländern ist mehr durch deutsche Verfassungsgeschichte als durch amerikanisches Beispiel geprägt. Das Sozialstaatsgebot hat eine seiner Wurzeln in französischen Revolutionsideen, eine andere wichtige in der deutschen Arbeiterbewegung. Die Leistung des Parlamentarischen Rates lag auch und gerade in seiner Fähigkeit, Zuflüsse aus so verschiedenen Quellen so zusammenzuführen, daß eine im ganzen doch schlüssige und stimmige Lösung gefunden wurde.

Es gibt Defizite, die zu beklagen sind. Ich will zwei erwähnen: Es hätte die Chance bestanden, das Verhältnis zwischen Bund und Ländern so zu ordnen, daß auch die deutschen Länder – wie die amerikanischen Einzelstaaten – als Element, Ursprung und Gegenstand staatsbürgerlichen Selbstbewußtseins gewirkt hätten. Diese Chance ist vertan worden, und auch der engagierte Föderalist muß wohl zugeben, daß die im Grundgesetz angelegte, durch ständige Praxis schon weit vorangeschrittene Umwandlung von Bundesländern mit Staatsqualität in gehobene Verwaltungsprovinzen unumkehrbar ist. Das Grundgesetz hat die Chance nicht genutzt, das deutsche Gerichtssystem so umzuformen, daß eine demokratisch legitimierte, im Volk in Gestalt der Richter wirklich verwurzelte, mit berechtigtem Selbstbewußtsein agierende Dritte Gewalt entstehen konnte. Ein Gerichtssystem, in dem die Quantität der Richter dominiert und in dem schon deshalb die Richter dem Staatsbürger nicht einmal bekannt sind, kann die Rolle der politisch so wichtigen Dritten Gewalt nur sehr unvollkommen ausfüllen. Ich fürchte, daß auch diese Fehler irreparabel ist.

Jeder politisch Interessierte wird je nach seinem politischen Standort den einen oder den anderen Mangel des Grundgesetzes empfinden und beklagen – viele ziehen aus der Erkenntnis der Mängel die Schlußfolgerung, solche Mängel durch Verfassungsänderung zu beheben; einige gelangen zu der Auffassung, das Grundgesetz müsse einer Totalrevision unterzogen werden. Wir haben bei der Schaffung des Grundgesetzes erstaunlich viel aus den Beispielen der großen alten Demokratien gelernt; wahrscheinlich gerade so viel, wie wir nach unserer unglücklichen deutschen Freiheits- und Demokratiegeschichte zu lernen imstande waren. Wir sollten noch etwas übernehmen: daß eine Verfassung vorzugsweise durch vernünftige Anwendung und vernünftige Auslegung »wächst« und lebendig bleibt und daß allzu häufige und allzu viele Änderungen eine Verfassung zum bloßen Objekt von Zweckmäßigkeit degradieren. Eine Verfassung ohne Patina erreicht vielleicht den Kopf der Menschen, nicht aber ihr Herz. Die amerikanische hat in über 200 Jahren ganze 26 Änderungen erfahren. Davon stellten die ersten zehn Änderungen praktisch das zweite Kapitel der Verfassungsgebung dar, sie wurden noch im unmittelbaren Zusammenhang mit ihrer Ratifizierung beschlossen. Von den verbleibenden 16 Änderungen darf man beruhigt zwei in der Zählung unterschlagen: die Einführung der Prohibition und die Aufhebung der Prohibition. Es verbleiben für über 200 Jahre 14 Änderungen! Unser Grundgesetz hat in weniger als 40 Jahren 35 Änderungen erfahren. Selbst wenn man berücksichtigt, daß einige dieser Änderungen sich notwendig aus der Tatsache ergaben, daß die Alliierten den Westdeutschen bei der Schaffung des Grundgesetzes nur eine beschränkte Souveränität zugestanden hatten, einige Ergänzungen des Grundgesetzes also vorprogrammiert waren, ist dies doch eine bedenklich hohe Zahl. Ich würde mir jedenfalls wünschen, daß zukünftig mehr als bisher der Vorteil, der in einer Änderung des Grundgesetzes liegen könnte, ernsthaft und sorgfältig abgewogen wird gegen den Vorteil der Dauerhaftigkeit des Grundgesetzes und seiner Verwurzelung in den Bürgern. Ich ziehe einen alten Baum, ein wenig krumm und knorrig werdend, vielleicht auch etwas windschief, aber lebendig, dem noch so schönen, glatten, stromlinienförmigen Kunstgebilde vor, das nicht mehr aus sich selbst heraus lebt.

ANHANG

Quellentexte

Der *Mayflower Compact*
November 11, 1620

In the name of God, Amen. Whe whose namens are under-writen, the loyall subjects of our dread soveiraigne Lord, King James, by the Grace of God, of Great Britaine, France and Ireland King, defender of the faith etc. haveing undertaken, for the glorie of God, and advencemente of the Christian faith, and honour of our king and country, a voyage to plant the first colonie in den Northerne parts of Virginia, doe by these presents solemnly and mutualy in the presence of God, and one of another, convenant and combine our selves togeather into a civill body politick, for our better ordering and preservation and futherance of the end aforesaid; and by vertue hearof to enacte, constitute and frame such jest and equall lawes, ordinances, acts, constitutions, and offices from time to time, as shall be thought most meete an convient for the generall good of the Colonie, under which we promise all due submission and obedience. In witness wherof we have herunder subscribed our names at Cap-Codd the 11 of November, in the year of the raigne of our souveraigne lord, Kings James, of England, France and Ireland the eighteenth, and of Scotland the fiftie fourth. Anno: Dom. 1620

Auszüge aus der Entscheidung des Supreme Court in der Sache Marbury versus Madison (1803)

The question, whether an act repugnant to the constitution can become the law of the land, is a question deeply interesting to the United States; but, happily, not of an intricacy proportioned to its interest. It seems only necessary to recognize certain principles, supposed to have been long and well established, to decide it.

That the people have an original right to establish, for their future government, such principles as, in their opinion, shall most conduce to their own happiness, is the basis on which the whole American fabric has been erected. The exercise of this original right is a very great exertion; nor can it nor ought it to be frequently repeated. The principles, therefore, so established, are deemed fundamental. And as the authority from which they proceed is supreme, and can seldom act they are designed to be permanent. This original and supreme will organizes the government, and assigns to different departments their respective powers. It may either stop here, or establish certain limits not to be transcended by those departments. The government of the United States is of the latter description. The powers of the legislature are defined and limited; and that those limits may not be mistaken or forgotten, the constitution is written. To what purpose are powers limited, and to what purpose is that limitation committed to writing, if these limits may, at any time, be passed by those intended to be restrained? The distinction between a government with limited and unlimited powers is abolished, if those limits do not confine the persons on whom they are imposed, and if acts prohibited and acts allowed, are of equal obligation. It is a proposition too plain to be contested, that the constitution controls any legislative act repugnant to it; or, that the legislature may alter the constitution by an ordinary act. Between these alternatives there is no middle ground. The constitution is either a superior paramount law, unchangeable by ordinary means, or it is on a level with ordinary legislative acts, and, like other acts, is alterable when the legislature shall please to alter it. If the former part of the alternative be true then a legislative act contrary to the constitution, is not law; if the latter part be true, then written constitutions are absurd attempts, on the part of the people, lo limit a power in its own nature illimitable. Certainly all those who have framed written constitutions contemplate them as foming the fundamental and paramount law of the nation, and, consequently, the theory of every such government must be, that an act of the legislature, repugnant to the constitution, is void. This theory is essentially attached to a written constitution, and is consequently to be considered, by this court, as one, of the fundamental principles of our society. If an act of the legislature, repugnant to the constitution, is void, does it, notwithstanding its invalidity, bind the courts, and oblige them to give it effect? Or, in other words, though it be not law, does it constitute a rule as operative as if it was a law? This would be to overthrow in fact what was established in theory; and would seem, at first view, an absurdity too gross to be insisted on. It shall, however, receive a more attentive consideration. It is emphatically the province and duty of the judicial department to say what the law is. Those who apply the rule to particular cases, must of necessity expound and interpret that rule. If two laws conflict with each other, the courts must decide on the operation of each. »So if a law be in opposition to the constitution; if both the law and the constitution apply to a particular case, so that the court must either decide that case conformably to the law, disregarding the constitution, or conformably to the constitution, disregarding the law, the court must determine which of these conflicting rules governs the case. This is of the very essence of judicial duty. If, then, the courts are to regard the constitution, and the constitution is superior to any ordinary act of the legislature, the constitution, and not such ordinary act, must govern the case to which they both apply. Those then who controvert the principle that the constitution is to be considered, in court, as a paramount law, are reduced to the necessity of maintaining that courts must close their eyes on the constitution, and see only the law.

This doctrine would subvert the very foundation of all written constitutions. It would declare that an act which, according to the principles and theory of our government, is entirely void, is yet, in practice, completely obligatory. It would declare that if the legislature shall do what is expressly forbidden, such act, notwithstanding the express prohibition, is in reality effectual. It would be giving to the legislature a practical and real omnipotence, with the same breath which professes to restrict their powers within narrow limits. It is prescribing limits, and declaring that those limits may be passed at pleasure. That it thus reduces to nothing what we have deemed the greatest improvement on political institutions, a written constitution, would of itself be sufficient, in America, where written constitutions have been viewed with so much reverence, for rejecting the construction. But the peculiar expressions of the constitution of the United States furnish additional arguments in favor of its rejection. The judicial power of the United States is extended to all cases arising under the constitution. Could it be the intention of those who gave this power, to say that in using it the constitution should not be looked into? That a case arising under the constitution should be decided without examining the instrument under which it arises? This is too extravagant to be maintained. In some cases, then, the constitution must be looked into by the judges. And if they can open it at all, what part of it are they forbidden to read or to obey? There are many other parts of the constitution which serve to illustrate this subject... From these, and many other selections which might be made, it is apparent that the framers of the constitution contemplated that instrument as a rule for the government of courts, as well as of the legislature. Why otherwise does it direct the judges to take an oath to support it? This oath certainly applies in an especial manner to their conduct in their official character. How immoral to impose it on them, if they were to be used as the instruments, and the knowing instruments, for violating what they swear to support! The oath of office, too, imposed by the legislature, is completely demonstrative of the legislative opinion on this subject. It is in these words: »I do solemnly sear that I will administer justice without respect to persons, and do equal right to the poor and to the rich; and that I will, faithfully and impartially discharge all the duties incumbent on me as, according to the best of my abilities and understanding, agreeably to the constitution and laws of the United States.« Why does a judge swear to discharge his duties agreeably to the constitution of the United States, if that constitution forms no rule for his government – if it is closed upon him, and cannot be inspected by him? If such be the real state of things, this is worse than solemn mockery. To prescribe, or to take this oath, becomes equally a crime. It is also not entirely unworthy of observation, that in declaring what shall be the supreme law of the land, the constitution itself is first mentioned; and not the laws of the United States generally, but those only which shall be made in pursuance of the constitution, have that rank. Thus, the particular phraseology of the constitution of the United States confirms and strengthens the principle, supposed to be essential to all written constitutions, that a law repugnant to the constitution is void; and that courts, as well as other departments, are bound by that instrument.

Beschluß der französischen Nationalversammlung vom 11. 8. 1789 über die Abschaffung der Feudalität (Auszug)

Art. 1. Die Nationalversammlung vernichtet das Feudalwesen völlig. Sie dekretiert, daß von den Feudal- wie Grundzinsrechten und Pflichten sowohl jene, die sich aus unveräußerlichen Besitz an Sachen und Menschen und aus persönlicher Leibeigenschaft herleiten, als auch jene, die an ihre Stelle getreten sind, entschädigungslos aufgehoben werden; alle übrigen Lasten werden für ablösbar erklärt; die Summe, sowie die Art und Weise der Ablösung, wird die Nationalversammlung festlegen ...

Art. 2. Das Sonderrecht, Taubenschläge und Taubenhäuser zu halten, wird abgeschafft.

Art. 3. Ebenso wird das Sonderrecht der Jagd und offenen Wildgehege abgeschafft. Jeder Eigentümer hat, jedoch nur auf seinem Grund und Boden, das Recht, jede Art von Wild zu töten oder töten zu lassen, solange dies im Einklang mit etwaigen zur öffentlichen Sicherheit erlassenen Polizeigesetzen geschieht ... Der Präsident wird beauftragt, den König um Begnadigung der wegen einfachen Jachtfrevels zur Galeere oder Deportation Verurteilten, Freilassung der aus solchen Gründen gegenwärtig in Haft gehaltenen und Einstellung der dieserhalb anhängigen Prozesse zu ersuchen.

Art. 4. Jede grundherrliche Rechtsprechung wird entschädigungslos abgeschafft ...

Art. 5. Alle ... Zehnten oder dafür eintretende Grundzinsabgaben, in deren Genuß weltliche oder geistliche Körperschaften, Pfründeninhaber, sämtliche Vorstände und alle Einrichtungen der toten Hand ... kommen, ... werden abgeschafft, mit dem Vorbehalt, daß für die Mittel zur Bestreitung der Kosten für Gottesdienst, Unterhalt der Priester ... anderweitig gesorgt wird ... Die übrigen Abgaben, gleichgültig welcher Natur, sind ablösbar; die Modalitäten wird die Nationalversammlung festlegen ...

Art. 6. Alle Formen ewigen Grundzinses, sei es in Naturalien oder Geld, gleichgültig, welcher Art er ist, woher er seinen Ursprung hat, wer sein Nutznießer ist: die Kirche, Gutsherren, sonstige Privilegierte ... sollen ablösbar sein; ...

Art. 7. Die Käuflichkeit der Gerichts- und Magistratsämter ist ab sofort aufgehoben. Die Rechtsprechung soll kostenlos erfolgen ...

Art. 9. ... Der Besteuerung sollen alle Bürger und alle Vermögen nach den gleichen Grundsätzen und in der gleichen Weise unterliegen. Es werden Maßnahmen getroffen werden, um eine gerechte Verteilung sämtlicher Steuerlasten bereits für die zweite Hälfte des laufenden Steuerjahres durchzuführen.

Art. 10. Da eine nationale Verfassung und die öffentliche Freiheit den Provinzen mehr Vorteile bringt als die Privilegien, die einige bisher genossen, und da Opfer zu einer engen Verbindung aller Teile des Staates unumgänglich sind, werden alle besonderen Privilegien von Provinzen, Fürstentümern, Ländern, Bezirken, Städten und Siedlungen, ob finanzieller oder sonstiger Art, für unwiderruflich abgeschafft und in dem für alle Franzosen gleichen gemeinsamen Recht aufgegangen erklärt.

Art. 11. Alle Bürger sollen, ohne Unterschied ihrer Geburt, freien Zugang zu allen kirchlichen, zivilen und militärischen Ämtern und Würden haben; niemand, der einem Erwerbsberuf nachgeht, soll dadurch seines Adelsprädikates verlustig gehen.

Art. 12. In Zukunft soll an die römische Kurie die Vizedelegation von Avignon und die Nuntiatur von Luzern keinen Heller für Annaten oder irgendeinen anderen Zweck abgeführt werden ...

Art. 14. Eine Häufung von Pfründen wird in Zukunft nicht erlaubt sein, wenn die Einnahmen der Rechtsinhaber von einer oder mehreren Pfründen die Summe von 3000,00 Livres übersteigen ...

Art. 15. Anhand der ihr vorzulegenden Liste über die Höhe der Pensionen, Gnadengeschenke und festen Gehälter wird die Nationalversammlung im Einvernehmen mit dem König darangehen, diejenigen von ihnen, die auf keinem Verdienst beruhen, aufzuheben und im übrigen, soweit sie das gewöhnliche Maß übersteigen, zu reduzieren.

Art. 19. Die Nationalversammlung wird unmittelbar nach Errichtung der Verfassung die nötigen Gesetze für die Entwicklung der im vorliegenden Beschluß verankerten Prinzipien erlassen. Den Beschluß sollen die Abgeordneten, zusammen mit dem Dekret vom 10. dieses Monats, in alle Provinzen schicken, um ihn dort drucken, veröffentlichen und von der Kanzel predigen und überall, wo es nötig ist, anschlagen zu lassen.

Gegenüberstellung von Vorschriften der amerikanischen Verfassung und der Paulskirchenverfassung

Ich habe in diese Gegenüberstellung auch Punkte aufgenommen, in denen nicht volle Übereinstimmung, sondern nur Ähnlichkeit besteht; ferner solche Bestimmungen, die sowohl Parallelen als auch bewußte Unterschiede zu den entsprechenden Normen der jeweils anderen Verfassung aufweisen – allerdings nur dann, wenn die übereinstimmenden oder ähnlichen Bestandteile die abweichenden überwiegen oder ihnen mindestens gleichkommen.

Art. 1, Abschn. 1 Die gesamte ... gesetzgebende Gewalt soll einem Kongreß der Vereinigten Staaten zustehen, der aus einem Senat und aus einem Hause der Repräsentanten bestehen soll.	§ 85 Der Reichstag besteht aus zwei Häusern, dem Staatenhaus und dem Volkshaus.
Art. 1, Abschn. 2, Abs. 5 Das Repräsentantenhaus soll seinen Sprecher und andere Funktionsträger wählen.	§ 110 Jedes der beiden Häuser wählt seinen Repräsentanten, seinen Vizepräsidenten und seine Schriftführer.
Art. 1, Abschn. 3, Abs. 1 Der Senat ... soll sich aus zwei Senatoren von jedem Staate zusammensetzen, die von dessen Parlament auf 6 Jahre gewählt werden.	§ 86 Das Staatenhaus wird gebildet aus den Vertretern der deutschen Staaten. § 87 Die Zahl der Mitglieder verteilt sich nach folgendem Verhältnis: ...

	§ 88, Abs. 1 Die Mitglieder des Staatenhauses werden zur Hälfte durch die Regierung und zur Hälfte durch die Volksvertretung der betreffenden Staaten ernannt.
	§ 89, Abs. 1 In denjenigen Staaten, welche nur ein Mitglied in das Staatenhaus senden, schlägt die Regierung drei Kandidaten vor, von denen die Volksvertretung mit absoluter Stimmenmehrheit wählt.
	§ 92, Abs. 1, Satz 1 Die Mitglieder ... werden auf 6 Jahre gewählt.
Art. 1, Abschn. 3, Abs. 2, Satz 2 ... so daß ein Drittel alle zwei Jahre gewählt wird.	§ 92, Abs. 1, Satz 2 Sie werden alle drei Jahre zur Hälfte erneuert.
Art. 1, Abschn. 3, Abs. 3 Niemand darf Senator werden, der nicht das 30. Lebensjahr erreicht hat, ... und nicht zur Zeit seiner Wahl Einwohner des Staates ist, für den er gewählt wird.	§ 91, Abs. 1 Mitglied des Staatenhauses kann nur sein, wer 1. Staatsbürger des Staates ist, welcher ihn sendet, 2. das 30. Lebensjahr zurückgelegt hat, 3. ...
Art. 1, Abschn. 4, Abs. 2 Der Kongreß soll wenigstens einmal im Jahr zusammentreten ...	§ 104, Abs. 1, Satz 1 Der Reichstag versammelt sich jedes Jahr ...
Art. 1, Abschn. 5, Abs. 1 Jedem Haus obliegt selbst die Überprüfung der Wahlen, der Wahlergebnisse und Wählbarkeitsvoraussetzungen seiner eigenen Mitglieder ...	§ 112 Jedes Haus prüft die Vollmachten seiner Mitglieder und entscheidet über die Zulassung derselben.

... in jedem Hause ist die Anwesenheit der Mehrheit der Mitglieder zur Beschlußfähigkeit erforderlich.	§ 98, Abs. 1 Zu einem Beschluß eines jeden Hauses des Reichstages ist die Teilnahme von wenigstens der Hälfte seiner Mitglieder ... erforderlich.
Art. 1, Abschn. 5, Abs. 2 Jedes Haus kann seine Geschäftsordnung bestimmen ...	§ 116, Satz 1 Jedes Haus hat das Recht, sich seine Geschäftsordnung selbst zu geben.
... seine Mitglieder wegen ordnungswidrigen Verhaltens bestrafen und mit Zweidrittelmehrheit ein Mitglied ausschließen.	§ 114, Abs. 1, Satz 1 Jedes Haus hat das Recht, seine Mitglieder wegen unwürdigen Verhaltens im Haus zu bestrafen und äußerstenfalls auszuschließen.
Art. 1, Abschn. 6, Abs. 1 Die Senatoren und Abgeordneten erhalten für ihre Tätigkeit eine Entschädigung, die gesetzlich festgelegt und vom Schatzamt der Vereinigten Staaten ausbezahlt werden soll.	§ 95 Die Mitglieder des Reichstages beziehen aus der Reichskasse ein gleichmäßiges Tagegeld und Entschädigung für ihre Reisekosten. Das Nähere bestimmt ein Reichsgesetz.
Sie sind in allen Fällen außer bei Hochverrat, schweren Verbrechen und Landfriedensbruch vor Verhaftung geschützt, solange sie an einer Sitzung ihres jeweiligen Hauses teilnehmen oder sich auf dem Wege dorthin oder auf dem Heimweg befinden.	§ 117 Ein Mitglied des Reichstages darf während der Dauer der Sitzungsperiode ohne Zustimmung des Hauses, zu welchem es gehört, wegen strafrechtlicher Anschuldigungen weder verhaftet noch in Untersuchung gezogen werden, mit alleiniger Ausnahme der Ergreifung auf frischer Tat.
Kein Mitglied darf wegen seiner Reden oder Äußerungen in einem der Häuser andernorts zur Rechenschaft gezogen werden.	§ 120 Kein Mitglied des Reichstages darf zu irgendeiner Zeit wegen seiner Abstimmungen oder wegen der in Ausübung seines Beru-

fes getanen Äußerungen gerichtlich oder disziplinarisch verfolgt oder sonst außerhalb der Versammlung zur Verantwortung gezogen werden.

Art. 1, Abschn. 7, Abs. 2
Jedes Gesetz ... muß ... dem Präsidenten ... vorgelegt werden; falls er es billigt, so soll er es unterzeichnen, anderenfalls jedoch mit seinen Einwendungen an jenes Haus zurückverweisen, von dem es ausgegangen ist; dieses nimmt die Einwendungen ausführlich zu Protokoll und tritt erneut in die Beratung ein. Wenn nach dieser erneuten Beratung zwei Drittel des betreffenden Hauses das Gesetz annehmen, so soll es ... dem anderen Hause zugesandt werden ... wenn es die Zustimmung von zwei Dritteln auch dieses Hauses findet, so soll es Gesetz werden.

§ 101
Ein Reichstagsbeschluß, welcher die Zustimmung der Reichsregierung nicht erlangt hat, darf in derselben Sitzungsperiode nicht wiederholt werden. Ist vom Reichstage in drei sich unmittelbar folgenden Sitzungsperioden derselbe Beschluß unverändert gefaßt worden, so wird derselbe ... Gesetz. Eine ordentliche Sitzungsperiode, welche nicht wenigstens 4 Wochen dauert, wird in dieser Reihenfolge nicht mitgezählt.

Art. 1, Abschn. 8
(Der Kongreß soll das Recht haben)
Abs. 2
auf Rechnung der Vereinigten Staaten Kredit aufzunehmen

§ 51
Die Reichsgewalt ist befugt, in außerordentlichen Fällen ... Anleihen zu machen oder sonstige Schulden zu kontrahieren.

§ 102
Ein Reichstagsbeschluß ist erforderlich, ... wenn Anleihen kontrahiert werden.

Abs. 3
den Handel mit fremden Nationen ... zu regeln

§ 38
Die Reichsgewalt hat das Recht der Gesetzgebung über den Handel und die Schiffahrt.

Abs. 5 Münzen zu prägen, ihren Wert und den fremder Währungen zu bestimmen ... Abschnitt 10, Abs. 1 Kein Einzelstaat darf ... Münzen prägen, Banknoten ausgeben ...	§ 45 Die Reichsgewalt ausschließlich hat die Gesetzgebung und die Oberaufsicht über das Münzwesen. Es liegt ihr ob, für ganz Deutschland dasselbe Münzsystem einzuführen. Sie hat das Recht, Reichsmünzen zu prägen.
Abs. 7 Postämter und Poststraßen einzurichten	§ 41 Die Reichsgewalt hat das Recht der Gesetzgebung und die Oberaufsicht über das Postwesen, ... § 43 Die Reichsgewalt hat die Befugnis, ... das deutsche Postwesen ... in Gemäßheit eines Reichsgesetzes zu übernehmen ...
Abs. 8 den Fortschritt von Kunst und Wissenschaft dadurch zu fördern, daß Autoren und Erfindern für beschränkte Zeit das ausschließliche Recht an ihren Publikationen und Entdeckungen gesichert wird	§ 40 Erfindungspatente werden ausschließlich von Reichswegen auf der Grundlage eines Reichsgesetzes erteilt; auch steht der Reichsgewalt ausschließlich die Gesetzgebung gegen den Nachdruck von Büchern, jedes unbefugte Nachahmen von Kunstwerken, Fabrikzeichen, Mustern und Formen und gegen andere Beeinträchtigungen des geistigen Eigentums zu.
Abs. 13 eine Flotte zu bauen und zu unterhalten	§ 19, Abs. 1, S. 1 Die Seemacht ist ausschließlich Sache des Reiches.
Abs. 16 Vorkehrungen zu treffen für den Aufbau, Bewaffnung und Ausbil-	§ 13, Abs. 2 Den einzelnen Staaten steht die Ausbildung ihres Kriegswesens

dung der Miliz und die Führung derjenigen ihrer Teile, die im Dienst der Vereinigten Staaten Verwendung finden, wobei jedoch den Einzelstaaten die Ernennung der Offiziere und die Aufsicht über die Ausbildung der Miliz nach den Vorschriften des Kongresses vorbehalten bleiben.	aufgrund der Reichsgesetze und der Anordnungen der Reichsgewalt ... zu. Sie haben die Verfügung über ihre bewaffnete Macht, soweit dieselbe nicht für den Dienst des Reiches in Anspruch genommen wird.
	§ 17, Abs. 1 Den Regierungen der einzelnen Staaten bleibt die Ernennung der Befehlshaber und Offiziere ihrer Truppen, soweit deren Stärke sie erheischt, überlassen.
Abs. 18 alle Gesetze zu erlassen, die nötig und geeignet sind, um die eben erwähnten Kompetenzen und Vollmachten umzusetzen, die diese Verfassung der Regierung der Vereinigten Staaten oder einer Verwaltungsbehörde oder einem Beamten verliehen hat.	§ 62 Die Reichsgewalt hat die Gesetzgebung, soweit es zur Ausführung der ihr verfassungsmäßig übertragenen Befugnisse und zum Schutze der ihr überlassenen Anstalten erforderlich ist.
Art. 1, Abschn. 9, Abs. 2 Das Recht aus der Habeaskorpusakte darf nur suspendiert werden, wenn in Fällen des Aufruhrs oder der Invasion die öffentliche Sicherheit es erfordert.	§ 197 Im Falle des Krieges oder Aufruhrs können die Bestimmungen der Grundrechte über Verhaftung, Haussuchung und Versammlungsrecht ... zeitweise außer Kraft gesetzt werden; ...
Art. 1, Abschn. 9, Abs. 3 Keine Bill of Attainder (Parlamentsverurteilung mit der Folge der Einziehung des Vermögens) ... darf beschlossen werden.	§ 172 Die Strafe der Vermögenseinziehung soll nicht stattfinden.

Art. 1, Abschn. 9, Abs. 6 Die Häfen eines Staates dürfen nicht durch irgendeine Verordnung über Handel oder Abgaben gegenüber den Häfen anderer Staaten bevorzugt werden …	§ 23, Abs. 1 In Betreff dieser Abgaben (Hafengebühren etc.) sind alle deutschen Schiffe und deren Ladungen gleichzustellen.
	§ 26, Abs. 2 Es darf in Betreff dieser Gebühren (Hafen- und Lagergebühren etc. an Flüssen) keinerlei Begünstigungen der Angehörigen eines deutschen Staates vor denen anderer deutscher Staaten stattfinden.
Art. 1, Abschn. 9, Abs. 7 Kein Geld darf der Staatskasse entnommen werden, es sei denn aufgrund gesetzlicher Bewilligung und eine ordnungsgemäße Aufstellung und Abrechnung der Einnahmen und Ausgaben aller öffentlichen Gelder soll von Zeit zu Zeit veröffentlicht werden.	§ 103, Ziff. 2, S. 2 und 3 Jede Bewilligung gilt nur für den besonderen Zweck, für welchen sie bestimmt worden ist. Die Verwendung darf nur innerhalb der Grenze der Bewilligung erfolgen.
	Ziff. 7 Alle außerordentlichen Ausgaben … bedürfen, gleich der Erhöhung des ordentlichen Budgets, eines Reichstagsbeschlusses. Ziff. 8 Die Nachweisung über die Verwendung der Reichsgelder wird dem Reichstage … vorgelegt.
Art. 1, Abschn. 9, Abs. 8 Kein Adelstitel soll von den Vereinigten Staaten verliehen werden, und niemand, der ein besoldetes Amt oder ein Ehrenamt der	§ 137, Abs. 1, S. 2 Der Adel als Stand ist aufgehoben. Abs. 4 Alle Titel, insoweit sie nicht mit

Vereinigten Staaten bekleidet, darf ohne Genehmigung des Kongresses ein Geschenk, eine Zuwendung, ein Amt, einen Titel, gleich welcher Art, von einem König, Fürsten oder fremden Staat annehmen.	einem Amte verbunden sind, sind aufgehoben und dürfen nie wieder eingeführt werden. Abs. 5 Kein Staatsangehöriger darf von einem auswärtigen Staate einen Orden annehmen.
Art. 1, Abschn. 10, Abs. 1 (Kein Staat darf) 1. Halbsatz einen Vertrag oder ein Bündnis eingehen . . . 2. Halbsatz Kaperbriefe ausstellen	§ 6, Abs. 2, S. 2 (Die Reichsgewalt) . . . schließt die Bündnisse und Verträge mit dem Auslande. § 19, Abs. 1, S. 2 Es ist keinem Einzelstaate gestattet . . . Kaperbriefe auszugeben.
4. Halbsatz Papiergeld ausgeben	§ 47 Die Reichsgewalt hat das Recht, das Ausgeben von Papiergeld durch die Reichsgesetzgebung zu regeln.
Art. 1, Abschn. 10, Abs. 2 Kein Staat darf ohne Zustimmung des Kongresses der Ein- oder Ausfuhr einer Abgabe auferlegen mit Ausnahme desjenigen, was er zur Ausführung seiner Inspektionsgesetze durchaus bedarf.	§ 37 Die einzelnen deutschen Staaten sind nicht befugt, auf Güter, welche über die Reichsgrenze ein- und ausgehen, Zölle zu legen.
Art. 1, Abschn. 10, Abs. 3 (Kein Staat darf) 2. Halbsatz ohne Zustimmung des Kongresses . . . Truppen oder Kriegsschiffe in Friedenszeiten halten.	§ 11 Der Reichsgewalt steht die gesamte bewaffnete Macht Deutschlands zur Verfügung. § 19, S. 2 Es ist keinem Einzelstaat gestattet, Kriegsschiffe für sich zu halten . . .
3. Halbsatz, 1. Hälfte Vereinbarungen oder Verträge . . . mit einer auswärtigen Macht abzuschließen	§ 8, Abs. 2 Ihre Befugnis zu Verträgen mit nichtdeutschen Regierungen beschränkt sich auf die Gegenstände

	des Privatrechts, des nachbarlichen Verkehrs und der Polizei.
3. Halbsatz, 2. Hälfte oder sich an einem Krieg beteiligen, außer im Falle eines feindlichen Einfalles oder bei dringender Gefahr, die keinen Aufschub zuläßt.	§ 10 Der Reichsgewalt ausschließlich steht das Recht des Krieges und Friedens zu.
Art. 2, Abschn. 2, Abs. 1 1. Halbsatz Der Präsident soll Oberbefehlshaber des Heeres und der Flotte der Vereinigten Staaten sein; sowie der Miliz der Staaten, wenn sie zum aktiven Dienst der Vereinigten Staaten einberufen ist.	§ 83 Der Kaiser hat die Verfügung über die bewaffnete Macht.
3. Halbsatz Er soll das Begnadigungsrecht für alle Vergehen gegen die Vereinigten Staaten haben, außer im Falle des Impeachment.	§ 81, Abs. 1, S. 1 In Strafsachen, welche zur Zuständigkeit des Reichsgerichts gehören, hat der Kaiser das Recht der Begnadigung und Strafmilderung.
	Abs. 2, S. 1 Zu Gunsten eines wegen seiner Amtshandlungen verurteilten Reichsministers kann der Kaiser das Recht der Begnadigung nur dann ausüben, wenn dasjenige Haus, von welchem die Anklage ausgegangen ist, darauf anträgt.
Art. 2, Abschn. 2, Abs. 2, S. 1 Er hat das Recht, auf Anraten und mit Zustimmung des Senats Verträge zu schließen, vorausgesetzt, daß $2/3$ der anwesenden Senatoren zustimmen.	§ 77 Der Kaiser schließt die Bündnisse und Verträge mit den auswärtigen Mächten ab, und zwar unter Mitwirkung des Reichstages, insoweit diese in der Verfassung vorgesehen ist.

	§ 102, Ziff. 5 Ein Reichstagsbeschluß ist erforderlich, ... wenn Handels-, Schiffahrts- und Auslieferungsverträge mit dem Ausland geschlossen werden, sowie überhaupt völkerrechtliche Verträge, insofern sie das Reich belasten.
Art. 2, Abschn. 3, S. 1 1. Halbsatz Er soll dem Kongreß ... Maßregeln zur Erwägung empfehlen, die er für erforderlich oder tunlich hält.	§ 80, S. 1 Der Kaiser hat das Recht des Gesetzesvorschlages.
Art. 2, Abschn. 3, S. 2 1. Hälfte Er kann bei außerordentlichen Gelegenheiten beide Häuser oder eins von ihnen einberufen.	§ 104, Abs. 2 Außerdem kann der Reichstag zu außerordentlichen Sitzungen jederzeit vom Reichsoberhaupt einberufen werden
S. 3, 1. Hälfte Er soll die Botschafter und andere Gesandte empfangen	§ 75, S. 2 er ... führt den diplomatischen Verkehr
2. Hälfte und dafür sorgen, daß die Gesetze treu vollzogen werden.	§ 80, S. 3 er verkündigt die Reichsgesetze und erläßt die zur Vollziehung derselben nötigen Verordnungen
Art. 3, Abschn. 1, S. 1 Die richterliche Gewalt der Vereinigten Staaten soll einem obersten Gerichtshof zustehen und solchen Untergerichten, die der Kongreß von Zeit zu Zeit anordnen und errichten will.	§ 125 Die dem Reich zustehende Gerichtsbarkeit wird durch ein Reichsgericht ausgeübt.
Art. 3, Abschn. 1, S. 2 Die Richter sowohl des Obersten	§ 177, Abs. 1 Kein Richter darf, außer durch

Gerichtshofes als auch der Untergerichte sollen ihre Ämter »during good behavior« bekleiden, und sie sollen zu festgesetzten Zeiten für ihre Dienste eine Vergütung erhalten, welche während ihrer Amtsdauer nicht vermindert werden darf.	Urteil und Recht, von seinem Amt entfernt oder an Rang und Gehalt beeinträchtigt werden.
Art. 3, Abschn. 2, Abs. 1, S. 1 (Die richterliche Gewalt soll sich ... erstrecken) 2. Halbsatz auf alle Rechtsfälle, welche Botschafter, andere Gesandte und Konsuln betreffen, auf Fälle der Admiralitäts- und der Seegerichtsbarkeit	§ 129 Der Reichsgesetzgebung bleibt es vorbehalten, Admiralitäts- und Seegerichte zu errichten, sowie Bestimmungen über die Gerichtsbarkeit der Gesandten und Konsuln des Reichs zu treffen.
3. Halbsatz auf alle Prozesse, in denen die Vereinigten Staaten Partei sind	§ 126 (Zur Zuständigkeit des Reichsgerichts gehören) Ziff. m Klagen gegen den Reichsfiskus
4. Halbsatz auf Prozesse zwischen zwei oder mehreren Staaten	Ziff. c politische und privatrechtliche Streitigkeiten aller Art zwischen deutschen Staaten
Art. 3, Abschn. 2, Abs. 3, S. 1 Für Verbrechen ... soll eine Jury von Geschworenen zuständig sein.	§ 179, Abs. 2 Schwurgerichte sollen jedenfalls bei schweren Strafsachen und bei allen politischen Vergehen urteilen.
Art. 4, Abschn. 1 In jedem Staat soll man den öffentlichen Akten, Urkunden und Gerichtshandlungen eines jeden anderen Staates volles Vertrauen und Glauben geben, und der Kongreß kann durch allgemeine Gesetze bestimmen, wie sie Be-	§ 183 Rechtskräftige Urteile deutscher Gerichte sind in allen deutschen Landen gleich wirksam und vollziehbar. § 60 Die Reichsgesetzgebung hat für die Aufnahme öffentlicher Ur-

weiskraft erlangen und welche Wirkungen diese hat.

kunden diejenigen Erfordernisse festzustellen, welche die Anerkennung ihrer Echtheit in ganz Deutschland bedingen.

Art. 4, Abschn. 2, Abs. 1
Die Bürger eines jeden Staates sollen ein Anrecht auf alle Privilegien und Freiheiten der Bürger in den anderen Staaten haben.

§ 132, S. 1 und 2
Jeder Deutsche hat das deutsche Reichsbürgerrecht. Die ihm kraft dessen zustehenden Rechte kann er in jedem deutschen Lande ausüben.

§ 133, Abs. 1
Jeder Deutsche hat das Recht, an jedem Orte des Reichsgebietes seinen Aufenthalt und Wohnsitz zu nehmen, Liegenschaft jeder Art zu erwerben und darüber zu verfügen, jeden Nahrungszweig zu betreiben, das Gemeindebürgerrecht zu gewinnen.

§ 134
Kein deutscher Staat darf zwischen seinen Angehörigen und anderen Deutschen einen Unterschied im bürgerlichen, peinlichen und Prozeß-Rechte machen, welcher die letzteren als Ausländer zurücksetzt.

Art. 4, Abschn. 4, 1. Halbsatz
Die Vereinigten Staaten sollen jedem Staat in dieser Union eine republikanische Regierungsform gewährleisten.

§ 186, Abs. 1
Jeder deutsche Staat soll eine Verfassung mit Volksvertretung haben.

Art. 6, Abs. 2
Diese Verfassung und die aufgrund derselben gegebenen Gesetze und alle unter der Hoheit der Vereinigten Staaten beschlossenen oder noch zu schließenden

§ 194
Keine Bestimmung in der Verfassung oder in den Gesetzen eines Einzelstaates darf mit der Reichsverfassung in Widerspruch stehen.

Verträge sollen das oberste Gesetz des Landes sein. Die Richter eines jeden Staates sollen verpflichtet sein, danach zu urteilen, wenn auch in der Verfassung oder den Gesetzen irgendeines Staates etwas in Widerspruch dazu stünde.	
Art. 6, Abs. 3 Die Senatoren und Repräsentanten, die Mitglieder der staatlichen gesetzgebenden Körperschaften und alle Verwaltungs- und richterlichen Beamten sowohl der Vereinigten Staaten als auch jedes Staates sollen durch Eid oder Gelöbnis verpflichtet werden, diese Verfassung zu erhalten.	§ 193 Die Verpflichtung auf die Reichsverfassung wird in den Einzelstaaten mit der Verpflichtung auf die Landesverfassung verbunden und dieser vorangesetzt.
1. Zusatzartikel Der Kongreß darf kein Gesetz erlassen, das die Einführung einer Religion betrifft oder die freie Ausübung einer Religion verbietet . . .	§ 147, Abs. 2 Keine Religionsgesellschaft genießt vor anderen Vorrechte durch den Staat; es besteht fernerhin keine Staatskirche.
	§ 144, Abs. 1. Jeder Deutsche hat volle Glaubens- und Gewissensfreiheit.
	§ 145, Abs. 1 Jeder Deutsche ist unbeschränkt in der gemeinsamen häuslichen und öffentlichen Übung seiner Religion.
. . . durch das die Redefreiheit, die Freiheit der Presse oder das Recht des Volkes, sich friedlich zu versammeln und eine Eingabe an die Regierung zwecks Behebung von Mißständen zu machen, beschränkt wird.	§ 143, Abs. 1 Jeder Deutsche hat das Recht, durch Wort, Schrift, Druck und bildliche Darstellung seine Meinung frei zu äußern.

	§ 143, Abs. 2 Die Pressefreiheit darf unter keinen Umständen und in keiner Weise ... beschränkt, suspendiert oder aufgehoben werden.
	§ 159, Abs. 1 Jeder Deutsche hat das Recht, sich mit Bitten und Beschwerden schriftlich an die Behörden, an die Volksvertretungen und an den Reichstag zu wenden.
4. Zusatzartikel Das Recht des Volkes auf Sicherheit der Person, der Wohnung, von Papieren und Habe gegen ungerechtfertigte Durchsuchungen und Beschlagnahmen darf nicht verletzt werden, und ein Haft- oder Durchsuchungsbefehl darf nur erlassen werden, wenn er ausreichend begründet und durch Eid oder eidesstattliche Versicherung gestützt ist; in diesem Fall sind die Person, die verhaftet werden soll, und der Ort, der durchsucht werden soll, genau zu beschreiben.	§ 138, Abs. 1 Die Freiheit der Person ist unverletzlich. Die Verhaftung einer Person soll, außer im Falle der Ergreifung auf frischer Tat, nur geschehen kraft eines richterlichen, mit Gründen versehenen Befehls.
	§ 140, Abs. 1 Die Wohnung ist unverletzlich. Eine Haussuchung ist nur zulässig, erstens in Kraft eines richterlichen, mit Gründen versehenen Befehls ..., zweitens im Falle der Verfolgung auf frischer Tat durch den gesetzlich berechtigten Beamten, drittens in den Fällen und Formen, in welchen das Gesetz ausnahmsweise bestimmten Beamten auch ohne richterlichen Befehl dieselbe gestattet.

	§ 141 Die Beschlagnahme von Briefen und Papieren darf, außer bei Verhaftung oder Haussuchung, nur in Kraft eines richterlichen, mit Gründen versehenen Befehls vorgenommen werden ...
5. Zusatzartikel, letzter Halbsatz Auch darf privates Eigentum zu öffentlichen Zwecken nicht ohne angemessene Entschädigung enteignet werden.	§ 164, Abs. 2 Eine Enteignung kann nur aus Rücksicht des gemeinen Besten, nur aufgrund eines Gesetzes und gegen gerechte Entschädigung vorgenommen werden.
10. Zusatzartikel Die Machtbefugnisse, die durch die Verfassung weder den Vereinigten Staaten übertragen noch den Einzelstaaten entzogen sind, verbleiben den einzelnen Staaten oder dem Volk.	§ 5 Die einzelnen deutschen Staaten behalten ihre Selbständigkeit, soweit dieselbe nicht durch die Reichsverfassung beschränkt ist; sie haben alle staatlichen Hoheiten und Rechte, soweit diese nicht der Reichsgewalt ausdrücklich übertragen sind.

Zeittafel

England	*USA*	*Frankreich*
(ab) 449 Nach Abzug der Römer aus Britannien (407) Eroberung des südlichen Britannien durch Angeln, Sachsen und Jüten		
1066 Wilhelm der Eroberer		
		1108–1137 Ludwig VI.; Krongut wird Basis für Ausbau geschlossener königlicher Territorialmacht
1154–1189 Heinrich II., Herausbildung des Common law		
1215 Magna Charta		
		1238 Parlament, königliches Hofgericht in Paris
1272–1307 Eduard I. Anfänge des Case law		
1327 Die ersten Friedensrichter		
1376 Impeachment, Ministeranklage des Unterhauses		
		1461–1483 Ludwig XI.; Entstehung des Nationalstaates

Deutschland	*Schweiz und andere*
	554 Codex Justinianus
800 Kaiserkrönung Karls. Verhältnis Königtum/Adel wird beherrschendes Thema der Verfassungsgeschichte	
1157 Beginn von Reichstagen 1158 Beginn der Rezeption des Römischen Rechts	
1231 Statutum in favorem principum, weitere Schwächung des Reiches zugunsten neuer Territorialstaaten mit Landeshoheit	
	1291 Die drei Urkantone in der Schweiz im Ewigen Bund
1356 Goldene Bulle, Verfassungsgrundgesetz	
1495 Wormser Reichstag; Reform der Reichsverfassung: Ewiger Landfriede, Reichssteuer, Reichskammergericht	

England	*USA*	*Frankreich*
1529–1536 Reformations-Parlament		
	1584/1607 Mittlere Ostküste Nordamerikas wird englisch	
	1620 Landung der »Mayflower«	
1628 Petition of Rights		
	1639 Baptisten aus England besiedeln Rhode Island	
1640–1660 Englische Revolution		1643–1715 Ludwig XIV.; Zentralisierung unter Colbert
	(ab) 1648 Emigration englischer Quäker nach Nordamerika	
1679 Habeas Corpus Act		
1689 Bill of Rights		
1690 John Locke, »Two Treatises on Government«		

Deutschland	*Schweiz und andere*
	1499 Friede von Basel: Schweiz faktisch aus dem Reich ausgeschieden
	1536 Johann Calvin, »Institutio religionis Christianae« Basel, Genf: Radikalere Richtung der Reformation, zu Gottes Ruhm arbeiten, Erfolg als Gottes Gnade; starker Einfluß auf Puritaner Englands und später Nordamerikas
	1625 Hugo von Grotius, »De jure belli ac pacis« Universität Leyden
1648 Westfälischer Friede; Verfassungsgrundsatz »Teutsche Libertät«; faktische Souveränität der Reichsstände	
(ab) 1663 Ewiger Reichstag	
1672 Samuel Pufendorf, »De jure naturae et gentium«	

England	*USA*	*Frankreich*
	1717 John Wise, »A Vindication of the Government of New-England Churches«. Bezugnahmen auf Pufendorf und Locke	
1721 Institution des Prime Minister		
		1748 Montesquieu, »De l'esprit des lois«
		1762 J. J. Rousseau, »Le contrat social«
	1764 Sugar Act	
	1764 James Otis »The Rights of the British Colonies«	
1765 William Blackstone, »Commentaries on the laws of England«	1765 Stamp Act	
	1766 Declaratory Act	
	1773 Boston Tea Party	
	1774 Continental Congress, Declaration of Rights and Grievances	
	1775 Beginn des Unabhängigkeitskrieges	
	1776 Thomas Paine, »Common Sense«	
	1776 Unabhängigkeitserklärung	
	1777 Articles of Confederation	
	1787 Verfassung, in Kraft getreten 1789	
	1787/88 Erscheinen der Federalist Papers	
		1789 Französische Revolution; 17. Juni Nationalver-

Deutschland	*Schweiz und andere*
1713–1740 Friedrich Wilhelm I. König in Preußen: Vollendung des Absolutismus, Heer und Beamtentum als Säulen des Staates	
	1747 Burlamaqui, »Principes du droit natural«
1781 Immanuel Kant, »Kritik der reinen Vernunft«	

England	*USA*	*Frankreich*
		sammlung; 14. Juli Sturm auf die Bastille; 26. August Erklärung der Menschen- und Bürgerrechte; 22. September Departements als moderne Verwaltungseinheiten statt historischer Provinzen
	1791 Zusatzartikel 1–10 zur Verfassung	1791 3. September Verabschiedung der Verfassung
		1792 Nationalkonvent; Frankreich wird Republik
		1793 Verkündung der Konventsverfassung
		1794 Sturz der Jakobinerherrschaft
		1795 Dritte Verfassung
		1799 Nach dem 18. Brumaire Übergangsregime vom Direktorium zum 1. Kaiserreich
	1803 Entscheidung des Supreme Court in Sachen Marbury ./. Madison	
	(bis) 1821 Zahl der Staaten von 13 auf 26 verdoppelt	1804 Code Civile
		1814 Ludwig XVIII.; Charte constitutionelle

Deutschland	*Schweiz und andere*
	1798–1803 Helvetische Republik
1803 Reichsdeputationshauptschluß	
1806 Untergang des Heiligen Römischen Reiches Deutscher Nation; Rheinbund	
1808 In Preußen Städteordnung, Gewerbefreiheit, Aufhebung der Leibeigenschaft	
1814 Heilige Allianz	

England	*USA*	*Frankreich*
		1830 Julirevolution; »Bürgerkönig« Louis Philippe; zweite Charte constitutionelle
1832 Erste Reform Bill, Wahlrechtsreform		
		1835 Alexis de Tocqueville, »De la Démocratie en Amérique«
		(vor) 1848 Anfänge des Sozialismus (Fourier, Blanc, Proudhon, Blanqui) 1848 Februarrevolution, Sturz der Julimonarchie, zweite Republik

Deutschland	*Schweiz und andere*
1815 Deutsche Bundesakte; Deutscher Bund aus 39 Mitgliedern, Bundestag in Frankfurt	1815 Schweiz als Staatenbund
1817 Wartburgfest	
1819 Karlsbader Beschlüsse: Verbot der Burschenschaften, Zensur, »Demagogenverfolgung«	
1820 Wiener Schlußakte: Ergänzung der Bundesakte von 1815	
	1830 Belgische Revolution, Unabhängigkeitserklärung, liberale Verfassung
	1830 Schweiz: 7 liberale Kantone garantieren sich gegenseitig ihre neuen Verfassungen
	1830/31 Polnische Revolution
1832 Hambacher Fest	
1833 Frankfurter Wachensturm	
1841 Friedrich List, »Das nationale System der politischen Ökonomie«	
1844 Weberaufstand in Schlesien	
1847 Vereinigter Landtag, Versammlung aller preußischen Provinziallandstände	1847/48 Bürgerkrieg in Schweizer Eidgenossenschaft
1848 18. März Barrikadenaufstand in Berlin; 31. März Frankfurter Vorparlament; 18. Mai Paulskirche	1848 Verfassung; die Schweiz als Bundesstaat
1849 27. März Annahme der Verfassung. Friedrich Wilhelm IV. lehnt Kaiserkrone ab. Rumpfparlament; Ende der Paulskirche	
1850 Wiederherstellung des Deutschen Bundes	

England	*USA*	*Frankreich*
		1852 Zweites Kaiserreich
1867 Zweite Reform Bill, Wahlrechtsreform		
		1871 Pariser Commune
1884 Dritte Reform Bill, Wahlrechtsreform		
1918 Wahlrecht für alle Männer ab 21. Lebensjahr	1918 Vierzehn-Punkte-Programm Präsident Wilsons	
	1920 Ratifizierung des Versailler Vertrages vom Kongreß abgelehnt	
1928 Wahlrecht für Frauen		
	1929 Ausbruch der Weltwirtschaftskrise	1929 Briand-Plan für »Vereinigte Staaten von Europa«

Deutschland	Schweiz und andere

1861/66 Preußischer Verfassungskonflikt
1863 Frankfurter Fürstentag
1863 Allgemeiner Deutscher Arbeiterverein
1867 Verfassung des Norddeutschen Bundes
1869 Sozialdemokratische Arbeiterpartei

1871 Reichsgründung, Verfassung des Deutschen Reiches
1879 Das Reichsgericht in Leipzig nimmt seine Arbeit auf
1883 Beginn der Sozialgesetzgebung Bismarcks

1900 Einheitliches Bürgerliches Gesetzbuch (BGB)
1912 SPD stärkste Partei im Reichstag
1917 Friedensresolutionen im Reichstag
1918 Januarstreiks; Ludendorff fordert Parlamentarisierung; unter Reichskanzler Max von Baden am 4. Oktober Verfassungsgesetze
1918 Novemberrevolution; Abdankung des Kaisers; Ausrufung der Deutschen Republik
1919 19. Januar Wahl zur Nationalversammlung. Ebert Reichspräsident
1920 Kapp-Putsch
1923 Hitler-Putsch
1925 Hindenburg (als Kandidat der Rechten) zum Reichspräsidenten gewählt
1928–33 SPD als »Sozialfaschisten« Hauptfeind der KPD

1930–33 Präsidialkabinette
1932 Hindenburg (als Kandidat der Linken) erneut zum Reichspräsidenten gewählt.
20. Juli Papen-Putsch. 6. November letzte Reichstagswahlen vor der Berufung Hitlers zum Reichskanzler: NSDAP 33,5 %

England	*USA*	*Frankreich*
	1933 Präsident Franklin D. Roosevelt 1941 Verkündung der »Vier Freiheiten« 1945 Jalta-Konferenz (Februar), Potsdamer Konferenz (17. Juli bis 2. August)	
		1946 Vierte Republik; Verfassung: Bestätigung der Menschenrechtserklärung von 1789, Anfänge der rechtlichen Überprüfung von Gesetzen auf Verfassungsmäßigkeit

Deutschland	*Schweiz und andere*
1933 24. März Ermächtigungsgesetz, Weimarer Verfassung faktisch außer Kraft; Gleichschaltung der Länder	
1945 Alliierter Kontrollrat als oberstes Regierungsorgan im besetzten Deutschland	
1946 Sowjetische Besatzungszone, Zwangsvereinigung SPD/KPD zur SED 1947 Ministerpräsidentenkonferenz in München	
1948 21. Juni Währungsreform in den drei Westzonen; 24. Juni Blockade Berlins 1948 August Verfassungskonvent auf Herrenchiemsee; 1. September Zusammentritt des Parlamentarischen Rates 1949 23. Mai: Das Grundgesetz tritt in Kraft	1948 Internationale Deklaration der Menschenrechte durch UNO-Vollversammlung

Literaturhinweise

Die nachfolgende Literaturzusammenstellung hat nicht den Charakter eines Nachweises der von mir bei der Arbeit verwendeten Literatur. Sie ist auch weder vollständig noch objektiv. Sie hat nur den Zweck, dem interessierten Leser Hinweise auf einige Bücher zu geben, die nach meiner Einschätzung geeignet sind, der einen oder der anderen Frage vertiefend nachzugehen.

Adams, Willi Paul: Republikanische Verfassung und bürgerliche Freiheit. Die Verfassung und die politischen Ideen der amerikanischen Revolution. Politica – Abhandlungen und Texte zur politischen Wissenschaft, Band 37, Luchterhand, Neuwied und Darmstadt 1973

Anders, Karl: Die ersten 100 Jahre. Zur Geschichte einer demokratischen Partei, J. H. W. Dietz, Bonn 1963

Apelt, Willibald: Geschichte der Weimarer Verfassung, 2. Auflage, C. H. Beck, München 1964

Bergsträsser, Ludwig: Geschichte der Reichsverfassung, J. C. B. Mohr, Tübingen 1914

Bölling, Klaus: Die zweite Republik, Kiepenheuer und Witsch, Köln 1963

Craig, Gordon A.: Deutsche Geschichte 1866–1945. Vom norddeutschen Bund bis zum Ende des Dritten Reiches, C. H. Beck, München 1985

Der Parlamentarische Rat 1948–1949, Hrsg. Deutscher Bundestag/Bundesarchiv Koblenz. Bd. 1: Vorgeschichte. Bearb. v. Wagner, Johannes V., H. Bold, Boppard 1975; Bd. 2: Der Verfassungskonvent auf Herrenchiemsee. Bearb. v. Bucher, Peter, H. Bold, Boppard 1981; Bd. 3: Ausschuß für Zuständigkeitsabgrenzung. Bearb. v. Werner, Wolfram, H. Bold, Boppard 1986

Dippel, Horst: Die amerikanische Revolution 1763–1787, Neue Hist. Bibl., Edition Suhrkamp, Frankfurt a. M. 1984

Eichler, Hermann: Verfassungsbewegungen in Amerika und Europa, Lang, P., Frankfurt a. M. 1985
Engels, Friedrich: Die Lage der arbeitenden Klassen in England, 7. Auflage, Dietz, Stuttgart 1921
Fraenkel, Ernst: Amerika im Spiegel des deutschen politischen Denkens, Westdeutscher Verlag, Wiesbaden 1951
Fraenkel, Ernst: Deutschland und die westlichen Demokratien, 7. Auflage, Kohlhammer, Stuttgart 1979
Fraenkel, Ernst: Das amerikanische Regierungssystem, 4. Auflage, Westdeutscher Verlag, Wiesbaden 1981
Groethuysen, Bernhard: Philosophie der Französischen Revolution, Ullstein, Berlin 1975
Kelly, Alfred H., Harbison, Winfred A., Belz, Hermann: The American Constitution; its Origins and Development, 6. Auflage, W. W. Norton & Inc., New York 1983
Kosellek, Reinhart: Preußen zwischen Reform und Revolution, Klett-Cotta, Stuttgart 1987
Locke, John: Zwei Abhandlungen über die Regierung, Suhrkamp Taschenbuch Wissenschaft 213, Frankfurt a. M. 1977
Loewenstein, Karl: Der britische Parlamentarismus, Rowohlt, Reinbek 1964
Menger, C.-F.: Deutsche Verfassungsgeschichte der Neuzeit, 5. Auflage, C. F. Müller, Juristischer Verlag, Karlsruhe 1986
de Montesquieu, Charles: Vom Geist der Gesetze, Ph. Reclam, Ditzingen 1965
Pernoud, Georges (Herausgeber): Die Französische Revolution in Augenzeugenberichten, dtv, München 1976
Radbruch, Gustav: Der Geist des englischen Rechts, Vandenhoeck und Ruprecht, Göttingen 1956
Reitter, Eckehard (Herausgeber): Deutsche Verfassungen, W. Goldmann, München 1985
Rittstieg, Helmut: Eigentum als Verfassungsproblem, Wissenschaftliche Buchgesellschaft, Darmstadt 1975
Rock, Adolf (Herausgeber): Dokumente der amerikanischen Demokratie, 2. Auflage, Limes, München 1953
Rossiter, Clinton (Herausgeber): The Federalist Papers, New American Library, New York 1961
Rousseau, Jean Jaques: Vom Gesellschaftsvertrag, Reclam, Stuttgart
Sörgel, Werner: Konsensus und Interessen, Leske und Buddrich, Leverkusen 1984
de Tocqueville, Alexis: Über die Demokratie in Amerika, dtv klassik, München 1984
Trevelyan, Georges M.: Geschichte Englands, 3. Auflage, Oldenbourg, München 1949

Valentin, Veit: Geschichte der deutschen Revolution 1848–1849, 2 Bände, Kiepenheuer und Witsch, Köln 1977
de Vattel, Emer: Das Völkerrecht oder Grundsätze des Naturrechts, J. C. B. Mohr, Tübingen 1959
Welzel, Hans: Die Naturrechtslehre Samuel Pufendorfs, Walter de Gruyter, Berlin 1958